Introduction to Private Equity Fund

成長と承継のための
PEファンド
活用の教科書

波光史成＋山田裕亮＋松下憲

東洋経済新報社

目 次

| 序 章 | なぜプライベートエクイティ(PE)ファンドが 注目されているのか |

はじめに　～PEファンドとは　10

(1)大規模な資本提供（リスクマネーの提供機能）　11

(2)アドバイザーでなく当事者（事業成長の推進機能）　12

(3)ガバナンスの徹底（会社の断捨離機能）　14

(4)事業シナジーの創出（業界再編の触媒機能）　15

これからのPEファンド　17

| 第1章 | プライベートエクイティ・ファンドとは |

1　PEファンドとは　20

　(1)PEファンドとは　20

　(2)PEファンドの基本的な業務と仕組み　22

2　日本の投資ファンド業界の4つの流れ　26

　(1)国内系PEファンド　27

　(2)外資系PEファンド　28

　(3)不良債権・事業再生ファンド　29

　(4)アクティビストファンド　29

3　国内におけるPEファンドの活用状況　30

4　PEファンドのよくある疑問と誤解　31

　(1)PEファンドの位置付け、役割について　33

　(2)PEファンドの投資実行について　42

　(3)PEファンドの経営参画について　46

　(4)PEファンドの売却活動について　52

　　　　コラム——ドラッカーのマネジメント論とPEファンド　57

第2章	PE ファンドの戦略的活用法

1 どのような活用機会（PE ファンドの付加価値）があるか　60

　(1)事業承継1　〜後継者不在の解消、相続対策　61

　(2)事業承継2　〜連続起業家の支援　63

　　コラム──同族内の事業承継ケース　64

　(3)資本の再構築1　〜ノンコア事業の切り出し　65

　(4)資本の再構築2　〜親会社（大株主）からの独立　66

　(5)資本の再構築3　〜少数株主対策　67

　(6)事業再生　〜不振事業の立て直し、財務リストラ　68

　(7)事業成長1　〜売上成長　69

　(8)事業成長2　〜ガバナンス体制強化　71

　(9)事業成長3　〜資金調達　72

　(10)上場企業の再成長　〜上場のデメリット解消、買収防衛対策　73

　　コラム──上場の意義について　75

　(11)業界再編　〜業界再編の触媒　76

　　コラム──コーポレート投資部門としての PE ファンドの活用　79

2 事業会社による買収との違い　80

　(1)投資目的と経営の独立性　80

　(2)企業価値向上の手法　81

　(3)投資期間　82

　(4)インセンティブ　83

　(5)情報漏洩リスク　84

3 PE ファンドとの取り組みスキーム　86

　(1)過半数出資 vs. 少数出資　86

　(2)レバレッジあり vs. レバレッジなし　88

　(3)株主の売却型 vs. 企業の資金調達型　90

　(4)再出資あり vs. 再出資なし　92

　(5)後継者活用 vs. 経営者続投　93

　　コラム──PE ファンド取引の本質①

　　　　　　〜現代の修行寺、MBA 留学　95

4 PEファンド取引のよくある問題点　96
　　(1)ケミストリー（相性）　96
　　(2)過大なレバレッジ　97
　　(3)コベナンツによる制約　98
　　(4)巨額ののれん　99
　　(5)政権交代コスト　101
　　(6)少数株主対策コスト　102
5 PEファンドの投資対象　103
　　(1)取り組みやすい会社7つの特色　104
　　(2)取り組みが困難な会社7つの特色　109
　　　　コラム── PEファンド取引の本質②
　　　　　　　　〜企業経営の民主化のプロセス　113

第3章　ディール全体の流れと実務上のポイント

1 ソーシング（案件発掘）　116
　　(1)対象会社（売主）側からの案件が持ち込まれるケース　116
　　(2)買主（PEファンド）側からのアプローチ　118
2 エグゼキューション（取引実行）　127
　　(1)秘密保持契約書（NDA）　127
　　(2)基本条件の交渉　128
　　(3)意向表明書　129
　　(4)基本合意書　129
　　(5)デューデリジェンスの実施　131
　　(6)サイニング（株式譲渡契約書，経営委任契約書）　132
　　(7)クロージング　132
3 バリューアップ（PMI）　133
　　(1)買収直後の統合計画（100日プラン）の作成　133
　　(2)マネジメント補強　134
　　(3)マネジメントに対するインセンティブ設計　134
　　(4)ロールアップ戦略　137
　　(5)管理体制の構築　137
　　(6)事業再編、不採算部門の閉鎖　138

4 PEファンドのイグジット　138
　(1)トレードセールとIPOの比較　139
　(2)トレードセールでのイグジット　140
　(3)IPOでのイグジット　143
　(4)リファイナンスによる自社株買い　146
5 PEファンドの代表的な買収スキーム　146
　(1)LBOスキーム　147
　(2)MBOスキーム　152
　(3)リキャップスキーム　153
　(4)売主の税務　157
　(5)LBO vs. リキャップ（売主の税務）　159
　　コラム──みなし配当とは　160
6 バリュエーション　161
　(1)企業価値と株主価値　161
　(2)EBITDA及びEV/EBITDA倍率とは？　162
　(3)PEファンドのバリュエーション実務　163
　(4)買収価格決定のメカニズム　170
7 デューデリジェンス　172
　(1)デューデリジェンスとは　172
　(2)デューデリジェンスの流れ　173
　(3)デューデリジェンスにおける情報開示義務　177
　(4)各デューデリジェンスのポイント　178
　　コラム──M&Aスキームと相続対策　200

第4章　PE取引における法務・契約上の留意点

1 PE取引に関する法的論点　204
　(1)非上場会社の場合　204
　(2)上場会社の場合　206
　(3)株式譲渡に係る法規制　209
　(4)MBOの場合の留意点　212
　(5)LBOファイナンス　221

2 PE 取引における契約の留意点　226
　⑴株式譲渡契約　227
　⑵公開買付応募契約　235
　⑶株主間契約　235
　⑷経営委任契約　238

第5章　PE ファンドの運営とビジネス

1 PE ファンドのビジネス　244
　⑴PE ファンドのビジネス　244
　⑵PE ファンドの運用期間　245
　⑶PE ファンドの投資方針　245
　⑷PE ファンドの投資金額　247
　⑸PE ファンドと LPS 法　250
　⑹PE ファンドの報酬体系　251
　⑺報酬体系による投資行動への影響　252
2 PE ファンドビジネスの６つの特徴　253
　⑴再現困難な投資機会　253
　⑵時間的、金額的、案件的な制約　254
　⑶J カーブ　255
　⑷投資家と運用会社の利害一致　256
　⑸リターンの時間概念　257
　⑹キーパーソン　258
3 PE ファンドと資金調達　258
　⑴PE ファンドと投資家　259
　⑵PE ファンドの価値向上分析　260
　⑶ターゲット型の PE ファンド　261

第6章　PE ファンドの選び方

1 PE ファンドと取引をするポイント　264
　⑴PE ファンドとしての情報開示が適切か　265

⑵達成したい目標があるか　268

⑶「この人達と一緒にやってみよう」「この人達に託したい」
　　と感じられるか　269

⑷適切なアドバイザーを雇いフェアな取引ができるか　270

特別付録 有力 PE ファンドインタビュー　272

　J-STAR 株式会社 代表取締役社長　原禄郎様　272

　キャス・キャピタル株式会社 取締役パートナー　永見隆幸様　280

おわりに　290

序章

なぜ
プライベートエクイティ(PE)ファンドが
注目されているのか

はじめに　〜PE ファンドとは

　プライベートエクイティ・ファンド（PE ファンド）とは、投資家から集めた資金で企業の株式を取得し、株主として経営に参画しながら、事業や投資の成功を目指す事業体です。

　PE ファンドの活動は、

1　まず、金融機関などの投資家から資金を集めてファンドを組成するところから始まります（ファンド組成）。
2　そして、何らかの資本的な課題・事業的な課題を持つ企業の株式を当事者の合意に基づいてある程度まとめて取得します（投資実行）。
3　その上で、株主として経営に参画を行いながら、課題の解決を図ります（経営参画と課題解決）。
4　投資から数年後、最終的に、より最適な資本構成を目指して、株式の売却を行います（投資回収）。

　PE ファンドは、上記のような一連のプロセスを行うことを通じて、最大限の貢献をし、高付加価値を目指すプロフェッショナルファームである、ということができます。

　かつては、どうしても素人では手出しができない事業再生の局面においてファンドから資本提供を受けるケースや、大規模な非公開企業において、経営者の死去に伴う後継者不在解消のため、やむなくファンドに会社を譲ったというケースなど、どちらかといえば、企業が窮地に追い込まれるといったネガティブな局面を打開するために、リスクマネーの提供者として PE ファンド（そして、事業再生ファンド）が活用されるケースが中心でした。

　最近では、企業の事業承継や、資本の再構築のための 1 つの手法として、PE ファンドを活用するケースが増えてきています。そして、単にリスクマネーを提供する金融投資家という側面から、「リスクを取って、共に事業の成功を目指す経営パートナー」という位置付けに変わりつつあります。

　もちろん、日本ではここ 10 数年程度で出てきた金融サービスであり、業界

としては発展途上です。そのため、すべての PE ファンドが、企業のパートナーと呼べるだけの熱意や力量を持ち、成果を出せているかというと、やや疑問が残ります。

しかし、PE ファンドの持っているポジティブな側面は他の何にも代えがたく、日本企業の問題を根本的に解決できるだけのポテンシャルを持っていると常々感じるようになり、PE ファンドを利用する企業経営者や、各種アドバイザーの方に対して正しい理解と実践方法を提供することを目的として、本書を執筆しました。私どもの考える PE ファンドの本質的な機能と特長は、以下の4点に集約されます。

  (1)　大規模な資本提供（リスクマネーの提供機能）
  (2)　アドバイザーでなく当事者（事業成長の推進機能）
  (3)　ガバナンスの徹底（会社の断捨離機能）
  (4)　事業シナジーの創出（業界再編の触媒機能）
　以下、各項目について解説していきます。

(1) 大規模な資本提供（リスクマネーの提供機能）

PE ファンドには、企業の事業承継や資本の再構築に必要不可欠である大規模な資本提供、資金提供といったリスクマネーの提供機能があります。

企業は成長ステージに応じて、新規事業のための設備投資や運転資金確保など、さまざまな資金ニーズが生じます。このような一般的な資金ニーズに対しては、銀行借入や、ベンチャーキャピタルや取引先などからの出資受け入れなど、いわゆる伝統的な資金調達手法での対応が可能です。

しかし、（1）事業承継のための株式買い取りニーズ、（2）事業再生のための投資ニーズ、（3）子会社の売却やMBO（経営陣による株式買い取り）の際の資金調達ニーズなど、巨額の資金が必要で、かつ、経営権の移動を伴うような特殊な資本取引においては、既存の投融資の枠組みでは対応は難しく、それ故に、企業の事業承継や資本の再構築が進まないという実情がありました。

そこで、このような企業変革期における大規模な資金ニーズに対して、ファンドの仕組みが活きてくるのです。

そもそものPEファンドは、銀行や生命保険、年金など、巨額の資金を運用する機関投資家の投資運用ニーズから出発した資産運用事業です。別のいい方をすると、投資家側の資産運用ニーズと、企業側のリスクマネーの調達ニーズを結び付けたマッチング事業であるともいえます。PEファンドの仕組み上、投資できる金額は企業側のニーズに応じて無制限に拡張することも可能です。

直近の事例では、東芝の半導体事業を売却するにあたって、米系のPEファンドを中心とした企業連合体が取引相手先として選定されました。売却総額は実に2兆円にも及び、国内におけるPEファンドの取引額としては、過去最高額を記録しました。

このように、大規模な資本性のリスクマネーを機動的に提供できるという点が、PEファンドの最大の機能、特長といえます。

(2) アドバイザーでなく当事者（事業成長の推進機能）

PEファンドは、リスクマネーの提供だけでなく、事業の当事者として経営陣と共に事業成長を推進させる機能を持ちます。

PEファンドは、リスクマネーの提供を通じて、原則として、経営権を取得する、もしくは、それに準ずる投資を行います。そして、単に大株主になるという資本的な側面だけでなく、基本的には投資対象となる企業の経営を引き継いでくれると考えてよいかと思います。特に、後継者の選定に悩む中小企業の経営者からすると、自社のリソースからは見付けられない最適な後継者を擁立し、企業の当事者として経営を遂行してくれるPEファンドの存在は、純粋な金融投資家や、経営コンサルタントなどとは本質的に異なる点です。

例えば、経営者が高齢化し親族内に適切な後継者がいないという、典型的な事業承継のニーズがある場合を考えてみましょう。

一般的には、PEファンドの投資実行後に、現経営者と、PEファンドの担

当者が一緒になって、新たな経営者候補を、社内外から探索、選定、育成していくというプログラムを開始します。社内に適任者が居る場合は、社内事情を熟知していることから1年程度で完了するケースもあれば、社内に適任者がいない場合には外部から新たに採用した上で、2～3年以上かけて育成していくこともあります。そして、後継者の育成プログラムを実施しながら、現経営者は段階的に引退の準備を整えていき、最終的にはPEファンドの保有株式の売却時に、現経営者も株式を全て売却して、完全に引退するケースが多いようです。

このように事業承継が必要となる局面において、経営者と同じ目線で当事者として会社の経営課題に真剣に取り組む人材が必要であり、そうした人材の招聘のために、PEファンドを迎え入れるという選択肢もあります。

ただし、上記の例で示した後継経営者の活用は必須ではありません。

例えば、現経営者が経営を続けていく意志はあるものの、海外展開やIPO（新規上場）のノウハウ、人材が不足しているなど、今後の成長戦略について問題意識がある場合には、現経営者主導の経営を継続した状態でPEファンドを活用できます。

例えば、現経営者が続投することを前提として、PEファンドと今後の成長戦略について協議し、海外部門や経営企画部門など、会社の中で不足している機能をPEファンドと共同で整備していくような取り組みが挙げられます。いい換えると、経営者とPEファンドの共同経営（ジョイントベンチャー）によって事業を立て直し、将来的な事業の成功やIPOを目指すといったプロジェクトのイメージとなります。

つまり、PEファンドは事業承継や事業成長など、企業が抱えている経営課題に対する単なるアドバイザーではなく、実際に会社の経営現場に参画し、「ハンズオン」で一緒に課題解決を目指す機能と特長を持ち合わせているのです。[1]

1　ただし、PEファンドの経営参画手法については、さまざまなレベルがあって、単に経営会議でモニタリングのみを行うといった、消極的な経営参画を行うケースもあります。

⑶ ガバナンスの徹底（会社の断捨離機能）

PEファンドは、投資対象となる会社やその業界から独立した期間限定の中立的な株主という特性や、金融業界の厳しい規律に基づいて投資管理を行うことで、投資対象となる会社のガバナンス力（企業統治力）を向上させることができるという特長を持ちます。

一般に、企業は規模の大小を問わず、何かしらの「しがらみ」を抱えながら運営されています。それは取引先との関係性であったり、親会社との関係性、社内の人間関係、創業者の想いや個性であったりとさまざまな側面が考えられます。

もちろん、現時点でしがらみと呼ばれているものの中には、過去の成功に大きく貢献していたものも多く、ポジティブな側面を生み出してきたことも否定できません。

しかし、多くの場合、時間の経過と共に属人的な関係性に頼る経営は市場ニーズから取り残され、市場から淘汰されてしまう可能性もあります。このように、しがらみによる不利益を認識していても、企業の伝統として尊重したり、業務が忙しく改革を進められなかったりと、なかなか断ち切れないケースは、どのような会社でも往々にしてあるものなのです。

PEファンドは、ガバナンスの徹底の機能を持ち、過去から続いてきたしがらみについて、必要なものは継承し、不要なものを廃止するという、ニュートラルな視点で経営判断ができる立場にあります。

これは例えば、非常に個性の強い創業オーナーが社長として長年活躍している会社をイメージするとわかりやすいでしょう。このような企業では、良くも悪くも創業オーナーの個性によって事業を成長させ、一定程度の成功を収めてきた可能性はあります。

しかし、過去の成功体験は、経営者の実績そのものであり、会社内の聖域となって他の社員からすると手を付けられない領域となってしまっている可能性

があります。このように、しがらみの発生により、環境の変化に対応できなくなってしまったケースでは、得てして事実を指摘できるような、冷静かつ中立的な人材が周りにはいないことが多いのです。そのため、残念ながらオーナー系の企業の経営者が「裸の王様」になってしまうケースは往々にしてあるものなのです。

もちろん、全てのケースで過去から継続するしがらみを忘れて合理的な判断を下すことが正しい訳ではありませんが、多くの日本企業が陥っている先行きの不透明感を脱却するためには、過去からのしがらみをリセットできる「会社の断捨離」というのは、かなり強力な手段のように感じます。

また、PEファンドでは投資を実行してから最終的な売却（回収）まで、平均して5年程度（3〜7年程度）を目処とします。一般に、企業の「中期計画」は3年や5年を目処に策定されますが、PEファンドの投資期間とほぼ一致します。このレンジ（期間）は、一定の緊張感を持ち、腰を据えて企業の改革を進めるのに適しているのかもしれません。

PEファンドの仕組み上、過去からのしがらみからの脱却と、一定期間の強力なコミットメントによるガバナンスの徹底によりもたらされる会社の断捨離によって、結果として企業価値の最大化を推し進めることが可能となっているのです。

⑷ 事業シナジーの創出（業界再編の触媒機能）

一般にはあまり知られていないことですが、PEファンドには投資を通じて、他社との事業提携を促進させることで投資先企業の事業シナジーを創出するといった、高次元な企業価値創出機能があります。

具体的には、PEファンドが株主として経営に参画したということは、資金や人材などの面でバックアップ体制を整えたということですから、事業上の提案や提携などの話が数多く舞い込んでくることが期待できます。例えば、単純に営業面で新規顧客や事業提携の候補先の紹介、場合によっては同業他社に対

する買収の提案など、さまざまな側面からの提案が期待できます。

　一般的に、非上場のベンチャー企業がIPOによって上場すると、信用力が増し、新規営業が取りやすくなったとか、さまざまな情報が取りやすくなったという話と似ているといえます。つまり、PEファンドが投資をするという事実は、事業性や競争力の観点から、一定の評価をされた企業という位置付けになりますから、それが信用補完となってさまざまな事業提携が促進されるというのは、市場原理的に自然なことでしょう。

　また、PEファンドが投資を行うと、同業他社などの追加買収を行うというロールアップ戦略が選択でき、追加的な買収先との事業シナジーや将来的な事業売却による売却先との事業シナジーの創出も考えられます。

　例えば、PEファンドが、ある成熟した事業の会社を買収した場合を考えてみましょう。

　その業界の企業は、もちろん自力での売上成長なども可能ではありますが、いかんせん業界自体が成熟しきっているため、独力での価値向上には限界があります。このような状況では、PEファンドの投資先企業を基軸として、追加的な事業買収を行い、同業他社との一体化を通じて、例えば複数ある商品を一本化することや、共通した機能を統合するなどの事業シナジーの創出を目指すことが可能です。また、仮に追加的な事業買収は実現できなかったとしても、PEファンドの売却時に同業他社を選定し、同業他社と一体化することを通じた事業シナジーの創出も可能です。やはり、成熟した業界では同業他社同士の連携による本質的な価値向上が図れる可能性が高いのです。

　このように、PEファンドの経営参画によって対象会社の信用補完となった、事業シナジー（PEファンドとのシナジー）の発現、追加的なロールアップ、将来の売却プロセスを通じた業界再編の結果としての事業シナジー（同業他社とのシナジー）の創出も期待できるのです。

これからのPEファンド

　以上のような機能や特長は、PEファンドという仕組みに基づいたものでもあり、個々の取引において実現が保証されている訳ではありません。ただ、事業承継や、事業成長が必要とされる局面において、PEファンドが現状を打破できる可能性を持った他の何にも代えがたい手法であることは間違いありません。

　昨今、「失われた20年」、「ROEの低下」、「アジアシフト」など、日本企業の生産性の低さを示すキーワードが連日マスコミを賑わせています。また、上場企業の中には、必ずしも株主に向き合った経営をしているとはいえず、上場を維持する意義に乏しい企業も多く見られます。このような、いわゆる成長の鈍化は、時代の変化に取り残されつつある日本企業の共通の課題のようにも思われます。

　まさに「リスクを取った上で当事者意識を持ち、過去からのしがらみを捨てて、時には合従連衡を交えながら、成長を図ること」、これが日本の企業全てに求められています。PEファンドの機能や特長は、この成長プロセスそのものといっても過言ではありません。PEファンドという触媒を活用しながら、単に事業の承継だけではなく、事業の成長、業界の再編まで図れるというのは、意外と知られていない事実なのです。

　今までは、PEファンドというと「ハゲタカファンド」「企業買収を行う金融屋」「実態のよくわからない投資家」というイメージが強かったかと思います。残念ながら、PEファンド側も積極的な情報開示を行ってきた訳ではなく、いまだにそのようなイメージを持たれていることも否めません。

　今後は、ユーザーである企業側、経営者側がより多くの情報を集め、PEファンドを「事業成長を共に目指す経営パートナー」として評価した上で、PEファンドを事業承継や事業成長のための1つの有効な手段として経営に活用していこう、という発想が必要なのだと思います。従前のさまざまなしがらみから脱却し、「第2の創業を図る」という気概を持って、PEファンドを活

用する時代になったのです。

本書は、

- 事業承継や、事業の成長に課題を持ちながらも、何らかの糸口を見付けたい企業経営者
- 新たな事業機会として PE ファンドとの取り組みを考えている金融関係者
- PE ファンドを取り巻く法務、会計、税務、経営コンサルティング関係者
- 投資ファンド、M&A などについて学んでみたい若手ビジネスパーソン

などを対象として、PE ファンドの全体像や、投資実務の概要について、なるべく中立的かつフェアな目線で解説することを目指して書かせていただきました。

PE ファンドの役割など全体像の理解や、現役経営者の方には、1章と2章を、PE ファンドとの取引をする際の実務を理解するためには、3章と4章を、そして、PE ファンドビジネスの理解と、具体的な PE ファンドの選定方法については、5章と6章をお読みいただければと考えています。

※本書掲載の図表につきましては、特に出所表記のないものは筆者作成によるものです。

プライベートエクイティ・ファンドとは

1 PE ファンドとは

(1) PE ファンドとは

　PE ファンドは、主に非上場の株式に投資を行う投資ファンドのことを指します。

　そもそも、ファンドは、直訳すると「基金」、すなわち「特定の目的のために準備された資金」という意味になりますが、投資ファンドというのは、複数の投資家から集めた資金を運用し、その収益（リターン）を分配する仕組みをいいます。

　投資ファンドの投資対象として、上場株式か、非上場株式か、また、その運用形態に応じて、図表 1 - 1 のように、さまざまな投資ファンドがあります。一般に馴染みがあるのが、上場企業の株式や債券などを投資対象としたファンドである「投資信託」といわれるものでしょう。これは、昔から証券会社において、最近では、銀行の窓口などでも販売されるようになっており、最も一般に普及している投資ファンドとなります。

　それ以外の投資ファンドは、一般には販売されておらず、いわば機関投資家などのプロ向けの商品ではあるため、あまり馴染みがないところだと思います。

　本書で取り上げるプライベートエクイティ・ファンドは、プライベート（非上場）のエクイティ（株式）ということですから、基本的には、非上場の株式に投資をするファンド（広義の PE ファンド）を指します。

　ただし、非上場の株式に対する投資といっても、創業間もない会社や、上場途上の急成長中の会社に投資をする「ベンチャーキャピタル」、破綻をした会社に投資をする「企業再生ファンド」なども含まれます。本書では、それらを除く、非上場株式への投資ファンドをバイアウトファンド（狭義の PE ファンド）として定義し、本書では、この狭義の PE ファンドについて解説を行って

図表1-1　投資ファンドの種類

投資対象	投資ファンドの種類	特長	備考
上場株式	投資信託	株式、債権など、さまざまなタイプあり	証券会社や銀行で一般に販売されているのはこのタイプ
	ヘッジファンド	買いポジションだけでなく売りポジションの活用等を行う	プロ向けの投資商品
	アクティビストファンド	いわゆる物言う株主	ヘッジファンドの投資戦略の一つとして整理される
非上場株式（広義のPEファンド）	バイアウトファンド	経営権を取得する大型投資 成長のための大型投資	狭義のPEファンド（本書の対象）
	ベンチャーキャピタル	創業から急成長の企業向け小型出資	
	企業再生ファンド	企業再生の局面での投資	

いきたいと思います。

　また、バイアウトファンドは、プライベートエクイティ（非上場株式）ファンドの1つを構成しますが、非上場株式のみに投資をする訳ではなく、上場企業の非公開化案件などを中心に、上場企業自体もその投資対象となっています。この点、詳しくは38ページをご参照ください。

　そして、（狭義の）PEファンドが行う投資には、大きくは、経営権を取得する大型出資（バイアウト投資）や、成長のための大型出資（グロース投資）に分類されます。

　バイアウト投資、グロース投資とも、企業の資本政策や事業成長といった課題解決のための出資であることには違いないですが、簡単にいえば、

　バイアウト投資……経営権を取得する大型出資（出資比率51〜100％程度）

　グロース投資……経営権を取得しない成長のための大型出資（出資比率20
　　　　　　　　　〜40％程度）

という違いがあります。

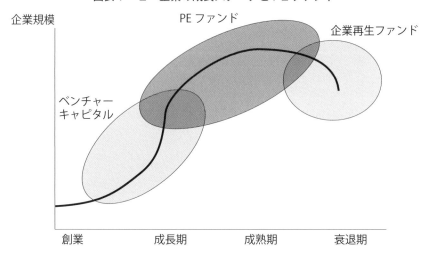

図表1－2　企業の成長ステージとPEファンド

そして、ベンチャーキャピタル、PEファンド（バイアウトファンド）、企業再生ファンドは、それぞれ企業の成長ステージに応じて、大まかにいえば、

　　　創業期から成長期　　　ベンチャーキャピタル
　　　成長期から成熟期　　　PEファンド（バイアウトファンド）
　　　衰退期　　　　　　　　企業再生ファンド

といった役割分担があります。

　ただし、実際のところは、図表1－2に示したとおり、成長企業への投資については、ベンチャーキャピタルだけでなく、PEファンドも手がける分野となっており、また、企業再生の領域を、PEファンドが投資するケースもあるなど、PEファンドの投資活動は、実際には、かなり広い領域をカバーしていることになります。

(2) PEファンドの基本的な業務と仕組み

　PEファンド、そして、それを運用するPEファンド会社の基本的な業務は、

①投資組合（ファンド）の組成（資金調達）

②投資機会の探索、調査、投資実行（投資実行）

③投資対象企業の課題解決、価値向上（価値向上）

④投資対象企業の売却と、投資家への分配（投資回収）

大きくは、この4つのプロセスにより成り立ちます。以下の図で、順番に説明していきましょう。

①投資組合（ファンド）の設立（資金調達）

まず、PEファンド運用会社が、金融投資家［銀行、生命保険（以下、生保）、年金基金など］に対して、過去の活動実績や今後の活動方針、投資方針などを説明した上で、資金を調達し、ファンドを設立します。

②投資機会の探索、調査、投資実行（投資実行）

その上で、ファンドの投資方針に従って、さまざまな資本的な課題、事業的な課題を持つ企業の発掘、調査を行い、PEファンドと企業間で相互に情報提供を行いながら、投資に関する協議、交渉を行います。つまり、ここで、PEファンドとしては投資をすることの検討や提案を行い、企業側としては、提案を受けて投資を受けることの検討を行います。協議が調ったところで、双方の合意に基づいて投資実行を行い、PEファンドが、株式の一定程度まとめて取得します。この場合、多くはいわゆる経営権を持つ50%超の株式シェアの取引となりますが、少数株主としての出資を行うケースもあります。

③投資対象企業の課題解決、価値向上（価値向上）

PEファンドは、株式をまとめて取得した上で、投資先の経営に参画を行います。経営への参画には、さまざまな方法がありますが、後継の経営者を送りこむケースもあれば、現経営陣を中心として不足している機能についてのみ補充、補完していくケース、日常的な経営は現経営陣に任せた上で、取締役会などでのモニタリングのみを行うケースなど、さまざまな形で支援を行うことに

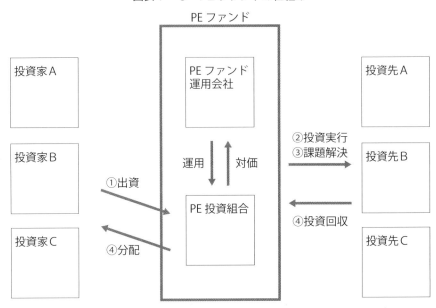

図表1-3　PEファンドの仕組み

なります。

④投資対象企業の売却と、投資家への分配（投資回収）

そして、さまざまな経営課題の解決を行った上で、より最適な株主構成を目指して売却が行われます。この際、売却に先んじて、IPO（新規株式公開）が行われるケースもあります。PEファンドの投資家にも、これによって、投資回収が図られるという流れになります。

それぞれの業務の詳細内容などは、各章で触れることになりますが、概念的には、実際の資金提供者（金融機関など）と、資金を必要としている会社（資本的、経営的課題を持つ対象企業、またはその株主）の橋渡しをするとともに、対象企業の課題解決の役割を担うのが、PEファンドの基本的な役割になります。

そして、このように、実際の資金の提供者と、その資金の運用者が分かれているという点が、PE ファンドの仕組み上の最大のポイントです。これによって、

- 資金の提供者（金融機関など）は、投資リターンの確保や投資リスク分散の観点から、運用力のあるファンドを選別した上で、複数のファンドに対して投資ができる
- PE ファンドの運用会社としても、たとえ自己資金がなくても、投資対象を探し、投資を実行し、経営支援を通じた価値向上できるスキルさえあれば、大規模な資金運用を行い、投資を通じた課題解決が可能となる
- 投資を受ける企業としても、銀行やベンチャーキャピタルなどの既存の投融資の枠組みを超えた財務的、経営的な課題解決をプロフェッショナルである PE ファンドのメンバーに委ねることができる

といったように、相互に WIN-WIN の関係が構築できるようになるのです。

なお、PE ファンドの実務上、投資家と、その運用会社を結ぶ役割を担うのが「投資組合」となります。PE ファンドの形態としては、「有限責任型の組合方式」で設定されることが通例で、国内の PE ファンドの場合、「投資事業有限責任組合」（LPS）が用いられることが多いようです。このように有限責任型の組合方式が採用されているのは、主に最終的に資金を提供する投資家（日本だと、銀行や生保、年金などの機関投資家）から見て、

- 組合レベルで課税関係が生じないこと（パススル　課税）
- 責任が投資額に限定されていること（有限責任性）

といった機関投資家目線での運用しやすさを兼ね備えているという理由で普及しているかと思われます。つまり、もともとは、最終的な資金提供者の目線で設定され、発展してきたのが PE ファンドであり、PE ファンド業界であるというわけです。

図表1-4 PEファンドの役割（イメージ）

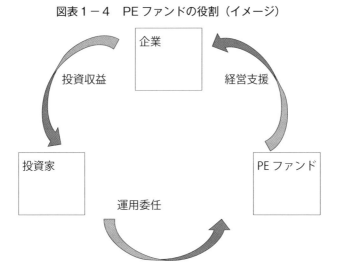

2 日本の投資ファンド業界の4つの流れ

　では次に、日本において、どのような流れでPEファンドは発展してきたかを概観しましょう。一言で、企業の株式に投資を行う「投資ファンド」といっても、実は以下のように4つの大きな流れがあります。

　本書のテーマである「国内系PEファンド」、「外資系のPEファンド」に加えて、「不良債権・事業再生ファンド」、そして、実はPEファンドとは異分野ではあるのですが、「アクティビストファンド」まで、その概要について触れてみたいと思います。これらは、それぞれが独立した動きで、かつ、微妙に絡み合いながら、相互に発展してきたという歴史があります。ただ、「投資ファンド」という括りでこれらを混合してしまうと、なかなか本質的な理解が難しくなってしまうため、まずは、それぞれの流れについて説明をしましょう。[1]

(1) 国内系 PE ファンド[2]

　1997 年に、独占禁止法改正によって純粋持株会社が認められることにより、PE 投資事業が可能になったことを受け、同年、アドバンテッジパートナーズにより日本初のバイアウトファンドが設立されました。そして、99 年にユニゾンキャピタルにより第一号ファンドが設立され、投資を開始しました。そして、2000 年以降も、リーマンショックまでの間に、続々と、国内系 PE ファンドの設立が行われました。金融業界からは、東京海上キャピタルを皮切りに、証券会社系、銀行系などでも、多くの PE ファンドが立ち上がり、また、丸紅や三菱商事などの大手商社も、PE ファンドの分野に参入して、多くの実績を残しています。取り組んでいる案件の性質としては、時代の趨勢を反映して、当初は、事業再生に絡んだ投資案件も多かったようですが、徐々に、事業承継案件や、資本関係の整理（子会社の売却案件、MBO 案件など）、業界再編案件など、PE ファンドとして課題解決を行う領域、件数とも拡充しつつあります。

　そして、その動きを陰ながら支えてきたのが、日本政策投資銀行（DBJ）の動きでしょう。DBJ は、投資ファンドの黎明期から、多くの PE ファンドに LP 投資家として資金提供を行い、多くの独立系の PE ファンドを育成しつつ、大型の案件を中心に自己勘定での PE 投資を行うなど、名実ともに、日本の PE 投資の第一人者として業界をリードしてきました。また、同じ政府系だと、2009 年には、産業革新機構（INCJ）が創設されました。INCJ は、ベンチャー案件が中心にはなりますが、ジャパンディスプレイや、ルネサスエレクトロニクスなど、1,000 億円超の大型のバイアウト案件をリードしたという実績を残

1　本書で挙げている 4 つ以外にも、例えば、上場している日本株に投資を行う投資信託などのファンドも大きな発展を見せています。ただし、経営権に関わるような大きなシェアでの出資ではなく、少数出資が中心的な投資スタイルであり、積極的に企業経営に参画しようという動きはないことから、本項では、特に触れていません。
2　各社ホームページの情報などを参考としています。

しています。

このように、独立系の PE ファンドを中心として、銀行系、証券系、商社系、政府系など、それぞれの特性を活かしながら、さまざまな PE ファンドが並存している状況にあります。

なお、総合商社や、オリックスなど一部の上場企業では、PE ファンドと同様に、PE 投資を 1 つの事業として行っている企業もあります。これらは、自己投資として行っているため、厳密には PE ファンドではありませんが、M&A 業界においては、PE 投資にかかる有力な投資家として一般に認知されています。

⑵ 外資系 PE ファンド

一方、2000 年以降、新生銀行（旧長銀）への投資を行ったリップルウッド・ホールディングス（RHJ インターナショナル）、あおぞら銀行（旧日債銀）や、西武グループに出資をしたサーベラス・ジャパンに加えて、カーライル・グループ、ベイン・キャピタルなどの米系の有名投資ファンドをはじめ、外資系ファンドの日本進出などの動きも加速しました。

外資系 PE ファンドは、ファンドビジネスの黎明期には、破綻した事業への投資を中心として実施していたため、以下で説明する「事業再生ファンド」と類似した活動を行っていましたが、最近では、事業再生案件だけでなく、大企業の問題解決のための投資案件を中心に、特に、大型案件の分野では、国内系の PE ファンド以上に多くの投資実績を残しています。中でも、米系のベイン・キャピタルは、すかいらーくや、東芝メモリ（東芝グループ）など、同じく、米系の KKR は、カルソニックカンセイ（日産グループ）や、日立工機、日立国際電気（いずれも日立グループ）など、名門企業の大型案件を手がけ、日本の資本市場において、圧倒的なプレゼンスを示した感はあります。

(3) 不良債権・事業再生ファンド

さらに、2000年前半からの不良債権処理のニーズも相まって、2003年に、政府系のファンドである産業再生機構が設立され、ダイエーやカネボウなど、大型の再生案件に取り組みました（この産業再生機構自体は、2007年までの4年間のみの活動）。この流れの中で、不良債権処理や事業再生のためのファンドなども数多く立ち上がり、主に、不動産を担保とする銀行の貸付債権や、再生が必要となる企業の株式などを取得して、不良債権のオフバランス化を促進させる機能を果たしました。

最近では、一時より規模は縮小したものの、主に地銀の不良債権処理、不採算の融資先の再生を目的とした事業再生ファンドがいくつか活動をしているようです。

本書では、この不良債権ファンド・事業再生ファンドについては、主には、銀行の不良債権処理のための時限措置的な要素が強く、いわゆるPEファンドとは異なるという整理のもと、説明からは除外したいと思います。

(4) アクティビストファンド

そして、上記とは別の動きとして、アクティビストファンド（「物いう株主」として、上場株式に出資をするファンド）の活躍についても見逃せません。

アクティビストファンドは、「投資ファンド」、つまり、投資家から資金を預かって株式に対して投資運用しているビジネスという点では、PEファンドと同様なのですが、実は投資スタイルは全くの別物です。

PEファンドは、投資対象が上場企業か、非上場企業であるかは別として、基本は経営権を持つような大型の出資になるため、投資対象となる株式を、「交渉によって取得する」というのが大原則です。一方、アクティビストファンドは、上場企業の株式を、自らの判断で株式市場から購入し、「取得した後

で会社側と交渉する」という特徴を持ちます。つまり、何らかの理由で割安と見込んだ企業の株式を市場で取得し、その後に、企業価値向上のための各種の提案（交渉）を行うというプロセスを踏むことになるのです。

　もちろん、このようなアクティビストファンドが活躍できる背景としては、上場企業の企業統治の不完全さから、潜在的な企業価値に比べると、現状の株価が、十分に実力を反映できていない企業が多く存在することを示しています。つまり、アクティビストファンドは、パフォーマンスの悪い経営者に対して、正当な手続きで提案を行っているという見方もできるわけなので、これはこれで、十分な社会的な意義はあるのではないかと思います。ただし、「株式を取得した後で、会社側と交渉する」というのは、高度なコミュニケーション力が必要とされる手法であり、一歩間違うと、会社の乗っ取りであるとか、大騒ぎになるわけです。

　本書では、このアクティビストファンドについては、一定の社会的な意義はあるとは認めながらも、いわゆる PE ファンドとは異なる種類のファンドだということで、説明の対象とはしておりません。

3　国内における PE ファンドの活用状況

　国内において PE ファンドにかかる有用な公的な統計データはありませんが、各 PE ファンドが公表している投資案件数ベースでみると、2015 年には 70 件程度だった投資案件数が、2017 年には 90 件を超えてくるなど、PE ファンドの活用が着実に市場へ浸透している状況がわかります。

　そして、日本企業を投資対象とした M&A 案件（IN-IN、OUT-IN の合計数）は、2017 年の実績だと年間 2300 件程度であるため、PE ファンドの活用割合（M&A 件数のうち、PE ファンドを活用したものの割合）は日本国内だと 3 ～ 4 ％程度ではないかと想定されます。[3]

　これに対して、PE ファンドの先進国といわれる米国や英国などでは、全

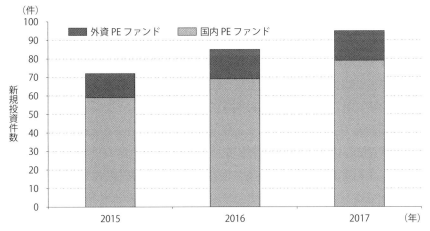

図表1−5　国内におけるPEファンドの投資件数（公表ベース）

M&A案件のうち10％近い取引にPEファンドが関与しているといわれており、PEファンドの浸透率（PEファンドの活用度合い）には、約3倍の開きがあることがわかります。

このように、国内でPEファンドの活用が十分に行われていない背景としては、国内でのM&A取引の市場そのものが発展途上であることや、一般人から投資ファンドやPEファンドへの認知度が十分でないこと、の双方の影響を受けているのではないかと思われます。

PEファンドのよくある疑問と誤解

以上、概観してきたように、日本では、1990年代のバブル崩壊後の不良債権処理のニーズに合わせて、比較的大規模の企業再生案件を中心として、PEファンド（再生ファンド）が活躍をしてきました。ただ、結果として大きな投資成果を挙げた投資案件について、一部のマスコミからは「ハゲタカ」として

3　PEファンドの投資件数は、各種公開情報に基づいて筆者調べ。年間M&A件数は、レコフ調べ。

非難するような報道がなされてしまい、ファンドに対するネガティブなイメージが醸成されました。

さらに、同時期に、外資系だけでなく、国内系のアクティビストファンドが活躍していました。いわゆる「物いう株主」です。彼らは、財政状態が良いものの、株価が低迷している上場企業に目を付けて、株式を買い進め、さまざまな注文を付けて、高値での売却を目指します。このような行為自体は、資本市場が有効に機能している証左でもあり、それ自体を否定するものではありません。ただ、このようなアクティビストファンドの行ってきた取引には、強引な交渉スタイルなど、世間一般には、受け入れ難い方法や内容が含まれていたことも事実ではあります。

日本では、「投資ファンド」というと、前述したような企業再生ファンドや、アクティビストファンドのイメージが残っているため、「ハゲタカ」、「乗っ取り」という負のイメージが、一部には定着してしまっている感はあります。

ただ、実際には、事業再生の投資自体、正当なプロセスの中で、高いリスクを取って投資をしている訳で、高いリターンが生じたとしても、本来は賞賛されるべき類の話であり、非難されるような性質のものではありません。ハイリスク、ハイリターンは、経済の原理原則から考えても、至極、まっとうな話なのです。

また、アクティビストファンドについては、企業側の意思とは関係なしに株式を取得し、一方的に提案を行ってくるという点で、本書でいう PE ファンドとは、全くの別物です。あくまでも、企業の事業承継や、事業成長などの課題を、「友好的に解決」することを目指すファンドが、PE ファンドだということです。

以下では、PE ファンドに対する、よくある誤解や疑問点などを、Q&A 形式で説明していきましょう。

(1) PEファンドの位置付け、役割について

Q PEファンドを経営に活用するというのは、
どのようなことですか?

A 本書では、企業経営上のパートナーとしてPEファンドを選定し、経営に活用しましょう、といったことがテーマになっています。

今まで、投資ファンドが投資をすると、会社側や、旧経営陣側としては、「経営のコントロールは全くできなくなるのではないか」、「身ぐるみが剥がされて、リストラされてしまうのではないか」という誤解が一部にはあったようです。また、会社法の観点からは、株主は会社の所有者であり、取締役に対して会社の経営を委任しているという関係にあるため、株主であるファンドを経営のパートナーとして活用するという発想にはなりづらいという背景もあったかと思います。

しかし、日本企業を取り巻く環境は、大きく変わりました。個人商店として生き残れるのは、一部の企業だけで、多くの企業は、良くも悪くも、世界的な競争の中で生き抜いていく必要があるのです。そのような中で、事業を維持・成長させていくためには、常に組織作りを行いながら、事業上の新しい取り組みを行うだけでなく、それを支えるような資本再構築を常に考える時代になったのです。

PEファンドは、資本再構築に取り組むための、

- リスクマネーの提供機能
- 事業成長の推進機能
- 会社の断捨離機能
- 業界再編の触媒機能

をあわせ持つため、これを自社の経営に活用することができるのです。

これからは、「PEファンドに買収されたら終わり」という受け身の発想ではなく、より能動的に、「PEファンドと組む」ことによって、企業の成長や

改革を果たすという発想が必要なのだと思います。

Q PEファンドは、いわゆるハゲタカファンドなのでしょうか？

A よくあるのが、この誤解です。2004年に「ハゲタカ」という経済小説が書かれ、のち、テレビドラマ化、映画化されました。本作は、「日本を買い叩け」をキーワードとして当時、一大センセーショナルとなりました。これらの作品の影響や、当時のアクティビストファンドに対する偏った報道の影響もあって、経済人の中には、投資ファンド＝敵対的な買収を仕かける非道な輩、という負のイメージがついてしまいます。ただ、繰り返しになりますが、このような敵対的な取引をするファンドは、金融業界の中でも、例外的に存在するのみであって、本書でいうPEファンドとは全くの別物です。

あくまで、企業の株主、経営陣に受け入れられた上で、「友好的に」投資を実行するのが、PEファンドというわけです。

なお、投資ファンドの行為のどのような部分がハゲタカと呼ばれているのかは定かではありませんが、おそらくは、以下のような取引を想定しているのではないかと思います。

①事業再生局面での投資

②破綻した企業の不良債権の買い取り

③役職員の整理解雇

④優良資産の切り売り

⑤上場企業の少数株主となって株主としての提案を行うこと

このうち、本書でいうPEファンドは、一部の取引について、①の事業再生局面での投資や、事業再生に付随して②の不良債権の買い取りが行われるケースはあるようです。ただし、③や④について、実施されることはほとんどなく、そして、⑤に至っては、全くの対象外であると考えられます。

Q PEファンドとベンチャーキャピタルとは どのように異なるのでしょうか?

A PEファンドもベンチャーキャピタルも、主として、非上場の企業の株式に対して投資を行うファンドであるという点では、同じ機能を持ちます。ただし、そもそもの投資目的が異なるため、実際の投資内容は大きく異なってきます。

ベンチャーキャピタルは、主として、将来性はあるもののこの先どうなるかわからない赤字事業に対して投資を行うため、ファンドから会社に資金が直接入る「第三者割当増資」が実行されることになります。そして、資金ニーズや、オーナーサイドの株式の希薄化の影響なども考慮して、金額規模や、出資割合も一定程度に限定されて実行されることが一般的です。

一方、PEファンドは、成長余力はあるものの、ある程度でき上がった企業に対する投資が中心のため、黒字の会社が大部分であり、会社の資金ニーズも限定されていることから、PEファンドと株主の間での「譲渡取引」が実行されることが一般的です。

そして、株式のオーナーシップを安定化させることが1つの目的でもあるため、発行している株式のうちの過半数（50%超）の取引を行うことが多く、その分金額も巨額になるのです。

また、投資現場に目を向けると、ベンチャーキャピタルは、1回の投資で、100倍以上に「化ける」投資も珍しくないことから、多くの有望ベンチャーに投資をして、ホームランを狙うといった投資スタイルになります。そのため、1人の担当者で、複数の担当先をカバーするため、投入できる人的リソースも、役員会への参加や顧客紹介などに限定されている印象があります。

一方で、PEファンドは、1回の投資で、巨額の資金を使うこともあるものの、狙えても数倍程度のリターンのため、慎重に調査、検討して投資実行するという投資スタイルになります。その分、1件にかける人的リソースの投入程度は大きくなり、いわゆる「ハンズオン」による支援が行われます。

図表1－6　ベンチャーキャピタルとPEファンドの相違点

	ベンチャーキャピタル	PEファンド（バイアウトファンド）
投資目的	事業成長	事業承継、資本再構築、事業成長など
投資ステージ	創業期、成長期	成長期、成熟期
投資規模	1件あたり、数千万円～数億円単位が中心	1件あたり、数十億～数百億円単位が中心
出資割合	少数～30％未満の出資が中心	50％超の出資が中心
投資スタイル	多くのベンチャーに出資し、ホームランを狙うため、関与度合いは低くなる	少数のバイアウト案件に注力し、ハンズオンによる支援を行い、確実にリターンを出す

Q 事業成長のためであれば、PEファンドでなくても、コンサルタントなどを雇えば良いのではないでしょうか？

A たしかに、企業の経営改革のためだけであれば、PEファンドでなくても、コンサルタントを雇うとか、ヘッドハンターを介して優秀な人材を採用してくれば良いようにも思われます。特に、会社や株主に、資金的・資本的な課題が生じていないケースにおいては、資本の移動など大それたことをせず、外部のリソースを使って事業の立て直しを行うことは、一定程度はできるのではないかと思われます。これは、正しい考え方で、資金的・資本的な問題がない限りは、PEファンドを活用する意義は乏しいかもしれません。

　ただ、何か事業上、問題が生じている会社のほとんどは、経営のオーナーシップの欠如、すなわち、株式によるオーナーシップの欠如や精神的なオーナーシップの欠如にその原因があることが多く、会社の根幹である、株式の所有という問題から手を付けたほうが実は早いということは往々にしてあることなのです。

　本書の冒頭でもご説明したように、PEファンドには、リスクマネーの提供機能だけでなく、事業成長の推進機能、会社の断捨離機能、業界再編の触媒機能が本質的には備わっており、事業を根本から改善していくことが可能になる

のです。

　このように多面的に事業としての価値向上ができるのは、必ずしも、PE
ファンドのメンバーが特別に優れているからという理由ではありません。経営
のオーナーシップを集約するとともに、何らしがらみのない独立した立場から
事業を見直すことができるという、PEファンド特有の仕組み上の強みといえ
るのです。

　当面のところ、事業承継ニーズや、資本面や資金面での懸念はないものの、
事業戦略をゼロベースで見直すことを目的として、思い切って、「PEファン
ドの仕組みを活用して第2の創業を図る」といった事案も、今後は増えてくる
可能性があります。

Q PEファンドの投資対象として、地方の中堅中小企業は対象になるのでしょうか?

A 経済紙などの報道を見ていると、比較的大型の案件においてPEファン
ドが投資をしている事例が目立ちます。ただし、それはあくまでもマス
コミの報道ベースであり、実際には必ずしも大企業の案件ばかりではなく、最
近では、PEファンド業界自体の広がりもあって、中堅中小企業の案件(投資
規模で10 〜 50億円程度)の事例の方が増えてきているのです。

　この背景としては、特に同族オーナー色の強い中堅中小企業こそ、後継者問
題や、株式保有にかかる課題、人材採用の課題、業界での競争力など事業上の
課題を抱えているケースが実際には多いためと考えられます。

　また、各地方銀行も、事業承継の提案を1つの事業機会として捉えて、その
ような中堅中小企業への提案機会を増やしていることによって、地方の中堅中
小企業案件が増加し、PE投資業界全体の裾野が広がって来ている印象もあり
ます。

　さらには、そのような環境変化に合わせて、中堅中小企業案件を専門とする
ような新規のPEファンドが立ち上がり、案件獲得競争の激しい大企業よりは、
相対交渉で取引が成立しやすい中堅中小企業の案件まで、対象を広げてきてい

る状況にあります。

Q 上場企業は PE ファンドの投資対象になるのでしょうか?

A PE とは、すなわち非上場株式 Private Equity ですので、上場企業は PE ファンドの投資対象から外れるのではないかという誤解が一部には ありますが、そうではありません。

上場企業でも、経営陣による株式買い取り案件（MBO）や、子会社・事業部門などの売却案件などの PE ファンドが関与する上場企業案件は増えて来ています。

上場企業そのものを取得対象とするような MBO 案件の場合、PE ファンドが TOB（株式公開買付け）の手続きに則って、株式買い取りの提案を行うことになりますが、無事に買い付けが成立した場合には、基本的には非公開化の手続きを踏むことになるため、結果として、非上場株式（PE）を保有することになるわけです。

ただし、稀に、PIPES（Private Investment in Public Equities）といって、上場企業の私募の増資を PE ファンドが引き受ける、もしくは、株式取得により大株主になることもあります。この場合は、上場を維持したままの状態の会

図表 1 － 7　PE ファンドが関与した主な上場企業案件（2017 年）

公表月	対象会社	PE ファンド	備考
1 月	日立工機	KKR	非公開化
3 月	TASAKI	MBK パートナーズ	〃
4 月	ホリイフードサービス	インテグラル	上場維持
10 月	アサツーディ・ケイ	ベインキャピタル	非公開化
10 月	日立国際電気	KKR	〃
11 月	黒田電機	MBK パートナーズ	〃
11 月	ツノダ	マーキュリアインベストメント	〃

社に投資をすることになりますが、PEファンドの取引としては、あくまでも例外的な取り組みになろうかと思います。

Q PEファンドの投資は、参加者のインセンティブ体系が明確であるといわれますが、どのような特徴があるのでしょうか?

A PEファンドの投資は、取引に関与したメンバー（経営陣及び、ファンドメンバー）から、参加者のインセンティブ体系が明確で良いという評価を受けることがあります。これは、PEファンドの投資では、以下の3つの特徴があるためと考えられます。

①結果重視の風土

PEファンドの投資は、前述したとおり、売却というゴールが数年後には確実にやってくる期間限定の投資となりますが、当然のことながら、その期間での最良の結果を出すことが求められます。すなわち、ファンド会社による濃淡はあるものの、良くも悪くも、結果を重視するという風土があり、そのため、それに報いるようなインセンティブを付与することが一般的なのです。

②大胆な権限移譲

そして、現経営陣が引き続き経営する場合もありますが、新経営陣が投入される場合も多く、その場合には、株主であるファンド側から大胆な権限移譲がなされ、思い切った改革を遂行することもあります。この場合、いわばゼロベースから会社に入り込み、会社の状況を把握した上で、大きな成果を勝ち取るためには、経営者としての相当なスキルが要求されます。このように、しがらみのない独立の立場から、プロ経営者としてのスキル向上の機会を得られるという点で、このような経験自体が、定性的な面でのインセンティブになっている可能性があります。

③インセンティブ付与の仕組み

さらに、PEファンドのインセンティブ付与の仕組みとして、経営陣側には、直接的に出資をしてもらうケースの他、ストックオプションとして新株予約権を保有してもらうケースなど、案件の特性に応じて、柔軟なインセンティブの

付与が実行されます。ストックオプションでは、一定の業績条件は付くものの、最大で、10 〜 20%程度の株式のインセンティブが付与されるケースもあるようです。[4]

また、ファンドの仕組み上、PE ファンド運用会社のインセンティブは、キャピタルゲインの 20%程度と相場は決まっていますので、これも大きなインセンティブになり得ます。

では、これが実際にどの程度の報酬となるのでしょうか。例えば、以下のようなシンプルなケースで考えてみましょう。

1　50 億円の株式価値の企業に対して、PE ファンドが出資シェア 100%の投資を行う

2　経営陣側のインセンティブとしては、業績連動型のストックオプションとして、潜在株式込みの全体の株式数の 10%程度の新株予約権を付与された

3　投資の結果として、業績は当初目標を超えて、売却時の株式価値は 150 億円と 3 倍に増加し、売却が完了した

4　ファンドで生じるコストはゼロと仮定

　この場合、単純に試算をすると、

- 経営陣側のインセンティブ（ストックオプション価値）（150 − 50）× 10% = 10 億円
- ファンド運用会社のインセンティブ（ファンド成功報酬）（150 − 50 − 10）× 20% = 18 億円
- 投資家のリターン（ファンドの分配益）（150 − 50 − 10 − 18）= 72 億円

リターンの合計　　　　100 億円

といったように、関係者で、投資リターンを明確に配分する設計が可能となるのです。

4　ストックオプションにおける「一定の業績条件」というのは、将来の営業利益などの目標達成度合いによって、付与される株式数が変動するような設計のことを指します。ストックオプションなどの発行条件は、投資対象会社の状況やファンド運用会社の方針などによって投資案件ごとに大きく異なる可能性があります。

Q PEファンドは、組合ではなく株式会社でも良いのではないでしょうか?

A ファンドというと、通常は、「組合」という形式が使われます。組合というのは、基本的には、複数の当事者が出資をして共同事業を営む契約、また、この共同事業体のことを指します。ここで生じるのが、投資家の資金を預かって投資事業を行うことは、通常の「株式会社」でも同じような投資活動はできるのではないか、という疑問です。

　たしかに、機能としては、資金提供者から投資を受ける主体、投資活動を行う主体、活動を行うメンバーがいれば良いということですので、会社でも組合でも、どちらでも構わないように思われます。むしろ、一般に認知されている会社のほうが、対外的にもわかりやすくて良いのではないかとも思えるくらいです。

　ただ、会社の場合、もともと、将来に渡って永続する事業を行う主体として制度設計されている点、そして、実務上大きいのが、会社レベルで法人税課税が生じる点がネックとなって、投資活動の主体としては馴染まない部分もあります。

　そこで、もともとあった民法組合、そして、それをPEファンド向けにアレンジした、投資事業有限責任組合が使われることになったのです。

　組合形式になることによって、最終投資家(銀行などの機関投資家)からは、パススルー課税(ファンドレベルでは課税対象とはならない)を受けられるとともに、投資方針などに従ったスキームの設計がしやすくなり、より投資しやすい仕組みとなったわけです。

図表1-8　株式会社とPEファンドの相違点

組織形態	株式会社	PEファンド
根拠法	会社法	投資事業有限責任組合法　ほか
資金提供	個人、機関投資家	主に機関投資家
資金使途	事業資金	投資方針に従った、株式投資資金に限定
税務処理	会社レベルで課税 (投資家は二重課税となる)	組合での課税なし (投資家はパススルー課税となる)
投資期間	ゴーイングコンサーン (継続した企業が前提)	投資期間、回収期間について、一定期間が定められる (通常、投資開始から組合清算まで10年を目処とされる)
投資回収	会社からの配当、株式市場などでの売却	組合からの配当、清算による分配

(2) PEファンドの投資実行について

Q　PEファンドの投資時には、経営権の取得は必須なのでしょうか？

PEファンドの投資実行においては、株式出資比率50％超を取得すること、すなわち、経営権の移動を伴う資本取引となることが通例です。

これは、PEファンド以外に、50％超を保有する大株主がいると、組織に頭が2つあるようなものなので、重要な経営判断が必要な局面で意見が割れることがあるというのが第一の要因です。やはり、経営改革を迅速に進めるためには、株主や経営陣が一枚岩で団結している状態というのが望ましいのです。そして、PEファンドの売却時のことを考えても、経営権を取得していない少数株式の場合、一般的には売却が難しくなるといった事情もあります。従って、現状のPEファンドの投資の実務においては、PEファンドの資本参加は、すなわち、経営権の取得という理解をしてしまって良いようにも思います。

ただし、50％を切るような出資シェアだとしても、少数株式としての出口が確保されているような投資であれば、PEファンドとしても、必ずしも、経営権の取得にこだわることはないかと思います。すなわち、一定の事業規模や利

第1章　プライベートエクイティ・ファンドとは　43

益水準、市場での認知度、新規性などがあって、いつでも IPO ができるような優良企業であれば、少数株主としての投資であっても、取り組みやすいといえるでしょう。

そして、最近では、必ずしも経営権の取得にこだわらないグロース投資を行うファンドも増えてきているようです。この辺りは、各 PE ファンドの運用方針によって、取り扱いが大きく異なる点かと思いますので、事前によく確認を行った上で、協議を進めるのが良いでしょう。

Q PE ファンドが投資した後に、会社の借入金はどうなるのでしょうか?

A 会社の借金は、通常の M&A と同様に考えれば良いのですが、基本的には、会社の事業で生じた債務は会社が返済義務を負うため、新たな株主となる PE ファンド側が引き継ぐことになります。ただし非上場会社の場合、会社の借入金にオーナー個人の保証や、個人資産の担保設定などを行っていることも多く、株主が変わったという理由で、単純に解除することは容易ではありません。

そこで、実際には、PE ファンドとの取引実行時に、新たなローンの提供（LBO ローン）[5] を受けた上で、既存のローンを全て返済することによって、個人保証などは全てリセットすることになるかと思います。

ちなみに上記の説明は会社売却のスキームとして、「株式譲渡方式」を採用したケースが前提になっています。小規模の売却案件や、過大債務が生じている再生案件などにおいては、例外的に、「事業譲渡方式」といって、事業に必要な資産や人材だけを切り出した上で取引をするケースもあるため、当然のことながら、残った会社の債務をどのように返済、処理していくかが課題になってきます。

5　レバレッジド・バイアウト（Leveraged Buyout）・ローンのこと。レバレッジとは、「テコの作用」という意味で、他人の資金（ローン）を活用することで、自己の資金（株主の出資）の投資利益率を高める経済行為を指します。

Q PEファンドの投資によって、会社に資金は入るのでしょうか?

A PEファンドの投資の形態には、大きく2種類あって、

1　会社に増資を行うケース

2　既存株主から株式を取得するケース

があります。当然ですが、1は増資の形態を取るため、会社に資金が入り、2は既存株主との売買の形態になるため、会社に資金は入りません。

1の増資の形態は、

・成長企業への成長資金のニーズ

・財務改善のための資金ニーズ（借入の返済や自己資本比率の改善など）

2の株式買取の形態は、

・事業承継ニーズ

・ノンコア事業（子会社）株式の買取ニーズ

といったように、案件のニーズに応じてスキーム設計が個別に行われることになります。

なお、既存株主から株式を取得しつつ、成長資金や財務改善のための資金提供を増資によって行う、という複合的なケースも実務では行われています。いずれにしても、その企業の問題解決の手段としてのPEファンドの投資になるため、状況に応じた設計は可能になるのです。

Q PEファンドは投資時に、なぜローンを活用するのでしょうか?

A PEファンドの投資スキームは、多くの場合、SPC（Special Purpose Company：株式取得を目的とした会社）を設立し、そのSPCに対してファンドから出資を行い、また、銀行から借入（LBOローン）の提供を受けて、出資と借入の資金を合わせて、既存株主から株式の買い取りを行うという方法で投資を行います。そして、いったんSPCと対象会社は、親子会社関係

となった上で、合併をするというスキームが採用されます（詳しくは、第3章で説明します）。

実は、このように PE ファンドの投資スキームにおいて、SPC が活用されるのは、「LBO ローンを活用するため」、といっても良いと思います。つまり、仮にローンの活用がなければ、対象会社の株主とファンドが直接売買をするとか、対象会社に対してファンドが直接出資をすれば良いわけなので、SPC は不要になるのです。

ローンを活用することで、より少ないファンド出資によって大きな案件に取り組める結果、ファンドからの出資資金の効率運用ができ、より高い投資利回りの運用が可能となるのです。

ただし、ローンの活用しすぎは、弊害もあります。前向きな事業投資ニーズがあるにもかかわらず、それよりもローン返済が優先されてしまうことになりかねません。

本来、事業戦略の達成が主目的であって、ファイナンス手法についてはそれに従うべき性質のものです。投資対象の経営陣側と、PE ファンド側が、相互に納得する水準でのローン活用が必要になるのです。

Q PE ファンドは、投資できる資金を持っているのでしょうか？

A 「XX ファンド会社が、XXX 億円のファンドを組成した」、「資金調達が完了した」、と経済紙などで報道されることがあります。一般人の感覚だと、XXX 億円の資金を当該ファンドが出資を受けて、資金を持っているかと誤解をされますが、実はそうではありません。

通常、PE ファンドでは、最終投資家の金融機関などと、PE ファンド運用会社は、コミットメント型の投資契約を締結し、投資や費用の支払いが必要な都度に、出資をしていただくという形態を取ります。つまり、100 億円のファンドを組成したといっても、PE ファンドがそれだけの現預金を持っているわけではなく、投資を実行するタイミングになって、最終投資家から必要な資金

の送金を受けるという方法になるのです。

ただし、ここでいうコミットメントというのは、「ファンド運用会社が最終投資家に送金依頼を行ったにも関わらず送金が実行されないと最終投資家側がペナルティを負う」ということになっていることが多く、信頼のできる機関投資家とのコミットメントとなると、実質的に資金を持っているのと同等の効果があると考えてよいかと思います。それゆえに、後述するような、PE ファンドの裏側の投資家の属性などの確認は実は重要な点になるのです。

なお、このようにコミットメント型の資金調達を行うのは、すぐに必要ではない資金をファンドの預金口座に寝かしておくのは健全ではないという点に加えて、すぐに利用しない投資資金の調達を控えることによってファンドとしての投資利回り、つまり内部収益率（IRR）を高める、という両方の観点から採用されていると考えられます。

ちなみに、投資案件ごとにファンド組成を行うターゲット型のファンド（261 ページ参照）の場合には、投資にかかる契約が締結できる見込みに応じて、資金調達活動を行うことになるため、投資交渉の初期段階では、確実に投資できる資金は持っていないことになります。

⑶ PE ファンドの経営参画について

Q PE ファンドが投資を行うと、
経営陣は交代になるのでしょうか？

A PE ファンドが投資を行うと、現経営陣は不要となり交代になる、これもよくある誤解です。通常は、現経営陣の続投をベースとするため、大きな交代は想定していないというのが、多くの PE ファンドの経営参画の方法になろうかと思います。これは、PE ファンドの投資では、投資先企業の問題解決を図ることを通じて、企業価値の向上を目指すことが目的であって、会社を支配することが目的ではないためです。

もちろん、取引自体が事業承継目的で、経営陣の個人的な事情で退任を予定

しているとか、不足している機能を補うために追加的に経営陣を送りこむこともありますが、経営の連続性を確保する意味でも、特に常勤の役員については、大きな変更はしないというのが、多くの PE ファンド投資の一般的な考え方になると思います。

ただし、これが事業再生案件などで、明らかに旧経営陣に責任があるようなケースや、PE ファンドの投資後に、何か決定的な経営方針の相違があるようなケースにおいては、このまま続投をお願いするということにはならず、交代をしていただくケースも可能性としてはあるとは思います。また、新たな知見を取り込む目的のため、当該業界に精通した方に社外役員の就任をお願いするとか、ファンドのガバナンス目的でファンドの社内メンバーが追加的に役員（非常勤役員）に就任するケースは、実務的には多くなります。

このように、特別な理由がない限りにおいては、経営陣は交代せず、続投することが原則になると思います。

Q PE ファンドのメンバーは、事業や経営のことを知らないのではないでしょうか?

A PE ファンドのメンバーの出身母体は、金融機関やコンサルティング会社、商社などの事業会社、監査法人などが多く、自分自身で事業会社の経営をしていたというメンバーは稀な存在です。そういった点からも、現役の経営者から見ると、本当に経営を任せて良いものか、不安になることはあるようです。

ただ、PE ファンドを映画製作に例えると、事業の当事者になるとはいえども、あくまで黒子のプロデューサー役です。実際に現場を仕切るのは監督であり、演じるのは各々の俳優です。適切な監督（社長）や俳優（経営陣、従業員）をアレンジすることが、プロデューサーの役割だとすると、当該業界での経営経験よりは、①時代の先を読む事業の戦略立案力、②人材の能力を見抜き適切なチームを組成する統率力、そして、③事業の方向性について監督と共に導いていく推進力、こそが求められているようにも感じます。

図表1−9　映画製作とPEファンドの類似性

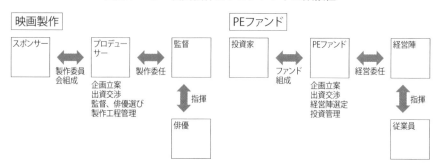

　これらは、正に企業の変革期に要求される経営スキルそのものといえるでしょう。事業や経営について特殊な能力を期待するというよりは、黒子としてのプロデューサー機能を期待するという考え方のほうが正しいかもしれません。

　ちなみに、PEファンドの中には、このような企業側の経営支援にかかるニーズを踏まえて、企業経営に精通している特別なチームを作って運営を行っているところも増えてきています。投資を受ける際には、十分に確認が必要な点になるでしょう。

Q PEファンドの経営参画はハンズオンによって実施すると聞くのですが、どのような手法になるのでしょうか？

A　PEファンドの投資においては、経営参画を行うことを「ハンズオン（直訳すると、手を触れるという意味）」といい、最近では多くのPEファンドがこれを謳い文句として、他のファンドとの差別化を図ろうとしているようです。ただし、実際には経営関与の方針や関与の度合いが、ファンドによってもさまざまであるし、同じファンド内でも、投資担当者や投資先企業によってさまざまであるというのが実情であると思います。

　PEファンドの経営関与の手法としては、大きくは以下の4つの手法があり、さまざまなレベルや内容が含まれています。

　①社外役員に就任し、経営会議などでのモニタリングを行う

図表1−10 PEファンドの経営参画

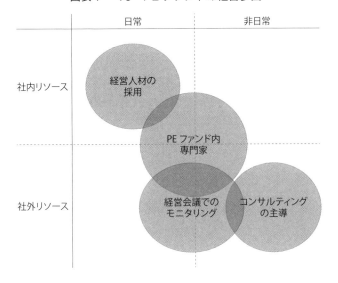

②外部のコンサルタントを雇いながら、経営改革を主導する
③業務経験が豊富な専門家をPEファンド内に置き、必要に応じてサポートする
④投資先の企業に、外部から経営人材を採用する

①の経営会議でのモニタリングと、②のコンサルタントを雇い入れるのは、比較的多くのファンドが採用している方法です。④の経営人材の採用については、最も強力なハンズオン手法になりますが、再生案件などで事業の立て直しが必要なケース、事業承継案件などで経営者の交替が必要なケース、特定の分野（海外や、企画、管理など）の専門家が必要となるケースなど、限定的に活用されているようです。

また、③のPE内部の事業専門家については、最近は経営支援の一環として、人材採用を強化しているPEファンドが増えてきているようです。これは、ファンド内部に事業の専門家を抱えて側面支援をするという方法になりますが、図表1−10のイメージの通り、日常的でもあり、非日常的でもあり、社内で

もあり、社外でもあり、というように、非常にフレキシブルで、バランスの取れた経営支援手法であるといえるかもしれません。

Q PEファンドが投資を行うと、リストラが進むのではないでしょうか?

A リストラの可能性については、一概に否定はできません。本書の冒頭において、PEファンドの機能の1つとして、「会社の断捨離機能がある」という話をしておりますが、まさに、過去からのしがらみを捨てて、ゼロベースで是々非々の判断をできるところが、PEファンドの特質でもあるからです。特に、成熟期の事業で市場が飽和し、売上高が段階的に下落しており、コストが過大になっているような企業などでは、一定程度のリストラはやむを得ないかもしれません。

ただ、リストラというと、強制的に人員を削減するなど、社員個人にはネガティブな印象もありますが、大局的に見ると、「組織としての環境適応」であり、また、「社会全体から見た配置転換による生産性向上」ともいえ、ポジティブな受け止め方もできるはずです。そして、個人レベルで見ても、新たな環境で今までの経験とスキルを活かし付加価値のより高い仕事をしていくことは、心身ともに健全なはずです。

もちろん、本書では、PEファンドによるリストラを推奨しているわけではありません。PEファンド参画後、一定期間(1〜2年程度)は、現状の従業員の雇用維持を経営参画の条件とするなど、一定の激変緩和措置は必要なのだと思います。

Q 投資ファンドは、すべて営利主義ではないでしょうか?

A PEファンドを始めとして、資本市場において投資ファンドといわれる存在は、基本的には、資金提供者の投資収益を最大化させることが、一義的に求められています。そして、投資収益の最大化によって、投資ファンド

の運用者にも成功報酬として還元されることになります。従って、「営利主義」というのは、表現はともかくとして、全く的外れな指摘ではないかと思います。

　ただ、上場している会社は、株主の資金を有効に活用して投資収益を最大化させることが求められていますが、PEファンドの運用者も、投資家の資金を有効に活用して、投資収益を最大化させることが求められており、それらは資本主義の枠組みの中では、ある意味で当然のことなのです。そうでなければ、資金の提供者の保護がなされずに、株式会社の仕組み、投資ファンドの仕組み、そのものが成り立たないからです。そして、これをバックアップする法制度が、会社法（株式会社法）であり、投資事業有限責任組合法なのです。

　ただ、その最終的な投資家である金融機関も、ESG投資という考え方（環境、社会、企業統治などを重視する考え方）がある通り、経済的な収益性を示す財務情報だけでなく、環境や社会的に意義のある取り組みであるか、といった非財務情報なども配慮しながら、PEファンドへの投資を行うようになってきています。さらには、PEファンドの中でも、このESG投資を遵守することの宣言（責任投資原則に対する署名）を行い、投資審査や、投資育成のプロセスの中に、ESG投資に適合しているかの確認を行うような動きも出てきています。すなわち各PEファンドも、投資判断や、投資後の経営判断、売却先の選定などの全てが「営利主義」ということではなく、上場企業などと同様に、環境的な意義や社会的な意義への配慮が求められるようになっているのです。

　ちなみに、PEファンドがどのくらいの利回りを上げているか（利益を計上しているか）については、国内においては、何ら明示された情報はありません。ただ、報道されている情報や業界のヒアリングベースで見ると、投資のリターンについては、年利ベースで概ね5〜15％程度であり、リスクの取り方や付加価値の創出手法などからすると、実際のところは、過度に営利性が高いということでもなさそうです。

⑷ PEファンドの売却活動について

Q PEファンドが行っていることは、単なる転売ではないでしょうか？

A この点もよく聞かれる疑問です。たしかに、短期で投資や売却を繰り返しているPEファンドの取引を外部から見ていると、どのような取引理由があるのかわかりづらく、果たして、PEファンドが参画することの意義や付加価値があるのか、やや微妙にすら感じられます。

また、1年未満の短期売買はせずとも、取得後、2～3年程度で売却することはよくあるため「果たして、これだけの保有期間で会社の業績が改善できるのか、会社にとってマイナスなのではないか」そして「そもそもすぐに売却をしてしまうPEファンドに対して売却する意味があるのか」、「最終的にオーナーとなる企業が直接投資をすれば良いのではないか」という疑問や批判が生じてくることはやむを得ないとも思われます。

PEファンドの投資では、必ず、投資実行があれば一定期間後の売却もあります。この「将来の売却を前提とした企業買収」というPEファンド特有の仕組みに起因した取引の大前提が、一般人からはややわかりづらく、敬遠される理由にもなっているようにも見受けられます。

ただし、この「将来の売却が確実に発生する点」はPEファンドの仕組み上、やむを得ないものと思われます。もともとPEファンドは、金融投資家（銀行、生保等）の資金運用ニーズと、企業の資本政策上の資金ニーズのギャップを埋めるために出発した金融サービスであり、投資家保護の観点から、ファンドの投資回収期間を区切って運用することは、1つの常識になっているからです。従って、PEファンドはその仕組み上、長期安定株主には成り得ず、一種のブリッジファイナンス（つなぎ出資）だと、割り切った上でのおつき合いが必要になってきます。

とはいえ、必ずしも、期間限定の株主というのは悪いことばかりではありま

せん。最終の投資期限があるからこそ、明確なインセンティブ体系の下で、思い切った投資や、ガバナンス改革に取り組むことができるというのが、最大の特長のように思います。そして、そのような改革のプロセスを、経営陣だけでなく株主側のサポートも得ながら実施できるというのは、実に得難い機会のようにも感じます。

また、PE ファンド側の事情としても、投資実行に伴い市場（対象業界の関係者、金融関係者）からの評価を受け、それがファンドの評価、評判として形成され、次の投資案件の紹介やファンド組成につながっていくという現実があります。すなわち、「利益さえ出れば良い」とか、「短期転売といわれようが気にしない」というファンドも一部にはあるかもしれませんが、今後は淘汰されていくのではないかと思います。PE ファンドとしての生き残りのためにも、1つひとつの取引について丁寧な取り組みを行い、経営参画した意義を見出すことが必要となっているのです。

Q PE ファンドは投資後に、 すぐ売却してしまうのではないでしょうか？

A PE ファンドによる投資では、投資期間（取得してから売却まで）は、一般的には5年程度（3〜7年程度）、長くても、8〜10年程度かと思われます。すなわち、当初の目標としては、5年程度でさまざまな経営改善を図った上で、さらなる成長を見込める事業会社に売却をするか、IPO を実施するなどによって、投資回収を図るのが理想とされています。ただし、短期間にそこまでのプロセスに至らない場合には、稀に、投資ファンドの期限終了まで、長期にわたって保有されることもあります。[6]

そして、よく批判されるような短期売買については、1年以内などの短期売買は行わない方針のファンドが多いようです。これは、PE ファンドの目的と

---

6 PE ファンドの組合組成時に、資金提供者（機関投資家など）と組合存続期間の合意がなされますが、通常は、ファンドの組成から解散まで、最長で10年程度の長期間の契約が締結されます。この期間内に、投資先の探索、検討からスタートして、投資実行、企業価値向上、投資回収、資金提供者への分配、の一連のプロセスが実施されることになります。

して、単に株主の売却ニーズを捉えるだけでなく、投資先企業の経営課題（売上成長や、人材育成など）の解決を図ることを、ファンドの投資方針として掲げていることが多いため、そのような経営課題は短期的には解決できないことが多いためです。

ただし、PEファンドの中には、旧株主が抱えていた早期売却にかかるニーズがある場合や、株主間のトラブル解消を目的とした売却ニーズがある場合などにおいては、一旦、一定の株式を譲り受けた上で、一段落着いた状態ですぐに売却活動を開始するという投資も実施しているようです。つまり、事業成長やキャッシュフローの改善などを目的とせずに、短期的な問題解決を行うことを投資目的としているような取り組みです。このような取引は、投資先の問題解決を図っているという点で、一定の意義のある取り組みであり、否定されるものではありません。ただ、このようなPEファンドの投資スタイルが、投資を受ける企業側のニーズに合っているかどうかは、事前によく確認したほうが良いでしょう。

Q PEファンドの売却プロセスにおいて、IPOが行われることはあるのでしょうか？

A この点は、PEファンドによって方針はまちまちで、IPOは一切行わず、事業会社への相対での売却（トレードセール）のみを行うというPEファンドもあれば、投資先企業のさらなる知名度向上や資本的な独立性の確保を行うことを目指して、なるべくIPOを行っていこうという方針のファンドもあります。

ただ、大雑把にいえば、①規模が比較的大きく、買い手となる事業会社は限定されてしまうケース、②事業内容も新規性があってIPOが馴染むケース、③消費者寄りのビジネスなどで、IPOによる顧客への知名度向上などのプラス効果があるケース、のいずれかであればIPOを前向きに考えるし、そうでなければIPOに対しては中立～ネガティブに考える、というのが一般的なように思われます。

さらに、その時々のIPOマーケットの潮流、すなわち株価の動向なども、IPOの判断を行う上では大きな要素になるでしょう。やはり、新規上場企業に対して、そしてPEファンドの投資案件に対して、株式市場がポジティブに受け止める潮流があれば、IPOに前向きになるし、そうでなければ後ろ向きになることはやむを得ない判断でしょう。

なお、そもそも企業側としてもIPOの可能性を追求することが、PEファンドとの取引動機になっている可能性もあるため、IPOの実現可能性や、IPOを実現させるための条件などは、PEファンドとの取引前に事前に十分に協議を行い、場合によっては、IPOの方針などについて、株主間契約などで確認することが望ましいかと思われます。

Q PEファンドの売却活動は、どのように行うのでしょうか？

A PEファンドが投資した後、通常は5年程度（3～7年）での売却（IPO後の売却）を目指します。本書の冒頭にて、PEファンドには業界再編の触媒機能があると指摘したように、実は、PEファンドが資本参画するという行為自体が、将来の売却先候補、事業パートナーを探すという機能があります。

最近は、PEファンドが特定の会社に資本参加すると、M&Aなどの仲介取引を行う証券会社やアドバイザリー会社内の営業担当者は、日々の営業活動の中で、新規事業やM&Aを積極的に考えている有力企業（つまり、買手候補先）を訪問する中で、PEファンド投資先は、潜在的な売り案件であるという認識の下、買手候補先との間の事業提携の可能性（そして将来の資本提携の可能性）を積極的に検討、提案していくのです。

その中で、買手候補先とPEファンドの投資先に、何らかの接点があるようであれば、仲介会社経由で、PEファンドに連絡があり、事業提携や資本提携の可能性を相互に検討することになるのです。このような中には、投資対象の会社側も、株主であるPEファンド側も想定していないような、思わぬ提案が

あるものです。

このようなプロセスを多く経た上で、価格面だけでなく、事業面のシナジーなど、あらゆる要素を考慮して、新たなパートナーの候補先を探すことになるわけです。

具体的な売却方法は、相対交渉や、入札、IPO などが挙げられますが、詳しくは、第3章にて説明いたします。

Q PEファンドは、売却先をどのように選定するのでしょうか?

A 売却先は、前述したようなプロセスで選考されることは説明いたしました。では、どのような要素によって、最終的に売却の相手先を選定することになるのでしょうか。

これは基本的には、「相手先の信用度と、価格によって選定している」ということになろうかと思います。

まず、PE ファンドの売却プロセスにおいては、アドバイザーの選定から、売却候補先の声かけに至るまで、相当に慎重なプロセスで進められており、信用度の低い買手候補には、そもそも売却情報が届かないように十分にコントロールされている印象はあります。その意味では、信用度の劣る相手先は、売却プロセスの初期の段階で、売却候補先から外れてしまうことになります。

そして、そのプロセスを経た後においては、最終的には、「価格」によって決定がなされるというのが実態かと思われます。つまり、より高い金額を提示した買手候補に売却をするというのがこの業界における常識なのです。このようなことが、金融業界において常識といわれているのは、ファンドの投資家への信認義務の観点から価格を優先すべきだということだけではなく、価格には、

①買手候補の、買収対象事業へのコミットメントの強さ

②買手候補の、買収対象事業へのシナジー効果の強さ

③①、②の結果として、将来的な買収対象事業の成功確度の高さ

など、全ての情報が含まれていると考えられているためです。

もちろん、実際には、選考プロセスにおいて、価格以外にも、買手候補の信用度や、買手候補と対象会社の役職員との相性、買収取引の安定性など、定量化できないようなデリケートな部分も含めて決定されるものですが、このような要素はあくまでも副次的なものであり、価格に勝る判断材料はないというのが、良くも悪くも、金融業界における基本的な考え方であると思われます。

ただし、このように、価格という定量化できる部分で判断するというのは、マイナス面ばかりではありません。好きとか嫌いという感情や、従来の業界の常識などに捉われずに、ニュートラルに、かつ合理的に考えられるというプラス面も同時に存在するのです。そして、その合理性の判断があるからこそ、PEファンドには、さまざまな事業提携などの情報が集まってくるという効果も生じるのです。

コラム──ドラッカーのマネジメント論とPEファンド

「誰でも、自らの強みについてはよくわかっていると思う。だが、たいていは間違っている。わかっているのは、せいぜい弱みである。それさえ間違っていることが多い。しかし、何ごとかをなし遂げるのは、強みによってである。弱みによって何かを行うことはできない。」（プロフェッショナルの条件・ダイヤモンド社）

マネジメントの父と呼ばれるピーター・ドラッカーはこのように記しました。つまり、強みによってのみ、達成できる事が決まるにも関わらず、多くの人は自らその強みを認識できていない、そして、認識が難しい強みを理解した上で、環境変化を自ら作り出しながら、貢献を果たしていかなければならない、ということを言っているのです。

PEファンドによる投資プロセスは、投資対象となる企業の真の強みは何かについて、改めて考え直す一つの契機になると思います。当事者の強みに関する認識の誤りは、PEファンドが投資を行う際の調査で明確になることもありますが、むしろ、投資後に顧客などからの反応や評価によって発覚することや、売却時点

で、次の株主（事業会社など）に譲る際の反応や評価によって発覚することの方が多いように思います。

　すなわち、自らで自らの強みを理解することは非常に困難であり、顧客を中心とした外部からニュートラルな評価を上手く取り込むことによって、初めて真の強みが理解できる性質を持つと言えるのです。

　また、真の強みの理解を起点として、自らが最も貢献できる場所を探すということも、実は、PE ファンドの投資においても、出口を探索するプロセスとまさに符合すると言えるのです。

　このように、ドラッカーのマネジメント論の根幹を成す、「真の強みを見つけ、その強みが最も貢献できる場所を探す」という取り組みは、まさに PE ファンドの機能そのものとも言えるのかもしれません。

PEファンドの戦略的活用法

どのような活用機会（PEファンドの付加価値）があるか

　本書では、PEファンドを企業の経営パートナーとして迎え入れることが、今後、日本企業の経営の重要な選択肢になり得ることを、重要なテーマとして掲げています。

　では、企業のどのような局面において、PEファンドを迎え入れ、すなわち投資を受け入れることを検討すべきなのでしょうか。

　これには、後継者の不在や相続対策といった、個々の会社オーナーが抱えているような極めてプライベートな悩みの解消を目的とした取り組みもあれば、より前向きな目的で、PEファンドとの取引をきっかけに、今まで成し得なかった海外展開に本格的に取り組むというケースや、業界再編の一環として取り組むというケースもあり得ます。いずれにしても、この活用機会というのは、PEファンドが提供する問題解決の具体的な内容、もしくは、PEファンド自体の付加価値といい換えても良いかもしれません。

　図表2－1は、PEファンドの活用機会について、その内容を、ミクロ要因（プライベート事情など）かマクロ要因（業界事情など）かという切り口と、ネガティブ要因（リスク回避など）かポジティブ要因（成長支援など）かという切り口で整理したものです。

　全体としては、
- ミクロ要因に加えて、マクロ要因が増加傾向にある
- ネガティブ要因に加えて、ポジティブ要因が増加傾向にある

といったように、PEファンドの活用機会も、矢印のように、大きく領域を広げているように感じます。

　なお、これらの活用機会については、単独の目的で実施されることは少なく、実際には、複数の目的を求めて実施されることの方が多いと思われます。例えば、事業承継対策がPEファンドとの取引の直接的なきっかけにはなるものの、

図表2−1　PEファンドの活用機会

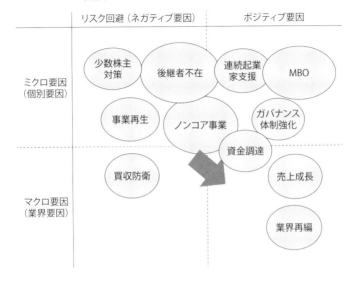

同時に、今まで実現できなかった事業成長に向けた改革に着手し、さらには、業界他社との資本業務提携の可能性を探るといった取り組みのイメージです。すなわち、資本的な課題だけでなく、事業的、業界的な課題をセットで解決してしまおうというのが、最近のPEファンドの取引の中心になっているように思われます。

以下、PEファンドの活用機会について個別に解説をしていきたいと思います。

(1) 事業承継1　〜後継者不在の解消、相続対策

まず挙げられるのが、中堅中小企業において、同族もしくは社内での後継者が不在だというケースです。

もちろん、企業独自でさまざまな手法を駆使して、後継者候補を外部から招聘するという方法はあり得るでしょう。ただ、中堅中小企業の場合、相応の

「プロ経営者」というのは招聘が難しく、また仮に上手く招聘できたとしても、相応の対価により株式の引き継ぎをしてもらえないと、会社の所有と経営が分離してしまい、長い目で見るとコントロールが難しい局面が生じます。特に、中堅中小企業レベルにおいて、オーナー経営者が抜けた後の会社を成功に導くためには、チームの統率力と、事業の推進力の両方が必要になりますが、そのためにはある程度の会社の所有と経営の一体化は避けられず、その意味で、PEファンドに会社の所有と経営を全面的に委任するニーズが生じるのです。

ただし、PEファンドの場合でも、即座に最適な人材をアレンジできることは極めて稀で、多くの人材紹介会社や経営者人脈などのネットワークを駆使して、最適な人材をその都度調達してくるのが一般的かと思います。

ただ、PEファンドの投資先の経営者候補となると、PEファンドが成功すると見込んだ事業であるという安心感ばかりでなく、独立した資本関係の下で大胆な権限移譲がなされた上で「プロ経営者」としてのスキルを磨く機会が得られるということ、参画することのインセンティブ体系も明確化されているなどの理由もあって、求職者からは非常に人気があるポストとなっています。その結果、「PEファンドの投資先である」という理由だけで、企業独自で探すよりは、明らかに採用応募が多い状況にあります。その意味で、PEファンドの活用は、後継者対策の1つの有力な選択肢となるのです。

また、事業承継とも関連しますが、歴史の長い非上場企業の中には、数十億円単位で純資産（自己資本）を積み上げているケースも少なくなく、また、特にニッチな市場ながらも、業界における一定のシェアなどを持つ企業などにおいては、収益性も高く、結果として、相続税法で計算される非上場株式の評価額も、相当高額になっているケースが散見されます。

このようなケースで、企業のオーナー家において、将来に発生し得る相続税の債務は、一義的にはオーナーである個人の債務ではありますが、その債務を負担する財源としては、企業からの収益で負担せざるを得ないという状況にあることから、実質的に見ると、「オーナー個人の相続税債務は、企業の債務である」という見方もできるかと思います。

つまり、多くの中堅中小企業は、自社の厳しい経営環境で、一定の利益を確保しながら、継続的な設備投資、事業投資を行う必要がある一方で、利益に連動して膨らんでいく将来的な相続税債務を実質負担しないといけないという、いってみれば、「板挟みの状況」に陥っているのです。

この状態を打破するために、PEファンドを活用して、株式の売却機会を得ることにより、相続税の納税資金を捻出することが可能となります。これは、オーナー家として（すなわち、企業として）、相続債務からは解放される分、前向きな事業投資に取り組むことができるようになり、企業の競争力の確保の観点からも望ましいといえるのです。

⑵ 事業承継2　〜連続起業家の支援

また、事業承継というと、高齢化したオーナー経営者の後継者対策というイメージがありますが、最近は若い経営者の中でも、経営や資本をバトンタッチした上で、自身は新たな分野に取り組むといった動きが出始めています。

米国では、ITのベンチャーを中心として、事業を立ち上げては成長軌道に乗せ、事業売却をした上でその次の事業を立ち上げるという、シリアルアントレプレナー（連続起業家）が1つのブームになっています。そして、日本における連続起業家もIT業界を中心に徐々に生まれ始めており、この動きがIT業界だけでなく、他業界に波及している印象があります。

このような取り組みに興味を持つ起業家は、0から1を生み出すところに最大限の関心があり、一定のビジネスモデルができ上がったあとの組織としての安定成長のプロセスについては、必ずしも得意分野ではなく、他の得意な方に任せたほうが良いと考える、見方によっては非常に合理的かつ謙虚な考え方を持っているようにも見受けられます。

PEファンドは、どちらかというとゼロベースのサービスを立ち上げる局面よりは、一定の成功したビジネスモデルに人や資金を投入することで、事業として大きく成長させる局面や、後述するように社内の管理体制の構築に向いて

いるともいえるため、このような連続起業家との相性は非常に良いと考えられます。

　今後は、このような時代背景を反映して、ベンチャー企業分野におけるバイアウト投資の取り組み案件も増えてくると思われます。

コラム──同族内の事業承継ケース

　事業承継の局面における PE ファンドの活用というと、一般的には、後継者が不在のケースが、第一に考えられます。ただし、将来的な後継者が決まっている、もしくは、ある程度想定されている状況においても、事業成長やガバナンス強化のために、PE ファンドは活用できる可能性はあるのでしょうか。

　たしかに、同族内での後継者が想定されるとしても、経営者としてはまだ若く、一定の中継ぎのニーズが生じることがある上、歴史も実績も名前もある恵まれた企業ほど、経営の改革が必要なケースは多く、PE ファンドの人材力、資金力などの助けを借りて、経営の改革を果たした上で、次世代につなげるというのは、一定の価値のある取り組みになる可能性はあります。

　ただし、この際に、将来的に PE ファンドから、後継者側でどのように株式を買い戻すかというのは、非常に難しい問題です。PE ファンドとしては、投資家へのリターン確保の観点から、企業価値を高めた上で、それに見合った価格で株式の売却を行う必要がありますが、一方、後継者側（企業側）としては、企業価値が高まるほど、買い戻しのための資金が不足するという矛盾に陥ってしまうためです。

　これは、「企業の所有と成長のどちらを優先するのか」、といった本質的な問題であり、両立させることは難しい印象があります。やはり、同族内での承継を考えた場合には、コンサルタントを雇うとか、銀行からの借入調達によって対応するのが王道であると思われます。

⑶ 資本の再構築1 〜ノンコア事業の切り出し

　次に、親子会社関係の解消ニーズに応えるために、PE ファンドが活用されるケースもあります。通常は、親会社側からのニーズ、すなわち、グループ全体の事業ポートフォリオの構築や財務的な要請などもある中で、ノンコア（非中核事業）の子会社（もしくは、事業部門）を売却する必要が生じる、いわゆる、「事業の選択と集中」の判断に迫られるケースです。

　このような場合に、親会社側として、特定の子会社（事業）を、事業シナジーのある事業会社に対して売却をするケースもありますが、規模の大きな取引になるほど、適切な相手先に、適時に取引を成立させるのは困難となります。

　また、親会社側も、もともと外部に売却することを前提に子会社を保有している訳ではなく、グループ間のシナジー創出のために保有していることが多いため、親会社と特定の子会社間の商取引が多く残っていることも多く、完全、そして即座に、外部の事業会社に売却するには、実務上困難なケースも多いようです。そこで、より中立的で機動力のある売却相手先として、PE ファンドが選定され、売却が行われるケースが増えています。

　その場合、売主となる親会社側では、完全に売り切らずに、一部の出資関係は持ちつつも、PE ファンドの保有期間の数年間を、旧グループ間取引の整理期間と位置付けて、親子会社間の取引の解消を図り、双方が独立のために準備をしていくということも行われます。このように、PE ファンドを活用することで、1 段階目（PE ファンドの投資時）で、ある程度の投資回収を図った上で最終的な売却に備えつつ、2 段階目（PE ファンドの売却時）に、グループ間取引を整理した上で最終的な投資回収を図るという、親会社側の現場ニーズに即した取引が可能となるのです。

⑷ 資本の再構築2 〜親会社（大株主）からの独立

そして、親子会社関係の解消のニーズとして、子会社の経営陣側から、親会社から独立したいというニーズが生じることがあります。

親会社が、新設で会社を設立し新規事業に成功した場合や、M&A などで、子会社を取得した場合においては、その事業会社が大株主になっており、経営者側が、少数株主になっている（もしくは、経営者側がそもそも株主にもなっていない）ケースが散見されます。いわゆる所有と経営の分離が生じており、サラリーマン社長が経営を行っているようなケースです。

このようなケースでは、親会社側と子会社の経営者側で、双方の役割期待が合致するとともに、グループとして十分なコミュニケーションができていれば問題はないのですが、時間の経過とともに、双方の役割や、考え方に微妙なズレが生じてくることがあります。

親会社は、子会社に対して相当な出資シェアを占めているため、親会社分の株式をそっくりそのまま子会社側（もしくは子会社経営陣）で買い取るというような方法は考えづらく、第三者である PE ファンドに、子会社株式の買い取りを依頼するニーズが生じるわけです。

このような取引は、MBO（マネジメントバイアウト＝経営陣による株式買い取り）といわれ、PE ファンドと子会社の経営陣が共同出資を行い、子会社を取得するスキームが取られることが一般的です。

ちなみに、MBO 取引においては、必ずしも PE ファンドが登場するわけでもなく、子会社の経営陣が自己資金と、会社の事業を担保とし銀行融資（LBO ローン）を調達することによって、取引が成立しているケースも実務上は存在します。

ただし、最近の銀行の考え方としては、ガバナンスの強化のためにもスポンサー（株主）としてファンドを迎えたほうが良いのではないか、ファンドから資本を入れないと、MBO 成立後に融資比率が高くなり、財務的にも不健全で

あるのに加え借入返済のために本来の成長が阻害されるのではないか、という議論のほうが主流となっています。従って、いわゆるMBO取引においても、仮に、融資だけで取引が成立する可能性があったとしても、一定程度は、PEファンドの支援を仰いだほうが賢明なようにも思われます。

なお、上記では、親会社からの独立について論じていますが、大株主が個人株主であり、所有と経営が分離しているようなケースにおいても、同様のニーズが生じることがあります。

(5) 資本の再構築3 〜少数株主対策

次に、親会社やオーナー家など、大株主の資本政策の目的だけではなく、それ以外の少数株主の資本関係の整理目的でPEファンドが活用されることがあります。

会社を運営していると、さまざまな事情があって元々の創業家、オーナー家以外の外部の方に株式を持っていただくニーズが生じます。これは例えば、懇意にしている取引先と資本業務提携を結ぶというケースもあれば、過去にIPOを目指していて金融投資家から資金調達を行っているケースの他、歴史の長い会社の中には、オーナー家の相続税対策という観点で、社長の友人やすでに引退した昔の取締役や従業員などが株式保有を行っているケースなどもあります。[1]

もちろん、それらは、初期においては一定の効果を発揮し、さまざまな恩恵が得られていると想定されます。ただし、次第にそれは一種の「しがらみ」となってしまい、会社の運営上は迅速な意思決定が阻害され、株主対策を講ずる必要が生じるなどの、運営上の足かせとなるケースもあり得ます。

また、非上場株式を保有している少数株主側としても、当初は、経営支援の目的や、上場を目指すなどの大義名分があって、保有することについて違和感

---

1 外部の第三者から出資を受けることによって、結果的にオーナー家の出資シェアが減り、オーナー家保有株式にかかる相続税評価額が減額される効果が期待されるため。

はなかったものの、例えば、少数株主内で相続が発生して次世代に引き継がれることになると、相続税のコストが発生するだけでなく、相続により株式の分散が進むと会社と全く縁のない株主が登場するなど、マイナス面が目に付くようになります。こうなると、次第に、会社と少数株主の間の関係は悪化してしまい、相互にいったんリセットをするニーズが生じることになるわけです。

　もちろん、会社側で、少数株主から株式を買い取れるだけの十分な資力があれば良いですが、十分な資力（財務基盤）があると、今度は、株価はもっと高いのではないかという期待が生まれることもあり、会社、オーナー家、少数株主が全て満足するような取引というのは、なかなか成立しづらくなります。

　そこで、外部のPEファンドに、実質、少数株主分の買い集めを行ってもらうという活用ニーズが生じることになるわけです。

(6) 事業再生　〜不振事業の立て直し、財務リストラ

　そして、企業として、PEファンドに頼りたいというニーズがかなり強いのが、事業再生という局面です。

　どんな企業でも、市況による外的な影響を受けない企業はありません。特に、良い商品や顧客や技術は持っているものの、別の事業で赤字が生じてしまっているようなケースや、環境変化に対応するために追加投資が必要であるようなケースなどでは、事業再生投資のニーズが生じます。

　PEファンドはさまざまな理由で資金繰りに困窮した企業や、抜本的な構造改革が必要な企業に対して、追加的な投資（増資）を行うケースがあります。ただし、実際には、事業再生ファンドを含めたPEファンドが取り組むケースとしては、

　①本業の売上悪化が一時的であると判断され、収益改善が見込まれるケース（PL面の改善可能性）

　②本業の売上の回復は見込めないが、コスト削減策によって、収益改善が見込まれるケース（PL面の改善可能性）

③本業には異変がないものの、別事業の失敗により全体の財務状況が逼迫し
　ているケース（BS 面の改善可能性）

といった場合のように投資リスクはあるものの、一定程度にコントロール可能
な状況に限定されているように思われます。

　このような企業に共通するのは、すでに借入金が過大となっており、追加的
なファイナンス（銀行借入）が困難であるという状況です。そして、返済が困
難であるばかりか、このまま借入金が残ると、スポンサー（出資者）が付かず
に事業そのものの存続が困難になってしまうことも考えられます。

　そこで、実際には、法的な再生手続き（民事再生法など）を申し立てた上で、
債務は一定程度免除してもらい、スポンサー（出資者 = PE ファンド側）が一
括で弁済して債務の軽減を図るという、いわゆる再生スキームを実施すること
もあります。

　また、上記のように法的な再生手続きまでは至らなくても、

・増資を行った上で、借入金の返済を行う

・銀行からの借入金を時価で買い入れた上で、DES（債務の株式化）を行う

などといった手法により財務的なリストラを行い、バランスシート上の改善を
図った上で、収益面の改善に着手するといった、よりソフトな再生スキームを
実施するケースもあります。

(7) 事業成長1　〜売上成長

　そして、PE ファンドの活用機会として、重要度が高く、かつ注目されてい
るのが、トップライン（売上高）の成長を伴う事業成長という点でしょう。

　企業は、創業してから軌道に乗った後、いわゆる成長期や成熟期において、
それぞれ特有の課題が生じます。人材の問題や組織の問題に起因して、

①事業戦略の不存在

②マーケティング力の欠如

③地方展開力や海外展開力の欠如

④研究開発力の欠如

⑤脆弱な管理体制

などを代表とするさまざまな課題です。

これらはいわゆる「成長の壁」といわれるものですが、このように、事業再生とまではいかないまでも、潜在的に成長を阻害する問題を解決するために、PEファンドが活用されるケースが増えています。

このような「成長の壁」となる課題が生じる背景として、オーナー経営者自身が高齢化しているにもかかわらず、次世代経営層が育っていないケースなど、多くは、資本政策上の課題だけでなく、経営人材の課題が同時に発生していることが多いのが実情です。

人材採用面から見ると、一定の規模や知名度のある大企業や、注目を集めているような伸び盛りの業界や企業であれば、人材採用の市場でもそれなりに人気もあり、それらの経営課題を乗り越えられるチームの組成というのはそれほど難しくないかもしれません。

ただ、成熟期にある事業などで、ビジネス自体は順調である企業（ニッチ市場におけるトップ企業など）ほど、成長のための人的リソース投入のニーズはあるものの、それを仕切れる経営人材が足りていない、というケースは意外と多いものです。特にそれが首都圏でなく、地方企業の場合、人材の流動性も乏しいこともあり、相応の経験値のある人材獲得というのは、非常にハードルが高くなります。そこで、資本政策的な課題解決だけでなく、成長に必要な人的リソースの不足を、PEファンドを活用することによって、同時に解決するニーズが生じることになるわけです。

最近では、PEファンドの中にも、消費財や製造業など、特定の事業分野についての事業経営に精通したプロフェッショナルメンバーを内製化し、経営参画の品質を高めようという動きが増えてきています。また、中堅中小企業側の強いニーズがある海外展開サポートについても、海外ネットワークが強い外資系のPEファンドだけでなく、国内系のPEファンドでも、支援実績を増やしつつあるなど、海外進出支援がPEファンドの経営サポートの重要なメニュー

になってきているのです。

このように、PE ファンドを経営のパートナーとして迎え入れた上で、事業成長を共に実現させるという方法は十分に検討の価値があるのです。

⑻ 事業成長2 ～ガバナンス体制強化

本書の冒頭で、PE ファンドが持つ本質的な機能の1つとして、企業のガバナンス構築力（会社の断捨離機能）があると説明しましたが、この取り組みニーズが、PE ファンドの活用機会になることがあります。

企業は長く運営していると、社内の人間関係だけでなく、社外の取引先などとのさまざまな関係を構築することを通じて、1つの生態系として機能してくるようになります。もちろん、企業の成長に合わせて、定期的に関係を見直していける健全な関係性を保てれば良いですが、そこに雇用関係とか、取引関係などが絡んでくると、簡単に見直すことはできずに、必ず何かしらの「しがらみ」が生じます。このような関係性の中には、もちろん、「苦しい時に助けてくれた御恩がある」ということも含まれますし、一概には否定できないとは思います。ただし、一般論からは、しがらみというのは、時として事業運営上の足かせになってしまう面も否定できないように思います。PE ファンドは、このようなさまざまなしがらみについても、独立した資本関係に基づいて、ニュートラルな立場で判断できるという特長を持つのです。

また、PE ファンドの経営参画のプロセスにおいても、経営人材の投入を行うだけでなく、所有と経営の一体化を果たすことを通じて、意思決定のスピードを早くするとともに、意思決定の精度を高めることが目指されます。そして、新たな経営計画の元で現場レベルでの目標管理を徹底し、それに合わせたインセンティブプランも導入する、といったようにごく単純ですが、多くの日本企業が不足しているような取り組みを導入することが可能となります。

このように、長年オーナー経営者の元でワンマン型経営に慣れていた企業を、戦略の立案力を強化するとともに、管理体制を強化し、組織型経営に移行する

という取り組みが可能になるのです。

⑼ 事業成長3　〜資金調達

　そして、PE ファンドが持つ最大の機能は、その資金調達力にありますが、当然に新規の資金調達のニーズが PE ファンドの活用機会になることもあります。

　特に、国内外で需要が伸びており、供給体制の充実が求められている状況において、一定の設備投資などのニーズはあるが、財務的な制約もあって、一気に投資を進められず、成長機会を逃してしまうリスクがあります。このような時には、PE ファンドの企画調査力と、資金提供力が効果を発揮します。また、単なる設備投資だけでなく、業界再編を含めた M&A による事業投資を目的として資金調達をするケースもあります。

　もちろん、このような事業成長のための資金調達を、銀行に頼るというのは1つの方法です。ただ、銀行融資と比較した場合、提供できる資金規模や、スピード感、リスク感度の違いなどから、資本性の資金（PE ファンド）のほうが好ましいケースもありますし、また、万が一、事業が上手くいかなかった場合の、個人保証のリスクを考えると、銀行からの大規模な借入に対して、足踏みをしてしまっているケースは少なくないと思います。そのようなことから、直接金融取引の数少ない提供者として、まとまった資本が提供できる PE ファンドというのは、非常に期待できる存在なのです。

　なお、この資金調達については、経営権を取った形で実行するケースもありますが、経営権を取らずに、単純な「増資引き受け」という形で、実行するケースもあります。イメージとしては、20％とか、30％とか、ある程度まとまった出資を行ういわゆる、「グロース投資」といわれる分野です。このグロース投資は、特に非上場企業の場合には、IPO 以外に、投資出口の設定が難しいため、PE ファンド側として、必ずしも取り組みやすい手法ではありません。ただ、企業側からの取り組みニーズの強い分野でもあり、今後、取り組み

第2章　PEファンドの戦略的活用法　73

図表2-2　銀行融資とPEファンド出資の相違点

	銀行融資	PEファンド出資
資本構成	○　影響なし	△　影響大
資金提供規模	△　小規模～中規模	○　中規模～大規模
経営者の個人保証	×　あり　（原則）	○　なし

やすいスキームの開発などが必要となってくると思われます。

⑽ 上場企業の再成長　～上場のデメリット解消、買収防衛対策

　上記では、上場・非上場を問わず一般的なPEファンドの活用機会について説明してきましたが、ここでは、上場企業の特有のPEファンドの活用可能性について説明したいと思います。

　上場企業の場合には、相応の知名度も出てくることから、非上場企業の場合のように、人材不足や、資金不足でPEファンドを活用するというケースは必ずしも多くはないかもしれません。

　ただ、上場すると、上場維持のためのコスト負担が重いとか、目先の損益にとらわれてしまい、長期的な目線での戦略立案や、大規模な投資、大胆な改革が実行しづらくなるという、特有の悩みが生じてしまい、上場自体の解消ニーズが生じることがあります。

　すなわち、

　①上場維持コストの削減

　②短期的には痛みを伴う、抜本的な事業改革（事業の撤退や、新規事業への進出などを含む）

　を行うために、非上場化を実施するケースです。

　確かに、多くの上場企業が、3ヶ月ごとに迫る四半期開示の作業を行い、その都度に、株価変動の影響を受け、一喜一憂しなければならないという状況を見ると、よほど財務的にも余裕がない限りは、将来に向けた投資を行うことは

図表2－3　上場企業と非上場企業の相違点

		上場	非上場
株式	資金調達	◎比較的容易	△銀行借り入れが中心
	株式の流動性 （短期売却可能性）	◎流動性が上がり、換金が容易となる	△流動性は乏しい
	株価	○経営陣の評価につながる	△経営陣の評価は困難
株主対応	株主数	△不特定多数の株主への対応が必要	○少数の株主
	上場コスト	△数千万円～数億円程度必要となる	○削減可能
	決算開示	△四半期ごとに業績開示	○対外的な開示なし
人事	インセンティブ	○ストックオプションなど柔軟な設計が可能	△現金支出を伴う賞与など
	人材募集	○上場企業としての安心感あり	△知名度のない会社だとマイナスの影響あり

困難なようにも感じます。また、足元の財務数値の達成度合いばかりに気を取られてしまい、いわばバックミラー（過去の前例や過去データ）を見ながら経営するといった状況に陥ってしまうこともあります。

　そこで、短期的な業績を優先する株式市場の不特定の株主ではなく、非上場化を行った上で、短期的な目線ではなく、長期的な企業価値向上を理解してくれるプロの投資家として、PEファンドを活用するというニーズが生じるわけです。

　また、上場企業の中には、安定株主が少なく、株式の所有が分散化すればするほど、外部からの意見に振り回され、経営者が求心力を失ってしまうこともあり得ます。つまり、所有と経営を一定程度分離することが、株式会社制度の根幹であるにも関わらず、分離しすぎてしまうと、オーナーシップの欠如となって求心力を失い、経営のパフォーマンスはかえって下がってしまうケースです。このような際には、非上場化に合わせて所有と経営の分離を一旦リセットし、経営のオーナーシップを取り戻すことにより、長期的な視点で、抜本的な改革に着手でき得るのです。

なお、上場企業の非上場化の背景事情としては、上記に加えて、潜在的に持つ企業価値に比べると、株価が低迷しており、アクティビストファンド（物いう株主）や敵対的な買収者からの、買収防衛策の一環として、非上場化が行われるケースもあります。

コラム──上場の意義について

　前項では、上場企業の PE ファンドの活用機会として、上場のデメリットの解消や買収防衛対策という観点で説明をいたしました。

　もともと株式会社の制度は、無個性な多数の株主から資金調達を行い、大規模なビジネスを行うための経済的な仕組みであると定義できると思いますが、その本来の目的を追求した最終形が、「株式市場での上場」ということになろうかと思います。いい方を変えると、株式市場において資金調達を行うことが、株式会社制度が想定していた本来の姿であるということもできると思います。

　このように、上場の本来の意義として一番大きいのは、「株式」を活用した資金調達にあることは間違いないと思います。そして、それに付随して、無個性で多数の株主に対する「株主対応」も必要となってきます。さらに、株主対応などによる情報開示などの 1 つの効果として、「人事」や「経営」に与える影響なども出てくると思われます。このように、本来は「株式」の活用が主目的で、「株主対応」や「人事」、「経営」というのは、従たる目的や単なる効果にしか過ぎないはずです。

　これを、日本の上場企業を見る限りにおいては、追加的な資金調達である「増資」を行っている会社は、1 年あたりで全上場企業の 2 ～ 3 ％程度と、それほど活用されていないのが実情です。また、正確な数はわかりませんが、上場以来一度も増資などによる資金調達を行っていない会社は、かなりの数になるのではないでしょうか。

　このように、株式の上場は、資金も人も集まりやすく、特に事業の成長期においては、最適であるという印象があります。一方、事業の成熟期においては、株主の分散化や、株主対応コストの増加に加えて、近視眼的な経営成果を求められ

る株式市場の特性から、オーナーシップが失われたままで、抜本的な改革が行われない状況に陥っている企業も多いのではないでしょうか。すなわち、上場していること自体が、一種のしがらみとなってしまっているケースです。

　上場企業においても改めて上場している意義を再確認し、場合によっては、PEファンドの活用を含め、非上場化を行うことで、事業の抜本的な改革を検討してみても良いかもしれません。

⑾ 業界再編　〜業界再編の触媒

　そして、今後、ますます重要なPEファンドの活用機会となると考えられるのが、業界再編のニーズです。

　どのような業界でも、事業の導入期から、成長期に入り、成熟期に差しかかると、サービスや商品の差別化のための競争力強化を図りながらも、「パイの奪い合い」を行うことがあります。この時に、業界のライバル同士が協業によって販路の拡大を行うとか、もしくは、仕入の共有化や、間接部門の共有化によって、コストの削減が期待できるケースも少なくありません。このように、どの業界でも潜在的に発生するのが、業界再編のニーズなのです。この業界再編については、さまざまな実現方法が考えられますが、ここでは以下3つの例で説明したいと思います。

① 投資後のロールアップによる業界再編

　PEファンドが、特定の企業に資本参加した場合、その企業価値向上策として、「M&Aによるロールアップ（追加買収）」を挙げるケースがあります。

　すなわち、投資実行を行った企業を基軸として、同業なり、周辺の業界のM&Aを実現させ、そのシナジー効果を通じて、投資価値の向上を図ろうとする戦略です。

　各証券会社や銀行、M&Aアドバイザーなど、企業買収の仲介者は、当然に

このような動きを察知し、PEファンドが特定の企業への資本参加を行うと、当該業界周辺における潜在的な投資先へのアプローチを開始し、実際に、M&Aによるロールアップが進んでいくことになるのです。

また、このようなM&Aアドバイザー関係者による動きだけでなく、PEファンドが特定の企業へ投資を行ったことを報道などで知ったライバル企業の経営者としても、「あの社長がPEファンドと組むのなら、うちも何か考えないといけない……」といった心理が働き、また、そのような他社の動きを脅威と感じて、自社の再編を検討するケースもあるようです。

このように、PEファンドの特定企業への資本参加は、さまざまなルートで、同業の関係者や、M&A業界関係者に知られるところとなり、同業界における「再編機運」を高めることになるのです。[2]

②投資プロセスを通じた業界再編

そして、PEファンドが特定の企業を買収後、事業価値の向上の取り組みが行われた後に、売却のプロセスに入ります。ここで、売却の候補先として、より規模の大きい同業他社が挙がるケースがあり、このような将来の売却取引自体が、業界再編につながると考えられます。

もちろん、経営者によっては、心理的に同業他社の傘下には入りたくないとか、そのことによって、自社の価値が失われてしまうなど、マイナスの可能性があることも否定できません。一方、同業他社との統合の場合の方が、業界への理解も深く、さまざまなシナジーが得られやすいのも事実ではあります。

従って、その是非はともかくとして、経営の選択肢の1つとして、PEファンドを通じた将来的な同業他社との統合の可能性は、一度は検討しても良いのではないかと思われます。

2　企業によっては、株式の売却などによる社内外への影響を考慮し、PEファンドとの取引について対外的な情報開示を制限するケースもあるため、必ずしも公知の事実となるわけではありません。

③業界再編の資金提供者

　また、実務上それほど多いケースではありませんが、業界再編が進む業界において、2社が統合する際に、PEファンドを活用するケースもあります。

　例えば、同業におけるA社とB社が、事業シナジーを得るために統合を検討しようという局面において、両社の財務基盤がネックとなりスキーム構築が難しいとか、株主関係の整理がつかないなどの理由で、統合が難しくなるケースがあります。

　このような時には、より中立的な立場を持ち、財務的にも余裕のあるPEファンドが活用できる可能性があります。つまり、PEファンドを中心として、A社、B社の3社で統合するようなイメージのスキーム設計です。

　また、A社、B社の主従関係を明確にしたくない場合や、段階的な統合を目指したい場合においては、PEファンドが、持ち株会社の設立を行い、その下に、A社、B社が入るというスキーム設計も考えられます。本来、両社の事業シナジーを得るためには、完全な一体化（合併）が好ましいものですが、相応の歴史がある会社同士では、即座の合併だと実務上の弊害が出ることもあり、いったん、PEファンドの傘下でグループ化を行った上で、段階的な統合を目指した取り組みとなります。このように、PEファンドには、その組織設計の柔軟性や、中立性、財務力など、業界再編の触媒機能を果たすための必要な機能を備えているのです。

　今後、業界再編の陰にPEファンドありという時代が来るのは、おそらく間違いないでしょう。

コラム――コーポレート投資部門としての PEファンドの活用

　本文では、主にPEファンドから資本を受け入れる企業側の目線でファンドの活用可能性を説明しました。ただ資本を受け入れる企業側としてだけでなく、投資を行う企業側としてもPEファンドは活用できる可能性があります。それが、コーポレート投資部門的なPEファンドの活用です。

　昨今、M&Aを成長戦略の一つとして社内に相応のチーム体制を構築してきている企業は増えてきています。ただし、自社と競合している企業を買収するのは、事業上のシナジーは明確ではあるものの、相互に弊害が生じる可能性もあるため、簡単にM&Aが成立するとは限りません。また、新規分野に進出する際にM&Aを検討する際にも、理想的な投資先というのは簡単に見つかることはほとんどなく、対象会社のビジネスや組織の面で何かしらの課題を抱えているケースがほとんどであろうかと思います。

　そのような際に、既存のPEファンドと組んで共同投資を行うことなどを通じて、PEファンドを軸に投資先事業の見直しを行い、PEファンドの売却時に整備ができた状態の会社を譲っていただくなどの取り組みが考えられるのです。

　もちろん、ファンドのリターンの確保を考えると独自に投資活動を行うよりはコスト高な投資となる可能性もありますが、PEファンドの情報収集力や事業推進力を自社の投資活動に活かすことができる取り組みとなる可能性は十分にあります。また、PEファンド側から見ても、事業会社から事業に精通した人材の派遣や、信用力の補完などの効果も期待できるメリットもあります。

　現時点では、PEファンドの数も限られており、取り組めるとしても一部の知名度の高い大企業に限定されるかと思いますが、今後は、少しずつ裾野が広がっていくことが期待されます。

2 事業会社による買収との違い

　前項では、実務における PE ファンドの活用機会（PE ファンドの付加価値）について説明してきました。

　ただ、多くの活用機会は、財務基盤の強い事業会社に対する株式売却（M&A）においても、程度の差はあるにしても、何らかの実現は可能とも思われます。

　特に最近では、一般的な上場企業だけでなく、有力な非上場企業においても、M&A を成長戦略の中心に捉えて、金融機関や会計士、弁護士などの出身の M&A 専属担当者を置いて、日々投資候補先を探索している企業が増えてきています。また、そのような企業は、本業での顧客基盤や人材、事業キャッシュフロー、資金調達力も相応にあることに加えて、事業上のシナジー効果を期待できることから、特に中堅中小企業が資本提携（株式売却）を行うには、最適な相手先であるという印象もあります。

　では、資本提携のパートナーとして、事業会社を選ぶ場合と、PE ファンドを選ぶ場合とでは、どのような点が異なるのでしょうか。以下、5つの点でご説明いたします。

(1) 投資目的と経営の独立性

　まず、事業会社と PE ファンドでは、大きく異なるのが、投資を行う目的と、それに伴う経営の独立性の問題です。

　事業会社による事業買収（M&A）の場合、「事業会社のカラーに染まる」といわれることがあるように、基本的には親会社のグループとしての事業戦略の実現が主目的で、子会社の事業については、グループの戦略実現の一手段という低い位置づけになってしまうことがあります。

そして、子会社単独の企業価値向上よりは、グループ全体の企業価値向上が優先される傾向にあり、意図しないグループ企業との取引が必要となることや、重複した部門が統廃合されるなど、事業運用上の独立性が失われてしまうこともあります。

また、一般的には、事業会社の事業買収では、グループ会社間のシナジーを得ることが目的であることが多いため、子会社が単独でIPOを行うのは、資本政策的にも非常に稀なケースとなってしまいます。この点から、資本的に見ても、経営の独立性は失われてしまう可能性は高いといえるでしょう。

一方、PEファンドの場合、株主であるファンドは、純粋に投資対象の会社の事業単独での価値向上を第一に考えるため、その企業の持つ強みがより強化され、潜在力を最大限に発揮できる可能性が高まります。当然ながら、株主となるPEファンドから、直接的に企業価値最大化に向けた事業上の提案を受けるものの、当該事業に対する知見は実際の現場サイドのほうが強く、また、経営リソースの重複もないことから、経営の独立性は相対的には高いといえるでしょう。

また、最近では、PEファンドの出口戦略として、IPOが用いられることも多いため、IPOが実現できた場合には、資本的に見ても経営の独立性も担保されることになります。

このことから、事業運営上、ならびに資本上の経営の独立性は、PEファンドとの取り組みのほうが、より高まることになります。

(2) 企業価値向上の手法

次に、事業会社とPEファンドでは、企業価値向上の考え方や、そのプロセスについても、異なることがあります。

事業会社による事業買収（M&A）の場合には、企業価値向上は、主として、事業会社グループ内の事業シナジーによって実現されます。具体的には、親会社グループの営業面や、仕入れ、製造など、各種の事業リソースの活用や、重

複した部門の統廃合などが想定されます。また、買収した企業が、グループ内の他の事業の一部をサポートすることによって、グループ全体としての企業価値向上が目指されることもあります。ただし、上場企業の子会社になった場合には、連結決算の対象となることによって、四半期ごとの決算開示が必要となることや、内部統制の整備に関する負担も生じることになります。そして、買収に伴うのれん償却の負担もあることから、買収した事業で赤字を出さないように、足元の採算管理に思いの外厳格になる印象もあります。すなわち、上場企業のグループに入ることによって一定の事業シナジーを得ることはできたとしても、大きな改革に着手できるかどうかは、親会社次第であり、良くも悪くも、小さくまとまってしまう可能性もあるのです。

　一方、PE ファンドの場合の企業価値向上は、他企業との事業シナジーを得ることは相対的に少ないものの、純粋に、その企業を主と考えて、最適な事業戦略を立案、実行できるという特徴があります。特に、資本的に見ても中立的な立場の株主という特性から、業界特有の「しがらみ」などもリセットしやすく、また、投資期間の縛りもあることから、スタートダッシュで経営改革を進めやすいという特長もあると思います。従って、より抜本的な改革が必要となるケースや、より大きな飛躍を求めた取り組みができる可能性もあります。

　また、PE ファンドは、事業会社に比べると、相対的に、事業的なリソースが乏しい分、事業シナジーを求めて、さらなる事業買収が行われるケースも多く存在します。つまり、投資対象の企業を基盤として、水平統合（競合他社の買収）や、垂直統合（仕入先、得意先の買収）を図り競争力を高めるといった、いわゆる、PE ファンドによるロールアップによる事業成長のシナリオです。

(3) 投資期間

　さらには、事業会社と PE ファンドでは、投資期間の考え方が基本的には異なるため、結果としての投資行動に影響を与える可能性もあります。

　事業会社が、株主になった場合には、一般的には投資期間は長期にわたるた

め、10年超の長期的な視点での経営が可能となります。すなわち、投資期間が定まっていない分、腰を据えて事業に取り組みやすいというメリットはあります。ただし、前述したとおり、グループ化の影響や、上場企業の場合の四半期開示などの影響を受けるため、果たして本当にやりたいことが実現できるかは相手次第となってしまいます。

　一方、PEファンドの場合、通常は5年程度（3〜7年程度）を1つの目処として投資実行されるため、その分、短期勝負での改革、価値向上が必要となってきます。

　そのため、例えば、大規模な研究開発型の事業の場合など、長期スパンで考えるべき事業の場合などには、PEファンドの投資スタイルには、馴染まないかもしれません。

　また、投資期間が経過した後に、また別の親会社もしくは株主が出てくることをネガティブに考えるのであれば、これもPEファンドの活用を慎重に考えたほうが良いかもしれません。PEファンドの投資期間である数年間を、事業成長のための強化期間であると前向きに捉えられるかが、PEファンドとの取り組みにおける成功の1つの鍵になるでしょう。

⑷ インセンティブ

　そして、事業会社とPEファンドでは、前述したような経営の独立性や、企業価値向上のプロセス、投資期間などに関連して、参加するメンバーのインセンティブに与える影響が大きく異なる可能性があります。

　事業会社による事業買収（M&A）では、良くも悪くも事業会社のカラーに染まり、グループの連結決算の一部を構成することを通じて、どうしても事業自体が小さくまとまってしまうリスクは残ります。もちろん、わかりやすい事業シナジーや、大きな傘に入ることによる安心感が得られるというメリットなどはあるかもしれませんが、特に成長意欲の高い経営幹部ほど、面白味を感じられない可能性もあるようです。また、インセンティブプランも、他のグルー

プ会社との兼ね合いや、親会社が上場企業の場合の株主への配慮などから、思い切ったプランを打ち出しづらい印象もあります。

一方、PEファンドの場合、事業戦略自体が対象企業を中心に添えた上での単独での企業価値向上が中心であることや、四半期決算など短期の業績に振り回されずに中期での企業価値向上に注力できること、投資の出口が数年後に決まっているというゴールの明確さ、思い切った改革に向けてのバックアップが得られることなども相まって、特にプロの経営者から見ると、本領を発揮できる環境が整っているといえるのではないかと思います。そして、これらをサポートするインセンティブプランについても、経営陣による出資やストックオプションに加えて、業績に連動して付与割合が増加するようなストックオプションなど、株式の特性を活かした大胆なプランが考えられるという特長があります。

また、PEファンドの場合、当該業界における知見や人的なリソースは対象会社側の方が強いため、事業会社の買収に比べると、旧経営陣の継続関与の度合いは高くなり、ファンドと共同で後進を育成していくという取り組みも行いやすくなります。

従って、ファンドと組んだ上で、数年間でもう一段の成長を果たし、会社、経営陣、PEファンドでその成果をわかち合うというプロジェクトの設計も可能となり、「事業意欲があって、事業の成長に自信を持つ」ようなプロ経営者の方から見ると、非常に相性が良いパートナーになり得るのではないかと思います。

(5) 情報漏洩リスク

また、事業会社とPEファンドでは、投資案件に取り組む目的の相違から、情報漏洩のリスクについても、考慮しなくてはなりません。

事業会社の場合には、自社内でゼロベースから新規事業として当該事業を開始するか、もしくは、他社を買収して事業のスピードアップを図るという、い

わゆる「時間を買うためのM&A」を行うか、の選択が行われます。もちろん、選択の結果として、M&Aが採用されて無事に取引が成立するケースも多く存在します。

一方で、M&Aのデューデリジェンス（詳細調査）のプロセスで、他社の秘密情報に触れることもできた結果、「これなら買収する価値は乏しく、自社リソースでも十分に展開できる」という判断に傾き、結果的に、M&Aは不成立となり、ノウハウだけが流出してしまったというケースも残念ながら存在するようです。

このように、事業会社の事業買収（M&A）の場合、事業を行うライバル企業同士として、情報漏洩のリスクは否定できず、特に、業界の動向が混沌としている状況においては、それが命取りとなるリスクが残ります。

一方、PEファンドでも、基本は人間が行うことなので、情報漏洩がゼロになるとまではいい切れませんが、そもそも、PEファンドが新規事業として、競合するような事業を立ち上げることはあり得ませんし、また、競合他社に情報が流れるリスクも考えられないことから、相対的には、情報漏洩リスクは低いものと考えられます。

図表2－4　事業会社とPEファンドの相違点

	事業会社	PEファンド
投資目的と独立性	○グループとしての事業戦略実現 事業会社の色に染まる可能性が高く、独立性は低い	◎単独企業としての事業戦略 企業としての色を継続でき、独立性が高い
企業価値向上	◎グループ化による事業シナジー	◎単独事業としての企業価値向上
投資期間	◎通常長期	△5年程度の中期
インセンティブ	○グループ化に伴う安定的なプラン	◎事業成長による大胆なプラン
情報漏洩リスク	△高い	○低い

以上、総じていうならば、特定の事業会社との相性が良く、グループ化によるシナジーが多く見込め、多少、経営の独立性やインセンティブなどが欠けたとしても、それは致し方ないという割り切りができるのであれば、事業会社への売却が良い選択となると思います。

　一方、相性が良い特定の事業会社が簡単には見つからずに、もう少し単独企業としての魅力度を高める、すなわち、期間限定の中で、企業価値も最大限に高めた上で、IPO を含めたさまざまな可能性を検討したい。そして経営者としても、明確なインセンティブ体系の下で一連のプロセスに対して継続関与を行いたい、ということであれば、PE ファンドとの資本提携が良い選択になるのではないかと思います。

　また、最終的には、事業会社に売却を行うことを考えた場合でも、PE ファンドと組むことによって、一定程度、独立企業として運営することにより、事業自体の魅力度を高めることができることや、社内的な意識向上や、株主対応のための教育などを行いやすく、事業会社への売却に向けた準備期間として前向きに捉えることも可能と思われます。

3　PE ファンドとの取り組みスキーム

　PE ファンドとの具体的な取引実務については、第3章、第4章などにて解説を行いますが、ここでは、PE ファンドとの取引のスキーム設計上の主な論点について概観したいと思います。

(1) 過半数出資　vs. 少数出資

　PE ファンドとの取引においては、PE ファンドから株式の過半数の出資を受け入れるかどうかというのが、最初の重要論点になります。

　これが、ベンチャーキャピタル（VC）などの場合は、数％から多くても

20％程度の出資受け入れが一般的であるため、VCと比較すると、一気に経営権をファンド側に渡す過半数出資というのは、抵抗感がある経営者の方も多いようです。

一方、これをPEファンドの立場で見ると、本来は、株主総会の特別決議を単独で成立させられる「3分の2以上」の株式シェアを持つことが望ましいところです。株主総会の特別決議では、会社の合併や事業譲渡、取締役等の解任など、会社の行う意思決定について、重要な事項を含めて、ほぼ全てが網羅されることになるため、3分の2以上を持つことは、会社の全ての意思決定ができるといっても過言ではないからです。

ただし、旧株主や経営陣としてもある程度の株式は確保しておきたいという意向も多いことから、PEファンドとしては、50％超（過半数）の株式シェアを最低限確保すべきと考えているところが多い印象です。過半数を保有することによって、株主総会の普通決議を単独で成立させることができるため、取締役の選任など、経営の基本的な事項は、PEファンド側の単独でも成立できるためでしょう。

ただし、これが50％未満の株式シェア（いわゆる少数出資）とするケースはどうでしょうか。PEファンドが50％未満しか持たないということは、PEファンド以外の株主を合算すると50％超の株式シェアを持つことになりますが、この場合において、PEファンド以外の株主側の意向が重視されることによって、PEファンド側と意見がまとまらないリスクが生じます。

また、少数出資の場合には、PEファンドの投資技術的な課題として、LBOローンが使えなくなり、投資効率が落ちてしまうといったことが生じる可能性があります。さらに、PEファンドの売却時の問題として、コントロールプレミアム（経営支配権を持つことによる価値）がないことや、売却先が限定されてしまうなどの特有の難しさが生じることもあります。

ただし、対象会社の事業の魅力度が突出しているとか、IPOがある程度見込まれているなどの特殊事情があれば、50％未満の少数出資の取引が成立する可能性は十分にあると思います。具体的には、以下のような投資の魅力度を高め

る要素が少なくとも複数成立するケースにおいて、50％未満の少数出資の取引が成立する可能性が高まると考えられます。

①事業自体が非常に魅力的

②割安での株式取得が可能

③IPOがある程度見込まれている

④PEファンドが満足できるような内容の投資契約、株主間契約などが締結できる（種類株式の発行を含む)[3]

このように、PEファンドが50％以下の株式シェアの少数出資が行われるのは、

- 相応の事業実績があってある程度の成功を収めたものの、さらに大きく成長するためには、一定の大型投資が必要であるなど、いわゆるベンチャーキャピタルが手がける投資とは異なる分野の成長資金の拠出が必要となるケース
- 一気に過半数の出資を受け入れるには企業側の抵抗感が強いものの、PEファンドとの資本提携を果たすことによって、何らかの経営ノウハウを獲得したいという優良企業のケース
- 複数のPEファンドや事業会社など複数の当事者で協調出資を行うケース

といったように、限定的に活用されているのが実情になるかと思います。

(2) レバレッジあり　vs. レバレッジなし

次に、買収資金の調達に当たって、PEファンドからの投資資金（出資）のみで対応するか、外部の銀行などからのローン（LBOローン）を活用するかという論点があります。

3　役員の選任や資本の移動などの重要事項の決議を行うにあたっては、PEファンド側の承諾が必要とされるなど、実質的に過半数の株式を有するのと同等な権利をPEファンド側に付与し、PEファンドの権利が保全されるような合意を取ることが考えられます。

多くの PE ファンドは、この LBO ローンを積極的に活用しています。例えば、100 の価値の株式を取得するに際して、30 ～ 40 をファンドからの出資として、60 ～ 70 を LBO ローンとして調達するイメージです。そしてこれを支える投資スキームが、第 3 章で説明する SPC（買収目的会社）を用いた LBO ローンスキームになります。

これは、PE ファンドの自己資金だけでなく、ローンを活用することによって、

① PE ファンドからの投資資金を有効に利用でき、投資効率が高まる（内部収益率（IRR）が高まる）

②より大きな投資収益（キャピタルゲイン）を得る機会のある、より大きな投資案件に取り組むことができる

③ PE ファンドの顧客（投資家）でもある銀行に対して、LBO ローンというビジネス機会を提供できる

といった狙いがあるように思います。

実務上は、事業再生案件など事業の特性からローン活用が難しいケースや、株式シェアが 50％未満の少数出資の取引で LBO ローンが使えないケース、投資規模が小規模だという理由で LBO ローンが付かないケースなどを除くと、ほとんどの PE ファンド案件で、LBO ローンが活用されているイメージはあります。

ただし、ローンの活用をするのは、前述のようなメリットもあれば、デメリットも当然にあります。

① SPC と対象会社の合併によって最終的には対象会社の債務となるため、対象会社の事業収支の中から返済の負担が生じる

②対象会社に財務コベナンツ（財務制限条項）が課されることになり、設備投資や、新規事業など、事業上の制約を受ける

③対象会社に所属する役職員からすると、大株主に金融投資家（PE ファンド）がいるにも関わらず、買収後に大きな借金を抱えることになるのは、心情的に理解しがたい

といった側面はあると思います。

従って、ローンの活用はファイナンス理論上から見ると好ましいものの、一定の節度を持って、かつ、対象会社メンバーへの事前の開示なども行った上で実施していくことが、望ましいと思われます。

⑶ 株主の売却型 vs. 企業の資金調達型

そして、一般には意外と認識されていないのが、この論点です。既存株主が株式を PE ファンドに売却をして取引が完了する、既存株主の売却型の取引なのか、もしくは対象会社が第三者割当増資の形態で、新たに PE ファンドを株主として迎え入れる資金調達型の取引なのか、という論点です。

株主の売却型の取引では、PE ファンドの投資資金は、既存株主に株式譲渡対価として支払われることになり、投資対象会社に事業用資金として投資されることはありません。前項でも説明した通り、PE ファンドの投資機会としては、事業承継や、資本関係の整理といった目的で投資実行されることが多いため、それに応じて、株主の売却型の取引が大半を占めることになります。

一方、資金調達型の取引では、会社の増資という形態になるため、PE ファンドの投資資金は、当然のことながら、直接的に会社に事業用資金として投資されることになります。そして、その増資取引によって、既存の株主の出資シェアを希薄化させて、PE ファンドが、新規の大株主として参画することになるわけです。

なお、このような資金調達型だけだと、会社に対して追加的な資金の提供はできたとしても、既存株主の問題を解決したわけではないため、実際には、増資に加えて、一部の既存株主からの買い取りも実施されることにより、株主関係の整理が行われることもあります。

このような資金調達型の取引を用いるのは、設備投資など成長のための投資資金が必要となるケースに加えて、企業再生の局面や、負債の圧縮による財務リストラなど、PE ファンド投資としては、必ずしも主流派の取引ではありま

せん。ただし、企業側のニーズも強く、一定程度はこの種の取引は行われています。

　ちなみに、PEファンドの投資手法として、株主の売却型の取引の変形版として、「リキャップ」という手法が取引の一部に用いられるケースがあります。これは、対象会社がPEファンドからの増資や銀行からの借入などによる資金調達を行うことに併せて、既存株主が、対象会社に株式を買い取らせる（もしくは配当で吸い上げる）手法によって、実質的な売却を行うスキームになります。売主側が、法人株主である場合の税効果（配当課税による減税効果）や、買収による「のれん」が計上されないなどのメリットがあるようです。詳しくは、第3章にてご説明いたします。

図表2－5　株主の売却型取引と企業の資金調達型取引の流れ

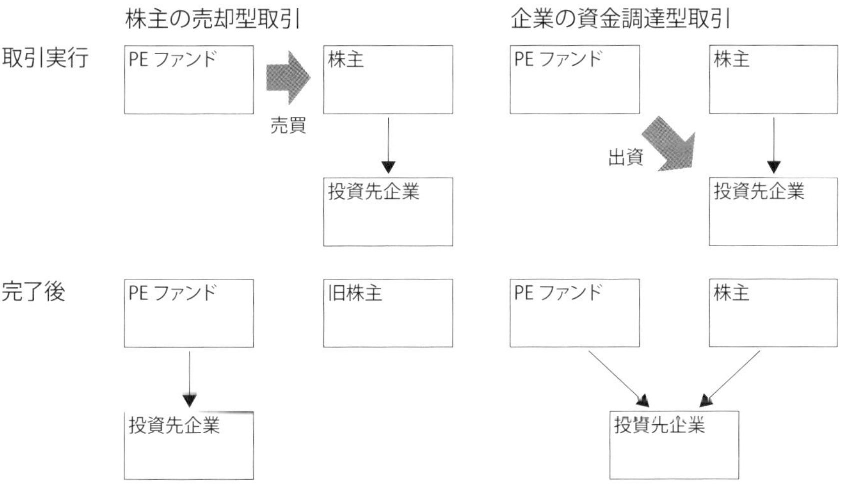

株主の売却型取引

取引実行

PEファンド → 株主
　　　売買
　　　　　　　　　↓
　　　　　　　投資先企業

完了後

PEファンド　　　旧株主
　↓
投資先企業

企業の資金調達型取引

PEファンド　　　株主
　　　出資　　　　↓
　　　　　　　投資先企業

PEファンド　　　株主
　　　↓　　　　　↓
　　　　投資先企業

⑷ 再出資あり vs. 再出資なし

　そして、経営陣や旧株主からの再出資を受けるかどうかも重要な論点になります。[4]

　PE ファンドは、投資対象企業の経営の連続性を保つことに加えて、参加する経営陣へのインセンティブなどを目的として、投資対象となる企業への出資（再出資）を求めることがあります。出資を行うのは、主には現経営陣か、旧親会社の 2 パターンがあります。

　現経営陣の場合、新体制でのインセンティブを目的として出資（再出資）を引き受けていただくことになります。いわゆる MBO（経営陣による株式買い取り）の場合には、PE ファンドと同じタイミングで経営陣による出資が行われることになります。

　旧親会社の場合には、基本的には、投資対象企業としての対外的な信用や経営の連続性を確保することを目的として、再出資が行われますが、売却対象会社と旧親会社間で、何らかのグループ間取引があることも多く、一気に整理はできないため、PE ファンドの投資期間中に、段階的に整理することを目途として、再出資が行われることもあります。さらに、旧親会社としても、体制変更などにより、売却先の企業価値の向上が見込まれる場合には、追加的なキャピタルゲインを目的として、再出資を行うケースもあります。[5]

　再出資を行う場合、PE ファンドの投資スキームでは、買収のためのローンが活用されることが実務上多いため、同じ出資比率でも、出資金額が小さくなることが想定されます。

4　厳密に言えば、元々、株主であった方からの出資受け入れが再出資であり、株主ではなかった方（経営陣など）からの出資受け入れは出資ということになりますが、便宜上、まとめて説明しています。

5　旧株主に対して、全株式の買い取りでなく、取得を一部留保することでも、同様の効果を得ることは可能です。ただし、実務上は煩雑になってしまうため、再出資のスキームで対応するケースが多くなります。

例えば、元々100％のシェアを持つ株主が、100億円で全株式を売却した後、20％の再出資を行うケースでは、仮にローンを活用しない場合には、当然のことながら、20億円（＝100億円×20％）の再出資が必要となります。ただ、これが、PEファンド側が、買収の資金の半分（50億円）をローンで調達したとすると、20％の株式シェアを確保するためには、10億円（＝50億円×20％）の再出資で良いという計算になります（詳細については、150ページの設例をご参照ください）。

従って、LBOローンの活用によって、旧株主としても、一定程度は投資回収を行った上で、改めて、再出資を行い、将来的な投資収益を期待できるというスキームが設定できることになるわけです。この場合、PEファンドとしては、旧株主の株式売却にあたっての税金や再出資後の手取額や、続投する経営者へのインセンティブ、PEファンドとして確保したい出資割合などを総合勘案して、再出資の割合、金額などを協議・決定することになります。

なお、旧株主の再出資に合わせて、事業ノウハウやシナジーの獲得を目的として、事業提携先などが同じタイミングで、出資を行うこともあります。事業提携先の出資については、PEファンドから見ると、何か重要な意思決定を行う際に、相手先の意向の確認が必要となるケースが多く、経営のスピード感が失われる可能性もあります。また、PEファンドの売却活動の際にも、PEファンドが持つ中立性という特長が薄れてしまうため、同様に、売却相手が限定されてしまうなど売却活動に支障をきたす可能性もあります。

そのため、事業提携先からの出資は、極めて重要な提携先であり、出資を受けないことにはビジネスが成立しないというケースや、IPOが想定される場合における安定株主となるようなケースなど、限定された場面でのみ活用されているのが実情です。

⑸ 後継者活用 vs. 経営者続投

さらに、PEファンドから、役員の受け入れをどの程度行うかというのも、

重要な論点になります。

　PEファンドの投資では、多くは、過半数の出資を行うことになりますので、実質的には役員の選任権をPEファンドが持つことになり、法的には全ての役員をPEファンド側で選任することも可能です。ただ、そのような条件だと、元々の経営陣、株主側のニーズに合わないし、PEファンドとしても、それだけの経営チームを短期的に組成することは難しいため、相互協議の上、今後の経営陣を決定するニーズが生じることになるわけです。

　ただし、PEファンドの方針にもよりますが、現経営陣が続投する場合においても、PEファンド側で、取締役メンバーの過半を確保するケースが多いようにも見受けられます。

　そして、一般的には、以下のようなプロセスで今後の経営陣についての協議・決定していくことになると思われます。

①対象会社の、社長を始めとした中心的な経営メンバーについては、続投するのか、一定期間後に引き継ぎ予定なのかなど、全体の方針をある程度明確にしておく

②上記の意向を踏まえて、PEファンド側から、新規に選任するメンバーについて、常勤者、非常勤者を含めて、ある程度明確にしておく

③対象会社の、上記以外の経営メンバーの処遇については、投資後に相互に協議しながら決定する

　特に事業の鍵となる経営者自身については、事前に、経営委任契約を締結して、目的や責任、報酬など、しっかりと合意することが通例ですが、それ以外の経営幹部人事のことは、投資前に全てを決めることは事実上できないため、ある程度、柔らかな合意が行われるというのが一般的かと思われます。

　このようなプロセスを経た上で、

・現経営陣の今後の処遇

・後継者の育成／採用方針

・PEファンドからの経営支援方針

などが順次決定されることになります。

以上、主に5点に絞ってPEファンドの取り組み時の全体の取引設計にかかる主な論点を説明してきました。

総じていうならば、前半の3点、過半数の出資、LBOローンを活用、株主の売却型という点については、事業承継案件や、大企業からのカーブアウト案件が多いというPE投資の市場環境から、多くのPEファンドにおける標準的な投資手法になっているように見受けられます。

ただし、実際には、何か決められた投資スキームがある訳ではなく、企業側のニーズと、各PEファンドの投資スタイルをベースとしつつ、各種アドバイザーのサポートを得ながら協議と調整を図り、個別の案件ごとに、オーダーメイドのスキームが設定されることになります。

コラム —— PEファンド取引の本質① ～現代の修行寺、MBA留学

PEファンドの投資活動やその意義について本文では繰り返し説明していますが、実際には当事者として経験してみないとなかなか分からないものです。では、PEファンドの投資受け入れは、どのような行為をイメージすればよいでしょうか。

一般社会現象のうち、類似したもので説明するならば、「修行寺への入山」もしくは「MBAへの留学」といえるかもしれません。すなわち、人は何か壁にぶつかった時、自分自身を見つめ直し、鍛え直す機会を得るために、修行寺に入山することがあります。また、ビジネスマンの場合には、同じような機能を、経営大学院(MBA)への通学や、留学に求めることはよくあることです。

PEファンドとの取り組みは、少し大袈裟にいえば、現代版の修行寺への入山だし、スマートにいうならばMBAへの留学ではないでしょうか。

MBAで教えていることのコンテンツ自体は、割と一般化しており、それ自体に大きな付加価値があるとは思われませんが、一定の期間、一定の取り組みを行った経験や、それに付随する人的なネットワークや情報には、大きな付加価値があり、結果的にその後のビジネスライフで大きく花開くことは、よく聞くとこ

ろです。

　PE ファンドの取り組みも、これによく似ており、一つ一つの取り組み自体には特別な驚きはなく、むしろ、使い古された手段のように感じることもあります。ただし、これを愚直に繰り返し実行することや、オープンなスタンスで、外部からさまざまな情報を得ることで、企業の持つ真の強みを見出し、結果的に大きな付加価値を生んでいるように感じられます。

　MBA でも PE ファンドでも、「何かに愚直に取り組む」という明確な姿勢と、それを「旗を立ててアピールすること」、そしてそれを通じて「外部の評価を仰ぎ真の強みを見つけること」に本質的な価値があるのかも知れませんね。

4　PE ファンド取引のよくある問題点

　前項では、事業会社による買収との違いや取り組みスキームの概要について説明いたしました。ここでは、PE ファンドの投資による問題点について概観しましょう。

(1) ケミストリー（相性）

　PE ファンドの投資でよく問題になるのは、ファンド側から送られた新経営陣やファンド側の担当者と、元々の経営陣、会社メンバーとのケミストリー（相性）の問題です。

　本書をお読みいただくと、このケミストリーを含めて、やたらと横文字が多いのが気になる読者の方もいると思いますが、最近の M&A や PE ファンドの情報は欧米から発信されることが多いこともあって、業界として使われる用語、用法だけでなく、経営に対する考え方や、交渉スタイルまで、日本企業の保守的な考え方や手法とは異なる可能性があります。また、現在の PE ファンド業

界も、まだまだ歴史は浅く、良くも悪くもいわゆる金融エリートが多い業界でもあり、必ずしも事業や組織のマネジメントの経験が豊富な人材ばかりではなく、その意味でも、経営の現場の目線からは、少々ずれた考え方や発言が目立つこともあるようです。さらには、PEファンドのガバナンスは、株式や会社法という強力な武器を基礎としたものであり、必ずしも、論理や人心に配慮したものばかりではないため、企業側から見ると「PEファンドは、上から目線である」というように感じられるケースも、少なからず存在するようです。

　もちろん、このような類いの話には双方にいい分があるものであり、どちらが正しいかは定かではありません。ただ、一部のPEファンドの取引とはいえ、コミュニケーションのミスを起因として、このような行き違いがあることは、由々しき事態であると思います。

　本書では、このような事態を起こさないように、PEファンドとの付き合い方、選び方について、1つの考え方を示しています。これについては、第6章をご参照ください。

(2) 過大なレバレッジ

　PEファンドによる投資においては、多くのケースにおいて、ローン（LBOローン）の活用がなされています。

　これは、前述した通り、ファンド出資の投資効率を高めようというのが最大の狙いであり、このことから、ローン活用には一定の「レバレッジ効果」（てこの原理の活用効果）があるといわれています。このローン活用は、ファイナンス理論の観点や、ファンドのLP投資家からは歓迎されているものの、仮に、「将来のバラ色の事業計画を元に高額な買収価格設定を行い、多額のローンを引き出してしまった」、という取引実態があるとなると、相応のリスクも伴います。

　収益力に比べて多額なローンを設定してしまうと、営業で生じるキャッシュフローのほとんどが、ローン返済に充てられるというケースもありえます。そ

して、ローン返済のためにコストの削減などが行われるようになってくると、本来その会社が持つ潜在力を発揮することもままならなくなり、本末転倒な話になってしまいます。

よくマスコミで、「投資ファンドは、買収資金にファンドの資金をあまり使いたがらない。SPCで巨額のローンを借りてきて、SPCと買収対象企業との合併を通じて、最終的には、巨額のローン返済を、買収対象企業に押し付けているだけだ」といった批判があります。

これは、ファイナンス理論的には、やや的外れな議論ではありますが、感情論としては、理解できなくはありません。やはり「借金は悪だ」という思想が日本人の根本にはあるのではないでしょうか。レバレッジ効果は意識しつつも、自由度を持って思い切った経営ができるように、ある程度は余裕を持った資本負債構成にすべきなのだと思われます。

(3) コベナンツによる制約

また、LBOローンの調達に伴い、銀行のコベナンツ（誓約事項）の適用を受けることになります。銀行は、融資実行の際に、今後借主に守って欲しいことを融資契約に盛り込み、遵守していくことを要求するのです。

コベナンツとして求めてくることとしては、①監査済み決算書や四半期決算情報のタイムリーな開示のほか、②重要事項の事前・事後の報告など、銀行取引における一般的なコミュニケーションにかかるような事項が第一に求められます。

その上で、③設備投資の上限規制や、④配当の禁止、⑤追加借入の禁止、⑥主要株主の変更の禁止、など各種の重要取引の制限を負うことがあります。これはある意味で当然のことなのですが、設備投資や配当、追加借入などを勝手に行っていくと、元々の借入金の返済余力に直接的に影響しますので、これを厳格にコントロールしたいという銀行側の意思表明なのです。

さらには、実績ベースの会計決算情報に基づいた定量的な財務指標などの制

限を負うこともあります。いわゆる、財務制限条項といわれるものです。

　一般的には、⑦ DSCR（デッド・サービス・カバレッジ・レシオ）の基準値設定（＝FCF/（金利＋元金返済額））や、⑧レバレッジレシオの基準値設定（＝有利子負債/EBITDA）[6]、⑨利益の黒字維持、⑩純資産の維持、などを求められることがあります。

　そして実務上は、上記の、⑦ DSCR が問題となります。これは、債務の返済能力を端的に示す指標で、FCF（フリーキャッシュフロー）すなわち（営業 CF［金利支払前］＋投資 CF）/デッドサービス（金利＋元金返済額）によって求められます。

　例えば、金利支払前の FCF が 100、デッドサービスが、50 の場合、DSCR は 2 倍となり、債務の返済能力は、非常に余裕があるといえそうです。一方、金利支払前の FCF が 100、デッドサービスが 100 だとすると、DSCR は 1 倍となり、資金繰りとしては、かなりタイトな状況に陥っていることになります。

　実務上は、この DSCR が、1.1 倍を割るときは、期限の利益を喪失する（つまり、直ちに全額を返済する必要性がある）可能性があるという厳しい内容になっていることが多く、投資時点における慎重な収支計画の策定が重要になるのです。

　ただ、このような条項設定は、対象企業の成長可能性を摘んでしまっている可能性も考慮しなくてはなりません。成長と財務の健全性のバランスを考慮しながら、負債の活用を考える必要があることはいうまでもありません。

⑷ 巨額のれん

　また、PE ファンドの取引でよく問題になるのが、巨額の「のれん」計上の問題です。事業の価値と、その事業のために必要となる「有形の資産の価値」は、必ずしも一致しません。それは、人的資産や、顧客やブランドという無形

6　EBITDA は、利払い前、税引前、減価償却前利益のこと。簡便的に、営業利益に減価償却を加えて計算されます。

の資産があるためです。

　有形資産の価値と、無形資産の価値の合計が、事業価値となるため、例えば、会社の純資産額が100で、その会社の株式価値の総額が150のケースは、差額の50が概ね無形資産の価値であるといっても良いかと思います。[7]

　企業会計では、このような「自ら創設」した無形資産については、資産として認識しないという大原則があります。このような無形資産を計上することを認めてしまうと、経営者のお手盛りで、無価値の資産を計上してしまい、株主や債権者の判断を歪めてしまう恐れがあるためです。

　ただ、例外的に、このような無形資産を認識するケースがあります。それが、M&Aです。PEファンドの買収では、多くのケースで、SPC＋LBOローンを使った買収スキームが実施されますが、この一連の株式買取プロセスによって、従前はバランスシートに計上されていなかった無形資産が計上されることになります。そして、買収の金額が高ければ高いほど、巨額の無形資産、主には「のれん」が大きく計上されることになります。[8]

図表２－６　バランスシートから見る「のれん」計上

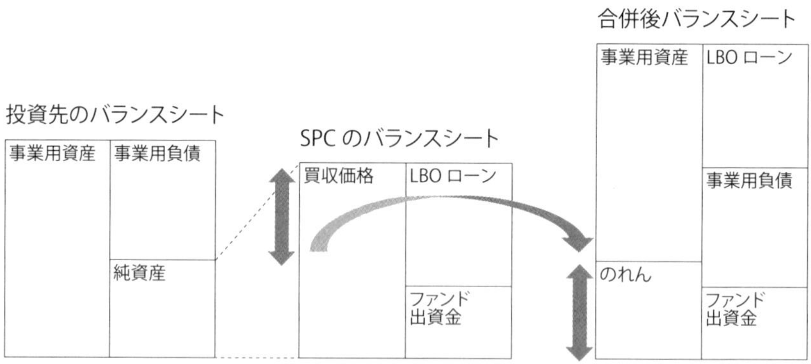

7　厳密にいえば、簿価純資産額と、株式時価総額の差額は、資産、負債に含まれている「含み損益」部分と、ブランドやノウハウなど「無形資産の価値」に大別されます。

8　無形資産の価値を、より具体的な項目（特許権、商標権など）に判別するプロセスをPPA（パーチェス・プライス・アロケーション）といいます。

「のれん」は、それ単独で売却できるものではなく、事業用資産や、人材などと組み合わさることによって、初めて価値を生み出すものです。従って、将来の事業の進捗によっては、価値が大きく毀損しかねない不安定な資産なのです。

また、会計上の「のれん」は、相応の償却（費用化）が必要になってきます。現行の日本の会計基準だと、20年以内での償却が必要となっています。一方、国際会計基準（IFRS）では、のれん償却は必要ではなく、定期的に減損テストを行って、必要な時に減損処理をするというルールになっています。

会計基準の違い、すなわち、減価償却なのか、減損なのかは別として、将来的には、ある程度は費用化を行っていく必要性が高いことから、BS上の安定性だけでなく、PL上も、償却負担は重くなってしまうのです。そして、このことが、企業の財務健全性だけでなく、前向きな事業投資を阻害してしまうこともあるため、これを適切に把握し、コントロールしていく必要があるのです。

⑸ 政権交代コスト

また、PEファンドの参画に伴い発生するコストも見逃せないポイントです。PEファンドが、SPCで出資及びローン調達を行い、買収を実現させるためのプロセスでは、LBOローンを提供する金融機関だけでなく、さまざまなプロフェッショナル（M&A、法務、財務、ビジネス）などの協力を得ることが一般的で、そのための手数料、報酬などが必要となります。また、SPCの増資や、合併などに伴った登録免許税などの税金コストの発生も見逃せません。さらに、特に経営権が変わって主要ポストについて、社内外を通じた人事異動などが行われると、その都度、人材エージェントフィーが発生することも多く、また、PMI[9] などのプロセスにおいては、ビジネスコンサルタント費用などが発生することもあります。これらは、案件規模や性質などによる違いはあるものの、

9　PMIとは、Post Merger Integration（ポスト・マージャー・インテグレーション）の略で、M&A実行後の統合プロセスのことを指します。

投資総額に対して概ね1～5％程度かかることが多いようです。

　このようなコストは、一義的には、買収目的会社であるSPCから拠出することが多いようですが、SPCと買収対象会社の合併などを通じて、実質的には、買収対象事業のキャッシュフローから支払われることになります。また、一連の政権交代のプロセスに従事するために、買収対象会社の社内でも、調査への協力や、インタビューなど、さまざまな実務が発生するのですが、明示的に測定されることは少ないものの、これらの時間コスト、人材コストも大きく発生しているのです。さらに、このような取引コストは、PEファンドの参画時（出資時）に加えて、数年後に控えた売却時にも発生するものなのです。

　もちろん、大局的に見ると、PEファンド参画による一連のプロセスを通じて、結果として会社の経営戦略の見直しや断捨離、事業シナジーの実現につながることが期待できます。すなわち、投資の実現によって、コストを超えるだけのメリットが得られることになるため、取引が実現することになるのですが、現場感覚からすると、非常に大きなコスト負担です。PEファンド側としても、コスト倒れとならないように、徹底した事業価値向上が必要となるのです。

⑹　少数株主対策コスト

　そして、PEファンドの取引で、実務上はよく問題になるのが、いわゆる少数株主対応が必要になる点です。

　これは、対象企業が、上場企業でも非上場企業でも、いずれも発生する問題ですが、特に不特定多数の株主が存在する上場企業の場合のほうが、より問題が大きいと感じます。

　上場企業のTOB（株式公開買い付け）については、大株主については、株式の売買について、事前に協議・交渉しておき、TOB開始時には、すでに決着がついているケースもありますが、少数の株式を持つ株主とは、事前の交渉はできません。

　そのため、TOBに応じない少数株主については、会社法に決められた方法

でスクイーズアウトする、すなわち少数株主の株式を強制的に買い取るという手段を講じることになります。

ただ、法律に則った手法といっても、少数株主を「無理やり締め出す」という手続きになるため、買い取りの株価が低いなどの議論が生じ、訴訟を抱えることになる場合もあります。

そこで、ケースによっては、そのようなトラブル回避の観点から、予め、高めのプレミアムを支払って、TOBを成立させようという誘引が働き、結果として、高コストな買収になってしまう可能性もあるのです。

5 PEファンドの投資対象

PEファンドの基本的な活用機会については、前述したとおり、創業から数年以上経過し、ある程度の事業規模になっている企業であれば、どのような会社でも抱える一般的な課題ばかりなのです。

ただし、企業側のニーズがあれば、どのような会社でもPEファンドとの取引が成立する可能性があるかというと、残念ながらそうでもありません。PEファンドとしても、投資期間、投資金額、人的リソースなど、さまざまな制約のもとで、リスクをコントロールする中で、リターンを最大化するというLP投資家への責務を負っているのです。

では、PEファンドの投資に際しては、どのような会社が投資の受け入れに向いているのでしょうか。ここでは、取り組みやすい会社の特色と、取り組みが困難な会社の特色を順番に説明したいと思います。

(1) 取り組みやすい会社7つの特色

①市場の成長性とシェア（明確な強み1）

第一に挙げられるのが、対象会社の事業において、主戦場としている市場自体が成長している場合や、その市場におけるシェアが一定程度高いこのような場合、投資は実行しやすくなります。

市場の成長があると、ビジネスとしては追い風が吹いている状況であり、企業側としてもそれに応じた人的、物的な投資ニーズが生じる訳ですが、PEファンドの資金力や人材調達力などとの相性はよく、経営のスピードを加速することによって他社との競争上優位に立てる可能性を高められるためです。

また、市場のシェアが一定程度高いということは、仮に、それがニッチな市場だとしても、他社の参入や、短期間でのシェアの逆転などが、容易ではないことが想定されます。また、シェアの議論ができるということは、市場動向や競合が明確になっているため、競合との差別化がどのように図られているかなど、ビジネス自体の強みが客観的に理解しやすくなるといった点も、投資プロセスにおいてはプラスに働きます。

では、一定程度のシェアといった場合に、何％あれば良いかは、一概にはいえませんが、10％程度のシェアだと、ようやく市場シェアの議論ができるというイメージで、市場シェア自体が積極的な投資の動機にはならないかと思います。これが、30～40％以上のシェアを持つようになると、市場での影響力を相当程度持つことになるため、シェア自体が、投資の安心材料になり得るというイメージでしょうか。

何れにしても、市場の成長性や市場のシェアは、個々のビジネスの魅力度を測る、有力な基準になり得るということです。

②競争優位性、ブランド（明確な強み2）

また、市場シェアの議論にも通じますが、市場における競争優位性が明確な

ケースにおいても、投資は実行しやすくなります。

　競争優位性が高いということは、例えば、競合商品よりも優れた商品力があることが挙げられますが、それにより競合他社よりも高く販売できることになりますし、販売価格は競合商品と同等のレベルだとしても、調達コスト（製造、仕入コスト）が低く抑えられるといったことも可能となります。また、優れた商品の提供を積み重ねていくと一定のブランド力が構築されるようになりますが、このように顧客への信頼、認知度が高くなると、その分、販売コストの削減も可能となり、そのコストを新規商品の開発に充てるなどの有効利用が可能となり、競争優位性がより高くなってきます。

　このように、競争優位性がある状態というのは、その事業の「強み」が明確であるということになりますが、その強みを持って、地方展開や海外展開などを行うことによって、事業の潜在価値を顕在化させることも可能です。また、「強み」の内容によっては、それを別の事業分野で活かせることもあるため、事業価値の向上の可能性も広がるのです。

③強力な経営陣

　そして、事業の内容もさることながら、強力な経営陣や、その予備軍がいるというのは投資実行における重要なポイントになります。企業は人なり、とはどの業界でも当てはまることですが、当然ながらPEファンドの投資の局面においても重要な判断材料となります。何をもって、「強力」とするかはさまざまな考え方もありますが、少なくとも、顧客や技術の動向を含めた業界の最新事情や、その会社内の人事的な事情に精通していること、会社を背負っていこうという前向きな気持ちが強いというのは、重要な要素となるのではないかと思います。

　もちろん、PEファンドによる投資の特長には、単なる金融的な投資ではなくハンズオンによって現場レベルの経営支援ができるという点はあるものの、現場の状況を一から把握した上で、人心を掌握するためには、完全に外部からの人材だけでは難しく、相当程度、既存の社内人材との協業が必要になってく

るためです。

そして、そのような経営陣は、もちろん現役の経営陣ということでも良いのですが、経営の承継の時期に合わせてPEファンドの投資を受け入れることも多いため、次世代の若手の経営陣候補もその対象となるでしょう。特に、PEファンドの投資では、株式の付与を含めた大胆なインセンティブプランが実行できることに1つの特長がありますが、このようなインセンティブプランと次世代のやる気のある経営陣候補との相性も良いため、PEファンドによる経営参画の効果が大いに期待できることになります。

④キャッシュフローの安定性
そして、これは、上記で挙げたような事業上の強みの結果にしか過ぎませんが、キャッシュフローが安定していること、さらにいえばそれが成長しているというのは、何より、取り組みやすい企業の特徴になります。

キャッシュフローが安定している事業の要素としては、

- 顧客の需要が安定していること
- 商品の魅力度が高く、一定シェアを確保していること
- 競合が限定されており、価格競争に陥っていないこと
- 設備投資が限定的であること

などが挙げられますが、これらの大半を満たしている可能性が高いといえるのです。

今後とも大きな成長が見込まれる競争の激しい分野であると、新規のプレーヤーなどの参入も想定されることや、競合が出揃わないなどの理由もあって、なかなか安定性の見極めが難しいところです。従って、市場の成長があることはもちろん望ましいのですが、急成長している分野よりは、どちらかというと、緩やかな成長をしているとか、成熟期に差しかかった事業の方が、この安定性の見極めが行いやすいという特徴があります。

特に、PEファンドの取り組みでは、買収時にLBOローンを組むケースが多く、ローンの審査の観点では、何よりもFCFの安定性、すなわち、本業で

のキャッシュフロー（営業CF）の安定性と、設備投資（投資CF）が一定範囲内にコントロールできることの両面が求められる傾向にあります。

　従って、キャッシュフローの安定性は、PEファンドの投資のしやすさに直結する重要な要素になるのです。

⑤ しがらみの存在（明確な弱み）

　そして、これは意外かもしれませんが、その事業に何かしらのしがらみがあって、それが、対象会社の明確な弱みになっているケースも、場合によっては、投資を実施しやすい要因になり得ます。それは、対象会社の現在の環境では、さまざまなしがらみがあって、その弱みから抜け出せないが、株主や経営陣が変わることによって、そのしがらみから脱却でき、弱みを克服できる可能性は、十分にあり得るからです。

　例えば、対象会社に親会社がある場合で、両社は、全く異分野で事業展開を行っているケースを考えてみましょう。この場合、親会社からすると、自社の本業と関係ない分野での投資を行って子会社を保有していることにより、グループ全体としてのリスク分散を図ろうということなのかもしれません。ただ、子会社である対象会社から見ると、事業上のシナジーがない上に、親会社から子会社の事業への知見のない人を役員として派遣を受けた結果、理解不足が原因で新規の投資について必要以上に慎重になってしまうことがあるなど、かえって事業の足を引っ張る可能性も否定できないのです。

　このような場合、PEファンドの参画によって、経営メンバーが変わることを通じて、ブレーキ役となっていた親会社から脱却し、本来の事業価値が出せるようになるという可能性は大いにありうるのです。

⑥ 業界再編の必要性（PEファンドとのシナジー効果）

　そして、事業によっては、競合他社が多くあって、過度な競争になっている市場や、成長のピークを過ぎて、業界として供給過多になっている市場などにおいては、潜在的には業界再編の必要性が生じています。

ただ、その業界の中でリーダーシップを発揮できるような企業があったとしても、資金力が十分ではないこともありますし、業界再編を上手にコーディネートできる人材が不足しているなど、業界再編の「旗振り役」が必要になる状況が生じます。

そして、PEファンドが特定の企業に資本参加した場合、その企業のビジネスのプロのメンバーと、PEファンドのM&Aのプロのメンバーがチームを組むことで、その業界における再編の旗振り役となり得るのです。いってみれば、事業会社と、PEファンド会社のシナジー効果があるという状況であり、これが、投資のしやすさの要因になると考えられるのです。

実際には、PEファンドの5年程度の投資期間内において、業界再編を確実に遂行していくことは容易ではないものの、この再編効果を当初から狙って投資を実施していくのが、これからのトレンドになるものと思われます。

⑦ 株価が割安な上場企業

また、上場している企業でも、株価が割安であれば、PEファンドの案件としては、取り組みやすいといえるでしょう。

これは、もともと割安な株価になっているということは、対象業界の問題なのか、対象企業の問題なのか、何かしらの事業上、資本上の課題を持っているケースが多く、また、株式の流動性も乏しく、既存株主としても、売却のニーズがあることが大いに考えられるからです。

つまり、株価水準が低いケースだと、PEファンドとしての事業の改善可能性や、流動性の乏しい株式への売却機会の提供など、明確な付加価値が打ち出しやすいため、買収提案が通りやすい状況にあるといえます。

ただし、株価水準に関わらず、市場株価に対する一定のプレミアム（いわゆるTOBプレミアム）を付けた上での買い取り価格の設定が必要となりますが、株価が低いほど、既存の株主からより多くのプレミアムが要求されることになるのです。そして、実態よりも割安な価格でのTOBになると、少数株主などとの訴訟リスクなども出てくるため、慎重な対応が必要にはなるのです。

⑵ 取り組みが困難な会社7つの特色

① 小規模な事業

　現状で、中小企業が、PEファンドの活用を考えた場合に最大のネックになっているのが、事業規模の点です。

　規模が小さい企業ほど、後継者の課題が深刻だったりするのですが、PEファンドとしても、規模に関わらず、1件は1件としての取り組みプロセスが生じるため、小さな案件は、残念ながら取り組みづらいという実情はあります。それは、PEファンドの場合、VC（ベンチャーキャピタル）のように、急成長中のスタートアップを投資対象とは考えておらず、主に、安定成長期、もしくは、成熟期における企業を投資対象と認識しているため、投資時点における規模の概念が重要になるのです。

　最低限の投資規模について、対外的に公表しているPEファンドは見受けられませんが、印象としては、比較的小規模のPEファンドでも1件あたりの投資額が5〜10億円を切るような案件は、よほどの理由がないと、取り組めない印象はあります。

　このような小規模の中小企業の場合には、地域密着で投資活動を行っている地銀系のファンドや、小型案件を専門に取り扱う新興系ファンドや個人型ファンドなどの活用が考えられます。また、これはやや変則的な方法ですが、中小企業でPEファンドを活用する場合、同業他社同士でなんらかの形で、一体化した上で、もしくは、一体化することを前提として、PEファンドへの売却（もしくは資本受入）を行うという方法も考えられます。

　いずれにしても、PEファンドのビジネス視点で見た場合、個別の投資案件について、一定の規模感はどうしても必要となってしまうのです。

② 事業の属人性

　そして、事業内容が属人的で、特定のキーパーソンが抜けてしまうと、事業

基盤が危うくなる可能性のある会社も、PE ファンドの投資は難しくなります。

　例えば、特定の個人のスキルや人脈に頼ったコンサルタント事業や、特定の商品にかかる流通事業などがこれにあたるでしょう。ただ、ある程度、属人的なビジネスでも、事業に必要な人材を継続的に発掘、育成し、組織として繋ぎとめることができるだけの仕組みや風土がある会社であれば、取り組みの可能性は高まります。

　PE ファンドとの取引に関わらず、事業の承継や安定成長のための組織作りの観点からも、属人化からの脱却は早期に取り組みが必要なテーマになるかと思います。

③特定の得意先、仕入先

　そして、事業の属人性とも関連しますが、中小企業で意外と多いのが、ビジネス自体が、特定の得意先、仕入先に集中しているというケースです。例えば、特定の自動車会社の傘下にある部品会社や、特定のメーカーからの仕入れに集中している流通会社などが挙げられます。このようなビジネスは、社会的には一定の意義はあるものの、特定の取引先の関係次第で、事業の存続自体が危うくなる可能性が否定できないという理由で、PE ファンドとしては取り組みが難しくなることがあります。もちろん、その取引先と、長期にわたる安定取引の契約があるとか、取引先の分散、もしくは代替が可能であるようなケースなどでは、特段問題はないと思います。

　一方、これは全く逆の見方になりますが、特定の取引先に依存しているというのは、PE ファンドから見ると、必ずしも悪い話とは限らないのです。というのは、会社自体には良い人材や技術があるにも関わらず、得意先や仕入先が限定されてしまっていたために、潜在価値が十分出せなかったというようなケースも考えられるのです。つまり、長年の付き合いのある取引先という、「しがらみ」の存在です。

　PE ファンド参画に合わせて、このような取引をゼロベースで見直した上で、適切な取引先の設定を行えるような会社であれば、むしろ積極的に取り組める

可能性はあります。

④ 大きなバランスシートが必要になる事業

これは、例えば、金融機関や不動産投資事業、大規模な設備投資が必要なプラント事業など、大きなバランスシートが必要となるような事業については、PEファンドとしては、投資を行いづらい印象があります。

これは、大きな資産を持つ企業、すなわち、設備投資の規模が大きくなればなるほど、一般論でいえば、その投資回収期間は長くなり、その割には、収益性が高くないということが理由として考えられるからです。さらに、それに加えて、大きなバランスシートほど、市況による影響を受けやすいこともあって、PEファンドとして事業リスクのコントロールが難しいことや、「資産を買う」といった特性を持つ事業が、LP投資家[10]である金融機関から好まれないといった事情もあります。

また、同様に研究開発型の事業についても、事業評価に際しての専門性が必要であることや、開発が長期に及んでしまう可能性があること、業績の見通しを立てづらいことなどもあって、PEファンドとしては投資しづらい事業になると考えられます。

⑤ 特徴のない会社

そして、投資の判断が難しくなる点として、事業自体の特徴のなさが挙げられることもあります。事業に特徴がないということは、極端にいえば、投資資金さえあれば、設備を買ってきて、人材を採用して、広告を行ってさえしまえば、同じようなビジネスができてしまう可能性があるためです。すなわち、他社の参入も容易であるため、そのような事業は、段階的に収益力の下落が容易に想定されるのです。やはり、顧客でも、技術でも、人材でも何らかの切り口で、他社との違い、強みを持っていることは、PEファンドの投資の局面にお

---

10 ファンドのLimited Partner（有限責任組合員）のことで、実際の資金提供者となる、機関投資家などを指します。

いては、最低限必要になるのではないかと思います。

　また、この特徴のなさというのは、いい方を変えると、環境の変化に適応しておらず、事業自体の魅力度が乏しくなっている状態であるともいえるかもしれません。市場が成熟期を超えて、衰退期に入っている事業や、参入障壁が低く競争が激しい事業、そして競争の結果として利益率が低すぎる事業などは、環境変化に適応していないといえ、事業魅力度に欠けているといえます。そして、結果的に、売上も段階的に下落し、キャッシュフローも安定しないという循環に陥ることになります。

⑥社会性（軍需産業、風俗営業、反社会性など）

　そして、PEファンドも金融機関ですので、当然ながら、社会的に好ましくないと判断される事業や、人物などと取引をすることは難しくなります。

　最近では、世界的な金融機関の投資基準として、ESG投資、すなわち投資対象企業の、「環境（Environment）」、「社会（Social）」、「企業統治（Governance）」の3つの要素に対する考え方や実行状況を投資の判断材料とする、という取り組みが広がってきています。これは特に欧州が先行して、米国において広がり、最近になってようやく日本でも注目されるようになりました。ESG投資を実践した方が投資リターンが高いということが、各種研究結果によって明らかになっており、PEファンドの大口のスポンサーの間においても、「社会的責任を果たす企業の投資リターンは結果的に高い」ということが、いわば常識になっているようです。

　経済的なリターンと社会的なリターンの両方を追求していくこと、そして、社会的な課題をビジネスによって解決していくことが、これからの時代の投資スタイルであり、PEファンドの最低ラインの投資基準になってきているのです。

⑦株価が割高な上場企業

　そして、実務では大きなハードルとなりうるのが、上場していて、高い株価

が付いている企業での取り組みです。株価が適正水準程度であれば問題ないのですが、株価が事業実態に比べて、非常に高い場合においては、

1　投資出口が見つからず、投資採算が合わない可能性が高まる

2　買収後における暖簾（のれん）償却が過大になってしまい、損益を圧迫してしまうことがある

3　負債が過大になり、キャッシュフローを圧迫するリスクがある

4　買収後に、高すぎる目標を掲げることによって、経営の現場が混乱するなど、さまざまな課題が同時に発生してきてしまう可能性が高まります。

　つまり、無理な価格で買収をすると、必ずそのツケが買収後に回ってきてしまうため、どうしても、慎重な検討が必要になってしまうのです。

　このような会社に対しては、理論的には、ディスカウント TOB（市場株価以下での公開買付け）も考えられますが、大株主がどうしても売却をしたいという特殊なケースにおいてのみ検討されるため、割高な株価の場合、原則として、PE ファンドとの取り組みは難しくなってしまうのです。

コラム──PE ファンド取引の本質②
〜企業経営の民主化のプロセス

　PE ファンド取引の本質として、「修行寺への入山」もしくは「MBA への留学」ということは前のコラムでご紹介しました。これはあくまでも当事者からのミクロ的な見方になりますが、マクロ的にはどのような見方ができるでしょうか。

　これはさまざまな意見があるところですが、「企業経営の民主化のプロセス」であると筆者は考えます。本文では、PE ファンドの傘下において、ワンマン型経営から組織型経営に移行することの意義について説明しましたが、これは企業の経営自体をワンマン型のオーナー経営者から取り戻し、各従業員が主体的になって取り組める機会を提供している、すなわち企業経営を民主化しているとも考えられるのです。

　さらには、企業経営という側面だけでなく、企業支配自体を民主化していると

も考えられます。すなわち、特定の企業や個人が保有していた株式を流動化し、必ずしも資金力があるわけではない PE ファンドの運用会社が、外部の投資家の力を借りてファンドを設定して株式を保有することができるためです。

　すなわち、必ずしも資金力がなくても、企業への投資と経営を行おうという意思と信用さえあれば、誰で相応に歴史のある企業の投資や経営に取り組める時代になったのです。

　ただし、民主化ということの背後には、強い社会的な責任があることも見逃せません。信用 (権限) を与えられた従業員は、相応の結果を出す責任がありますし、信用 (資金) を与えられたファンド運用会社も、同様に結果を出す責任があるのです。

　すなわち、企業の支配や経営を民主化するとともに、結果にコミットするための仕組みが PE ファンドの取り組みの本質なのかもしれません。

第3章

ディール全体の流れと実務上のポイント

前章までは、主に PE ファンドの概要やその戦略的な活用法について解説しました。本章では、図表3‐1にあるように PE ファンドが投資先を探し、取引を実行し、バリューアップを行い、イグジット（売却完了）するまでの一連の投資実務の流れに関連する実務上のポイントや派生する論点を踏まえて解説します。PE ファンドと事業会社が行う M&A の実務は、共通する部分も多くあります。しかし、PE ファンドには LBO スキームの活用や対象会社の株主による再出資スキームなど特徴もあるため、これらの点は重点的に解説します。

1 ソーシング（案件発掘）

　ソーシング（Sourcing）とは、一連のディールの流れのうち、投資対象企業を選定し、投資に関する初期的アプローチを行うフェーズのことです。PE ファンドが投資案件を発掘し、投資を実行するまでのプロセスは、小売業で例えるなら仕入活動に該当します。仕入（ソーシング）がなければ、売上（投資回収）は立たないことから、PE ファンドにとってソーシングがどれだけ重要なことかわかるでしょう。以下では、「売主である対象会社から PE ファンドに案件が持ち込まれるケース」「買主である PE ファンドから潜在的な投資先にアプローチをかけるケース」に分けて、一般的なソーシングの流れを解説していきます。

(1) 対象会社（売主）側からの案件が持ち込まれるケース

①買主への初期アプローチ方法
　対象会社やそのオーナーが自社の株式や資産に関する取引を検討する際、対象会社のオーナー自らが既存の取引先などにアプローチするケースを除けば、売主が外部のファイナンシャル・アドバイザー（FA：Financial Advisor）に依頼して譲渡先を探すのが一般的なアプローチ方法です。FA として活動して

第3章 ディール全体の流れと実務上のポイント 117

図表3−1 PEファンドの投資実務の流れ

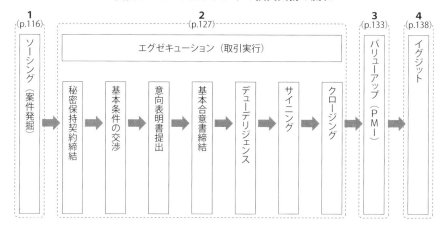

いる主なプレイヤーには、銀行や証券会社などの金融機関、M&Aアドバイザリー会社、M&A仲介会社、会計事務所などがあり、PEファンドへもFA経由で案件が持ち込まれることも多いようです。なお、近年では、買主であるPEファンドの数も増えており、PEファンド間でソーシングの競争が激しくなりつつあります。したがって、PEファンドが投資を行いたいと思うような魅力のある企業であれば、自社の譲渡先を複数のPEファンドから選択できる環境にあります。

②バリュエーション／売却条件の検討

売主側で取引を進めるにあたり重要なことは、事前に自社のバリュエーション（価値評価）を行い、自社の客観的な企業価値の目線を理解しておくことです。売主として、少しでも高い価格で取引したいというインセンティブが働きますが、相場を大きく超えた価格を設定すると投資の候補先から外れてしまい、買主との取引が進まない可能性があります。そのため、売主自らがバリュエーションを行い、自社の客観的な価格目線を知っておくことはスムーズな取引の観点からも重要です。また、バリュエーションと並行して売却割合、譲渡ス

キームなどの各種の売却条件の検討を事前に検証しておくことも交渉を円滑に進める上で重要です。

　なお、自社のバリュエーション、買収スキームの検討、買主のデューデリジェンス[1]への準備などを事前に行い、売却に備えるために、売主自らが自社に対するデューデリジェンスを行うことをセラーズデューデリジェンスといいます。セラーズデューデリジェンスの詳細については 197 ページで後述します。

③ティーザー／企業概要書の作成

　売主の FA は、買主候補を探す際の営業用資料として、ティーザー[2] と呼ばれる社名が特定できない程度の企業情報（業種、営業エリア、売上や利益などの財務数値のサマリー他）を作成します。ティーザーは一般的に FA を通じて買主候補に提示され、主にファーストコンタクト時に「買主がその案件にどの程度興味があるのか」を確認するために用いられます。ティーザーの他に企業概要書という対象会社の詳しい情報（会社概要、取引先、仕入先、3 期程度の財務ハイライト、事業計画など）を含んだ資料も並行して作成します。企業概要書は、買主候補がある程度対象会社に興味を持っている場合、秘密保持契約を締結した後に買主へ開示し、これらの情報をベースに買主との間で基本条件の交渉が行われます。

⑵ 買主（PE ファンド）側からのアプローチ

①ターゲットの選定

　買主である PE ファンドが投資先の選定を行うためには、各 PE ファンドが定めた投資方針に基づいて、テーマを絞ってターゲットを選定することになります。一般的に PE ファンドのテーマになりやすい企業には、以下のような例

1　英語で Due Diligence といい、直訳すると Due（当然）Diligence（努力）で当然の努力と訳されます。投資を行うにあたって事前に投資対象を精査するプロセスを総称してデューデリジェンスと呼びます。
2　情報量が用紙 1 枚程度になることが多いことから「1 枚モノ」などとも呼ばれます。

が挙げられます。

(a)上場企業で株価が割安な企業

(b)スモールニッチな業界で、高いシェアを持つ企業

(c)特定の業界にフォーカス

(d)多角化企業のノンコア事業

(a)の「上場企業で株価が割安な企業」は、割安な価格で投資し、バリューアップして、高いリターンを出す投資先となる可能性が高く、PEファンドだけでなく、その他の投資家にとっても魅力的な候補先となります。

(b)の「スモールニッチな業界で、高いシェアを持つ企業」は、他社では真似できない高い技術を有し、ニッチではあるものの圧倒的なシェアを持つ製造業などが当てはまります。このような企業については、規模や社内のリソースの問題から、海外展開が遅れている場合もあり、PEファンドが関与することで海外展開を後押しされ、早期にバリューアップが期待できるポテンシャルのある投資先になりやすいといえます。

(c)の「特定の業界にフォーカス」は、PEファンドごとに投資実績やメンバーの経験などによって得意な業界がある場合、特定の業界にフォーカスしてソーシングを行うことがあります。また、ロールアップ戦略として、すでにPEファンドがポートフォリオの1つとして特定の会社に投資している場合、シェアアップやスケールメリットを得るために、先行投資した会社と同じ業界に属する同業他社にフォーカスを当てる場合もあります。

(d)の「多角化企業のノンコア事業」は、上場企業で多角化経営を目指してさまざまな事業を運営してきた企業が、社内のリソースをコア事業に集約するために、選択と集中へ方針転換を検討するような場合があります。この時、ノンコア事業に対してPEファンドから譲渡のオファーがあれば、売主とPEファンドの思惑が一致し、ディールが成立する可能性が高まります。

上記のようなテーマを持って、やや広く絞り込んだ投資先候補の企業リストをつくりますが、さらに以下のような要因がある企業は、PEファンドが投資

先として取り組みやすいため、実務上、優先的にアプローチが行われています。

　㋐事業承継が必要な企業

　㋑キャッシュフローが安定している企業

　㋒株主構成に問題のある企業

　㋐の「事業承継が必要な企業」は、企業として魅力があるにも関わらず、後継者がいない企業や後継者はいるものの、会社を引継ぐだけの経験が不足している企業などが当てはまります。このようなケースでは、PE ファンドのリソースを活用して、事業承継と成長を同時に満たすことができる可能性が高いため、PE ファンドにとって有力な投資先となります。

　㋑の「キャッシュフローが安定している企業」は、当然、PE ファンドの投資対象となりやすい企業です。特に事業が安定しており、将来的にも安定したキャッシュフローが見込まれるような企業への投資案件では、LBO による資金調達の実行しやすさからも PE ファンドが投資を行いやすいといえます。

　㋒の「株主構成に問題のある企業」は、例えば、以前に IPO を計画していたものの実際には IPO を行わなかった企業などが挙げられます。このような企業では、株式を創業者以外の役員や従業員、取引先などが分散して保有していることが多いのですが、個々の株主との利害関係のない第三者である PE ファンドの資金力や交渉力を活用することで、株主の整理をうまく行うことができることもあります。

②ターゲットへのアプローチ方法

　PE ファンドが投資方針に沿って定めたテーマを満たす企業へアプローチする場合、一般的にまず、公開情報、ホームページ、企業情報データベース、信用調査機関などから対象企業の情報を収集し、投資候補先のリストを作成します。そしてこのリストの中から、PE ファンドが投資対象として、より関心度の高い候補先から順にコンタクトをとっていきます。この時のルートとしては、PE ファンドと付き合いのある証券会社や銀行などの金融機関、各種 M&A アドバイザリー会社、M&A 仲介会社、PE ファンドのメンバーの個人的な人間

関係などのルートがあります。

　また、PE ファンドと金融機関やアドバイザリーファームなどが共催で事業承継のセミナーを開催し、事業承継などへの問題意識の高い経営者などに直接 PE ファンドの魅力を伝える取り組みも行われています。

　上記以外にも PE ファンドごとにソーシングをするためのさまざまな施策が行われており、また、案件はどんなところから出てくるかわからないので、PE ファンドとしても常にアンテナを張って、案件化しそうな機会を探しています。なお、一般的にソーシングについては、PE ファンドの中でも比較的職位の高いメンバーによって行われることが多いようです。

③FA ごとの特色

　対象会社のオーナーが M&A による自社の譲渡を検討する場合、最初に相談を持ち込む先は、対象会社と定期的にコンタクトを持っているメインバンクや顧問を依頼している会計事務所となることが多いようです。しかし、これらの相談先において必ずしも M&A の経験やリソースを十分持っていないこともあります。このような場合、マッチングがうまくいかず、良いとはいえない先へ譲渡をしてしまったり、交渉が有利に進められずに価格やその他の条件面で売主にとって不利な売却をしてしまったりするリスクがあります。また、PE ファンドに譲渡することで得られるシナジーが大きい会社であっても、これらの相談先において PE ファンドに対する認知が進んでおらず、PE ファンドがそもそも譲渡先の選択肢に挙がらないことも PE ファンドの活用がこれまで進んでこなかった一因になっているようです。このように、取引を行うにあたってどの FA を選択するかによって、譲渡先候補の提案の幅も含めて、その成否が大きく影響を受ける可能性があるため、FA 選びはその特性や能力を理解した上で慎重に行うべきといえます。以下では FA を選ぶための参考として、代表的な FA を種類ごとに PE ファンドとの接点と特徴を含めて記載します。

図表3－2　主なFAの種類とその特徴[3]

FAの種類	中心ディール サイズ[4]	マッチング力[5]	エグゼキュー ション力[5]	PEファンド との接点
日系証券会社	ミドル～ラージ	○営業網があり 強い （特に大手）	○社内リソース が充実 （特に大手）	TOBなどの上場 会社が関与する案 件では関与は必須
外資系証券会社	ラージ	△大規模案件の み	△少数のメン バーで集中し て対応	大手PEファンド との親和性が高い
メガバンク	ミドル～ラージ	○営業網があり 強い （特に都市部）	○社内リソース 充実	・LBOローンのレ ンダーとして関 与 ・LP出資してい るケースもある
地方銀行／ 信用金庫	スモール～ミドル	○各銀行のベー スとなってい るエリアに強 み	△大手地銀を除 くとメガバン クよりは強く ない	・LBOローンのレ ンダーとして関 与 ・LP出資してい るケースもある
会計系 アドバイザリー会社	スモール～ミドル	△M&A仲介会 社と比較する と強くない	○会計・税務に 強み	DDでの関与が多 い
独立系 アドバイザリー会社	スモール～ミドル	△M&A仲介会 社と比較する と強くない	○専門性が高い ファームが多 い	ソーシング先とし て増加傾向
M&A仲介会社	スモール～ミドル	○案件の情報量 が多く強い	△一般的に強く ない	ソーシング先とし て増加傾向

(a)日系証券会社

　日系証券会社では、伝統的に社内にM&Aの専門チームを持ち、比較的大きなM&A案件を手がけています。大手の証券会社では、取引規模がミドル～ラージサイズの案件に強みがあり、中小の証券会社ではそれよりスモールサ

3　図表3－2は各FAの特徴を説明する目的で筆者が便宜的に区分したもので、それぞれ一般的な特徴を記載しています。

4　本書におけるディールサイズのイメージは、取引金額が10億円までをスモールサイズ、10億円から100億円程度をミドルサイズ、100億円超をラージサイズと想定しています。

5　表中の○△はスモール～ミドルサイズ程度のM&A案件を想定した場合の各FAの適合度を記載しています。

イズの案件を中心に取り扱う傾向があります。M&A のディールでは取引規模にかかわらず、ソーシングからクロージングまで共通の手続きが発生するため、証券会社の規模が大きくなればなるほど、採算性の観点から、一度に会社に入る手数料が大きいラージサイズの案件にフォーカスする傾向があります。しかし、近年では大手の証券会社でも、収益のためにスモールサイズの案件にも取り組むようになってきています。マッチング力は、大手の証券会社は営業拠点を全国に持っていることから、各地域の優良企業と取引しているケースも多いため、強いといえます。エグゼキューション力は、大手の証券会社では M&A の経験豊富な人材を確保しており、社内のリソースで FA 業務に対応できる体制が整っています。なお、日系大手の証券会社などでは、PE ファンドの案件を中心に扱う部署を作って PE ファンド案件を強化する流れがあります。また上場企業などが関与する M&A 案件では、TOB の手続きが必要となる場合があり、証券会社の関与が不可欠なため、業務上、PE ファンドと日系証券会社の接点は多いといえます。

(b)外資系証券会社

　外資系証券会社の投資銀行部門では、M&A 業務や買収ファイナンスなどを行っており、一般的に PE ファンドに対して同様のサービスを提供しています。外資系証券会社では日系の金融機関と比べると少ない人員で業務を行っているため、前述の規模と業務効率の観点から、ディールサイズの大きい大手の上場企業が関与するような案件やクロスボーダーの案件などにフォーカスしていることが多く、このような案件を中心にマッチング力やエグゼキューション力を発揮しています。このため、外資系証券会社と接点のある PE ファンドは、外資系や国内大手の PE ファンドが中心となっているようです。したがって、ディールサイズの大きくない中小企業の事業承継案件などは、外資系証券会社との親和性は高くないといえます。

(c)メガバンク

　メガバンクでは、大手の証券会社と同様、社内に M&A の専門チームを持ち、従来は効率性の観点からミドル～ラージサイズの案件を中心に取り扱ってきました。しかし、近年では本業を取り巻く環境が厳しいため、収益源の確保のために各社で M&A 業務を強化し、比較的規模の小さい案件について社内リソースを振り分け、取り組むようになっています。メガバンクでは大都市を中心に全国的に店舗網を持っている点や、銀行という業務の特性から、売主・買主を問わず会社の情報を早い段階で入手しやすい環境にあるため、マッチング力は高いといえます。また、メガバンクでは日系大手の証券会社と同様に社内にM&A の経験豊富な人材がいるため、社内のリソースで FA 業務に対応できる体制が整っており、概してエグゼキューション力は高いといえます。なお、PE ファンドが LBO スキームを実行する場合、レンダーとしてローンによる資金提供を行っている場合もあります。また、LBO ローンだけでなく、PEファンドに対して投資家として LP 出資を行っていることもあり、メガバンクと PE ファンドの業務上の親和性は高いといえます。

(d)地方銀行／信用金庫

　メガバンク以外の地方銀行や信用金庫は、メガバンク以上に本業を取り巻く環境が厳しくなっているため、新たな収益の柱として各社で M&A 業務に力を入れて取り組んでいます。地方銀行や信用金庫が取り扱うディールサイズは、顧客基盤がメガバンクと比べると規模の小さい会社が多いことから、スモール～ミドルサイズの案件の取り扱いが中心となっています。また、このような地方の中小企業では、特に高齢化に伴い、後継者や人手不足が深刻となったことにより、事業承継案件の潜在的なニーズが高まっています。マッチング力は、地方銀行や信用金庫がホームとしている地域でとりわけ優位性が強く、メガバンクが十分に入り込めていない地方の優良企業にも多くコネクションを持っていることがあります。なお、特定の地域に強い反面、全国的な営業網がメガバンクや証券会社と比べて十分でないという弱みがあります。その点をカバーす

るために、近年では大手地銀などが連携してネットワークを作り、情報共有を行う取り組みや、後述する M&A 仲介会社と協力してマッチングを行う取り組みも積極的に行われています。エグゼキューション力については、金融機関の規模にもよりますが、大手証券会社やメガバンクと比較すると、やや弱い印象があります。しかし近年では各金融機関において M&A 人材の強化や外部のアドバイザリー会社と提携するなどして、体制の整備を進める動きがあります。PE ファンドとの接点については、メガバンク同様に LBO ローンのレンダーや LP として PE ファンドへ出資している金融機関もありますが、メガバンクと比べると関与度合いはやや少ない印象があります。

(e)会計系アドバイザリー会社

　会計系アドバイザリー会社は、会計事務所を母体とするアドバイザリー会社で、メンバーに会計士や税理士を多く有します。会計事務所グループ内に、FA 業務を行うグループ会社や税理士法人を併設していることが多く、グループ全体でサービスを提供しており、高いエグゼキューション能力があります。また、親族に対する事業承継に関するスキームや相続税の提案など、M&A ありきではない幅広い提案を行うことができる強みがあります。

　会計系アドバイザリー会社が中心に扱うディールサイズは、FA としての関与ではスモール〜ミドルサイズの案件が多く、デューデリジェンスの関与は、ミドル〜ラージサイズの案件も多く手がけています。マッチング力は案件の情報量や営業人員数の観点から、後述するマッチングに特化した M&A 仲介会社と比べると強くない傾向にあります。

　なお、アドバイザーが売主か買主のどちらか一方の FA に就任して、売主か買主のどちらか一方から報酬を受け取るビジネスモデルが基本であり、売主と買主の間で FA の利益相反が起こりにくいメリットがあります。

　PE ファンドとの接点は、特にデューデリジェンスにおいて接点が多く、PE ファンドが手がける投資案件でデューデリジェンスのみ担当するケースもあり、各 PE ファンドの担当者とのやり取りも多いといえます。

(f)独立系アドバイザリー会社

独立系アドバイザリー会社は、特定のグループに属さず独立した立場から M&A アドバイザリー業務を提供する会社[6]で、メンバーは会計系アドバイザリー会社や金融機関の M&A 部門の出身者が多いのが特徴です。各メンバーの経験を活かして、専門性の高いサービスを大手よりもリーズナブルな価格で提供できる強みがあり、エグゼキューション能力は高いといえます。また、独立系であるため、売主と買主の間で利益相反が起きにくい点に強みがあります。

独立系アドバイザリー会社が中心に扱うディールサイズは、スモール～ミドルサイズの案件がボリュームゾーンですが、ネームバリューのあるファームでは上場企業が関与する大規模案件の FA を担当することもあります。

マッチング力は、後述する M&A 仲介会社と比較して強くない傾向にありますが、ファームのメンバーが個人的に特定の企業に深く入り込んでいる場合もあり、独立系アドバイザリー会社が FA として大きなディールを数多く成立させている場合もあります。

PE ファンドとの接点は、近年 PE ファンドへ案件を積極的に持ち込む独立系ファームが増えており、存在感も高まっているようです。

(g) M&A 仲介会社

M&A 仲介会社は、売主と買主のマッチングに注力してサービスを行う会社です。M&A 仲介会社では、金融機関や事業会社などでトップの営業成績をおさめていた人材などを積極的に中途採用するなどして人材を集めているため、高いマッチング力を有している点が特徴です。なお、M&A 仲介会社の報酬体系の特徴としてディールが成立した場合に、売主と買主の両方から手数料を取ることが多いようですが、この場合利益相反の問題が発生することがあるため、アドバイザーの独立性の面から留意が必要です。M&A 仲介会社が扱うディールサイズはスモール～ミドルサイズが中心となっています。エグゼキューショ

6　独立系アドバイザリー会社のうち、比較的小規模で専門性の高いサービスを提供するファームはブティック系ファームとよばれることもあります。

ン力は、専門家の多い M&A アドバイザリー会社と比べるとやや弱い傾向にあります。PE ファンドとの業務上の接点は、ここ数年 PE ファンドへ案件を持ち込む仲介会社が増えており、PE ファンドのソーシング先としての M&A 仲介会社の存在感は高まりつつあるようです。

なお、FA との契約においては、FA のコミットメントを高めたり、情報流出のリスクを最小限にとどめたりする観点から、マンデートと呼ばれる委任契約を付与することが多くなっています。このマンデートを持っている FA は、ソーシングからディールのクロージングまで一気通貫でサービスを提供する契約となっていることが多くなっています。

2 エグゼキューション（取引実行）

(1) 秘密保持契約書（NDA）

売主である対象会社と買主である PE ファンドの双方の興味が一致すると、取引実行フェーズであるエグゼキューション（Execution）に入ります。エグゼキューションの流れは、対象会社と PE ファンドが、守秘義務契約（NDA）[7]を締結するところから始まります。通常、自社が売りに出るという事実は、取引先や従業員にとって重大な守秘事項となり、また、買主は売主の非公表の機密情報を含む情報を受領して、買収を判断するため、売主にとって買主との NDA の締結は、適切な情報管理の観点から重要になります。NDA には情報流出に関する損害の補償に関する条項が通常盛り込まれますが、損害の範囲を定量化することも困難であり、訴訟などでも労力やコストを要するため、情報流出について NDA を締結していたとしても十分に注意する必要があります。

7　Non-Disclosure Agreement の略。CA（Confidentiality Agreement）ともいいます。

なお、同業他社への譲渡となるとデューデリジェンスなどを通して、買主が売主のビジネス上の重要情報を知ることとなるため、仮にディールが成立しなかった場合には、ライバルにビジネス上の機密情報を知られてしまいます。また、買主候補が情報管理に不慣れであった場合には、過失により情報が流出して損害を被るリスクもあります。この点、PEファンドは投資のプロフェッショナル集団であり、通常は同業他社ではないため、デューデリジェンス実施後などにディールがクローズに至らなかった場合であっても、情報流出のリスクは事業会社への売却と比べて低く抑えられる点でメリットが大きいといえます。

(2) 基本条件の交渉

NDAが締結されると、売主からPEファンド側に、企業概要書に加えてディールの基本条件の交渉に必要な情報が提供されます。これらの情報をもとに取引金額、買収スキーム、スケジュールなどの基本条件の交渉が行われます。この段階で条件が合わず、ディールブレーク（取引中止）してしまうケースも多いのですが、ここでしっかりと売主と買主がお互いを理解していないままディールを進めて契約直前でブレークになると、それまでにかけた労力と専門家のコストが大幅にムダになってしまうため、アドバイザーなども交えながら、下交渉の段階で重要なポイントについて、しっかりと両者でコンセンサスを取っていく必要があります。

なお、PEファンドが用いる主な買収スキームには、LBOスキーム、MBOスキーム、リキャップスキームなどがあり、最もよく用いられるのはLBOスキームです。これらのスキームの選択では財務、税務、法務など多方面から検討がされますが、特に税務面のインパクトは影響が大きいといえます。また、MBOやリキャップは、LBOと組み合わせて用いられることも多くあります。

146ページ「PEファンドの代表的な買収スキーム」では、PEファンドが用いる主な買収スキームについて、数値例を用いて解説します。

第3章　ディール全体の流れと実務上のポイント　　129

⑶　意向表明書

　意向表明書（LOI：Letter of Intent）は買主が売主に対して、買収の意向が
ある旨を提示するときに使われる書面です。一般的には、初期パッケージから
得られる限られた情報をベースに判断された精度になりますが、買収スキーム、
買収価格、スケジュール、秘密保持などの基本的な条件を記載します。実務上
は、相対取引であっても買手からアプローチする案件では LOI が提出される
ことが多い印象です。また、LOI は必ず作成されるものではなく、次に述べる
基本合意書が LOI の役割を兼ねるケースもあります。ビッドと呼ばれる入札
方式で、複数の買主が売主に対して同時に提案を行うケースでは、買主が入札
の意思表示として LOI を用いることが多くあります。

⑷　基本合意書

　基本合意書（MOU）[8] とは、売主と買主が交渉の中で合意した基本的な条件
を記載した合意書で、その内容についてはディールごとに異なり都度カスタム
メイドで作成されます。スピードを重視する案件などでは MOU の締結を行わ
ない場合もあります。MOU に一般的に含まれる主な項目は以下の通りです。

①取引内容

　MOU に記載される取引内容は、事前に当事者で合意した、買収スキーム、
取引価格、買収までのスケジュール等、口頭ベースで協議を進めてきた内容を
もとに作成されます。後述の通り MOU は法的拘束力を持たないケースが大半
ではありますが、MOU 締結時点でお互いに合意した内容を書面で目に見える
形で残すことで両者の目線を合わせる効果があります。

8　Memorandum of Understanding の略です。基本合意書を Letter of Intent（LOI）と呼ぶことも
　あります。

図表３−３　基本合意書の主な記載項目

主な項目	内容
取引内容	買収スキーム、取引金額、スケジュールなど
独占交渉権	買主に独占交渉を認めるかどうかを記載する。通常は交渉期限がある
デューデリジェンスへの協力	買主が満足するように各種のデューデリジェンスに協力する義務を課す旨を記載する
守秘義務	NDAで規定した守秘義務を再度規定する場合もある
法的拘束力	通常は独占交渉権、デューデリジェンスへの協力、守秘義務など限られた項目のみ法的拘束力を持たせる場合が多い

②独占交渉権

　M&Aの独占交渉権は、売主が特定の買主候補に与える排他的な交渉権で、通常買主は独占交渉権を得たいと考えます。仮に独占交渉権がないままディールを進める場合、デューデリジェンス実施中などに先行する他の買主候補とディールが成立してしまうと、それまでディールに要した費用や労力が無駄になります。また条件交渉においても、独占交渉権がないと買主はその他の買主候補との競争を意識せざるを得ないため、どうしても売主のパワーが強くなります。したがって、買主にとって独占交渉権を獲得できることは非常に重要といえます。逆に売主側からすれば、買主に独占交渉権を与えることは競争環境が一定期間なくなるため、交渉のパワーが弱くなる傾向にあり、通常は独占交渉権を買主に与えたくないと考えます。実務上は売主と買主のパワーバランスなどを考慮して独占交渉権の有無については都度、交渉で決定されます。独占交渉権の期間は案件にもよりますが、２ヶ月〜４ヶ月程度が多くなっています。なお、入札案件では通常、入札期限内に最終提案を行い、最終提案が通った買主候補に独占交渉権が与えられます。

③デューデリジェンスへの協力

　MOUには売主のデューデリジェンスへの協力義務が規定されることが一般的です。デューデリジェンスは財務・税務、法務、ビジネス、環境など幅広い

調査を含み、買主はデューデリジェンスを通して、対象会社を理解し、買収後にどんなリスクやシナジーがあるかなどをさまざまな角度から検討します。通常は各分野に精通した経験豊富な専門家のサポートを受けて実施されます。デューデリジェンスが適切に行われたかどうかで M&A が成功するかが決まるといわれるほど、買主にとってデューデリジェンスは重要なプロセスです。デューデリジェンスが満足に行えるような情報を提供するためには、売主側の主体的な協力が不可欠となるため、MOU で売主とデューデリジェンスへの協力義務について合意することが重要です。

④守秘義務

NDA をエグゼキューションの初期段階で一度締結した場合でも、MOU の中に再度守秘義務に関する条項が含まれることがあります。デューデリジェンス時に情報開示のレベルが高まるため、より厳格な守秘義務を双方に課したり、お互いの守秘義務に対する意識を再度高めたりする効果があります。

⑤法的拘束力

MOU については、ノンバインディング（Non-binding）と呼ばれる法的拘束力を持たない形式が実務上は多くなっています。これは、MOU はデューデリジェンスを行う前の限定的に公開された情報のみに基づいて行われた基本事項に関する合意であり、デューデリジェンスなどの結果を受けて修正されるため、この段階で取引価格等に法的拘束力を持たせることは実務的ではないためです。一方で、MOU の段階でも、独占交渉権、デューデリジェンスへの協力や守秘義務については、法的拘束力を持たせることが一般的です。

(5) デューデリジェンスの実施

基本合意書が締結されると、買主による対象会社のデューデリジェンスが通常すぐ始まります。デューデリジェンスの位置付けや重要性については、(4)③

基本合意書の「デューデリジェンスへの協力」（130ページ）で記載したとおりです。なお、財務・税務、法務、ビジネス、セラーズの各デューデリジェンスのポイントは、172ページ「デューデリジェンス」で解説します。

⑹ サイニング（株式譲渡契約書、経営委任契約書）

デューデリジェンスが完了すると、基本合意書の内容をベースにデューデリジェンスの発見事項も踏まえて、再度、取引条件などの交渉が行われ、売主と買主の間で合意が形成された段階で、株式譲渡契約書（SPA：Share Purchase Agreement）の締結が行われます。特に大型案件やクロスボーダーの案件などではページ数も多く、記載内容も複雑になるため、SPAの交渉にはM&Aに精通した弁護士の関与が不可欠です。また、オーナーチェンジ後の対象会社に売主の経営陣が継続関与する場合、経営委任契約（ESA：Executive Service Agreement）の交渉もSPAの交渉と併せて行われます。なお、SPA、ESAの内容や留意点は第4章で解説します。

⑺ クロージング

クロージングとは、株式譲渡スキームを例にすると、株式譲渡の対価を売主が受領すると同時に、買主が株式を取得することをいいます。SPAのサイニングと同日にクロージングとなることは少なく、実務上はサイニングの日から一定期間空けてクロージング日を定めます。この期間に売主はデューデリジェンスの発見事項への対応、オーナーチェンジに関する当局への認可申請などを行いますが、クロージングで対応すべきことは多岐にわたるため、PEファンド側でクロージングチェックリストが作成され、漏れがないように1つずつ進められます。このクロージングの終了でエグゼキューションのフェーズは完了します。なお、クロージングの法務に関する留意点は第4章で解説します。

3 バリューアップ（PMI）

PMI（Post Merger Integration）とはM&A実行後に買収のシナジーを実現し、買収後の企業価値を向上していくプロセスをいいます。PEファンドは、買収後に企業価値を向上してイグジットすることでリターンを得るビジネスモデルであるため、PMIは非常に重要なプロセスです。PMIの範囲は、トップマネジメントを含むマネジメント補強、管理体制の構築、ロールアップ戦略、事業の統廃合など多岐にわたります。このPEファンドのリソースをフルに活用したバリューアップが、PEファンドへ会社を譲渡する大きなメリットの1つであり、3～5年という短い期間で緊張感をもって集中的に企業価値を高める大きなチャンスとなります。以下は、PEファンドが行うPMIの主な施策について解説します。

(1) 買収直後の統合計画（100日プラン）の作成

ディールがクロージングを迎えるとすぐに、PEファンドの下での会社運営が始まります。PEファンドによる買収の事実はディールの成立が公式に発表されるまで対象会社の限られたメンバーのみが知る情報であり、多くの従業員は突然やってきたPEファンドという新しい株主が、どのような経営を行うのかを懐疑的に見ています。したがって、新たなマネジメント体制を構築、浸透させてその後のバリューアップを円滑に行うために、PEファンドは買収直後の統合計画を作成します。この統合計画はクロージング日から100日間で行うアクションプランとして「100日プラン」とも呼ばれます。100日プランの最も重要な目的は、新経営陣が描くミッション、ビジョンを従業員に伝達し、組織を方向付けすることにあります。100日プランの中でビジョンを実行するための具体的な施策を考え、またその達成度合いを測る重要評価指標（KPI：

Key Performance Indicator) を適切に定め、その後のモニタリングを行うことがバリューアップの第一歩となります。

(2) マネジメント補強

対象会社で不足しているマネジメント人材を会社の戦略に合わせて補強することは、PMI の重要な政策です。一般的に中小企業の場合、優秀なマネジメント人材を外部から採用することは、給与水準、社内人材との兼ね合い、会社の知名度などの制約から簡単ではありませんが、PE ファンドの関与によってこれらの問題が解決し、人材を採用しやすくなります。また PE ファンドはエージェント経由も含めて社外にマネジメント人材のプールがあり、対象会社に必要な人材をマッチングできる可能性が高くなる他、マネジメント経験の豊富な PE ファンドのメンバーが役員で対象会社の経営に参画するため、投資実行前と比べて人材は厚くなります。

(3) マネジメントに対するインセンティブ設計

PE ファンドによる買収後の対象会社のマネジメントに対するインセンティブは、マネジメントの経営に対するコミットメントを高めるために PE ファンドとマネジメントの利害を一致させるように設計されることが必要です。以下では PE ファンドが用いる代表的なインセンティブについて解説します。

① 金銭報酬

マネジメントへのインセンティブの中で最もオーソドックスなものに、金銭報酬があります。業績目標を達成した場合には翌期から役員報酬を上げたり、事前確定届出給与による役員賞与を支給したりすることで、マネジメントに対して金銭報酬を支払います。

図表3−4　マネジメントに対する主なインセンティブ

報酬の種類	内容
金銭報酬	・給与 ・賞与
株式	・普通株（主に再出資スキーム） ・種類株
ストックオプション	・税制適格ストックオプション ・有償ストックオプション ・信託活用型ストックオプション

②株式

　マネジメントが対象会社の株式を一定割合保有することで、PE ファンドがイグジットするタイミングでマネジメントにもリターンの一部が分配されるため、インセンティブとして株式が用いられます。このとき普通株と種類株を用いる場合がありますが、普通株の場合、売主のオーナー経営者が対象会社へ再出資を行うケースなどがあります。売主のオーナーによる再出資のスキームは149 ページ「③ケース3（売主のオーナーによる再出資がある場合）」で数値例を用いて解説します。また、種類株の場合、マネジメントに対して事前に種類株を付与しておき、対象会社の業績にリンクさせて、種類株の普通株への転換比率を調整するスキームなどが用いられることがあります。

③ストックオプション

　PE ファンドによる投資後の対象会社のマネジメントに対するインセンティブプランとして、ストックオプションがよく利用され、目的に応じて複数のストックオプションが使い分けられています。ストックオプションの付与対象者は社長などのトップマネジメントだけではなく、従業員に対しても付与される場合もあります。

　PE ファンドのインセンティブプランに用いられるストックオプションの代表的なものに、税制適格ストックオプションがあります。税制適格ストックオプションは税務上で定められた行使条件や年間の行使可能金額などに制限があ

るため設計の自由度は落ちますが、発行時にストックオプションの割り当てを
「無償」で行うことができ、さらに個人レベルで税務メリットがあるためよく
使われます。また、税制適格ストックオプション以外にも有償ストックオプ
ションも用いられます。有償ストックオプションは従来型のストックオプショ
ンのように職務執行の対価（報酬）として付与されるものではなく、公正価値
による新株予約権の発行価格を金銭で払い込むことにより新株予約権を購入す
る形態となります。

　有償ストックオプションは、税制適格ストックオプションのように行使条件
等の制限がないため、柔軟に設計が可能になるメリットがあり、また権利行使
時に給与所得にならずに、売却時に譲渡所得として扱うため個人レベルで税務
メリットを得られる点も魅力です。また、権利行使に業績達成条件を付けるな
どして有償ストックオプション自体のオプション価値を下げることで、購入時
の金銭的な負担を減らす設計とすることも可能です。

　なお、ストックオプションの問題点として、事業が成長するにつれて新規に
発行するストックオプションの行使価格が高くなり、役職員に対するインセン
ティブが相対的に小さくなるという点があります。このため、中途で優秀な人
材を入社させたい場合に、魅力のあるストックオプションを対象者に付与でき
ないことが、会社の人事施策の障害となってきました。そこで、この問題に対
応するため、近年では信託活用型ストックオプション[9]のスキームを採用する
会社も出てきています。このスキームでは、まず対象会社が有償ストックオプ
ションを顧問税理士などの受託者に対して時価で割当てます。そのうえで、事
前に定めたルールに従い、貢献度に応じたポイントの割当を対象会社の役職員
に行い、信託期間満了日にポイントに応じて信託したストックオプションが役
職員へ交付されるスキームです。この方法はストックオプションが発行された
後に入社した優秀な人材に対しても、インセンティブ効果の高い初期段階で発

9　信託活用型ストックオプションは比較的新しいインセンティブプランであり、その実績も本書執
　筆時点ではその他のストックオプションと比較して多くないため、今後の法律改正などの影響を受
　ける可能性があります。

行されたストックオプションを付与できるメリットがあります。

　事業会社に子会社として買収された場合、買収後に事業会社グループの給与体系に徐々に統一されることが多いですが、買主がPEファンドならこのような制約を受けにくいため、柔軟にマネジメントへのインセンティブを設計しやすく、買主がPEファンドであるメリットとなり得ます。

⑷ ロールアップ戦略

　PEファンドが投資を行うと、シェアのアップや営業エリアの拡大などの成長戦略を加速して行うために、対象会社の同業他社やシナジーのある会社の追加買収が行われますが、このようなM&Aはロールアップと呼ばれています。ロールアップではM&Aを駆使して、スピード感をもって必要な経営資源を補うため、リターンの関係からも成長スピードを重視するPEファンドの方針とマッチしやすい戦略といえます。

　具体的な事例としては対象会社と事業関連性のある中小規模の工場を買収し、規模を拡大することでサプライチェーンの中での供給先への価格、納期などの交渉力を高め、また、部品調達についてボリュームディスカウントを得るなどして、収益力の向上を通してバリューアップを行う戦略があります。

　なお、PEファンドが対象会社へ投資を実行した情報は市場に広まるため、PEファンドへ売り案件が持ち込まれやすくなるなど、ロールアップに関する情報が集まりやすくなる効果があります。

⑸ 管理体制の構築

　PEファンドがイグジットをする場合、主な選択肢は第三者へのトレードセール（株式譲渡）かIPOのどちらかになります。IPOであれば上場企業にふさわしい管理体制（経理、内部統制、IT、労務、コンプライアンスなど）

の構築が必要となり、上場準備期間でも監査法人の監査も受ける必要があるため、PMIにおいて急速に管理体制の整備が進みます。また、トレードセールでのイグジットを想定している場合であっても、PEファンドの売却先は大手企業が多いため、イグジット時に大手企業が行うデューデリジェンスに耐え得るレベルの管理体制の構築が行われます。

また、PMIによる管理体制の整備は円滑なイグジットの目的以外にも、対象会社のビジネスにとってもプラスになります。例えば中小企業の中には社長がこれまで培った感覚で意思決定を1人で全て行っている会社もありますが、このようなマネジメント手法では下の階層への権限移譲が進まずに、ビジネスを拡大するための制約となっている場合もあります。PMIのフェーズで見える化を進め、属人的ではない定量的な数字に裏付けされたガバナンス体制を構築することによって、会社の職務分掌が進み、ビジネスを拡大することに成功している事例はPEファンドの投資案件では特に多く見られます。

⑹ 事業再編、不採算部門の閉鎖

PMIの過程で、バリューアップのために事業再編や不採算部門の閉鎖が必要に応じて実行されます。事業再編、不採算部門の閉鎖と聞くと、「PEファンドがリストラを行う」という悪い部分がクローズアップされ、ネガティブな印象を持たれがちです。しかしPEファンドが入ることで、経営陣が手を出したくても出せなかった部分に手を付ける良いタイミングになります。また、本業に経営資源を集中させるためにノンコア事業をPEファンドのネットワークを用いてより高い価値で他社へ売却するという決断もしやすくなります。

4 PEファンドのイグジット

PEファンドは投資実行から3〜5年程度経過すると、投資のリターンを確

定させるためにイグジットのフェーズに入ります。イグジット方法は、大きく第三者への株式譲渡（トレードセール）とIPOの2つに分けられますが、日本での過去のPEファンドのイグジット実績はIPOが10〜15%程度であり、その他の大半のイグジットはトレードセールとなっています。

(1) トレードセールとIPOの比較

トレードセールがPEファンドのイグジット手段として大きな割合を占める理由はIPOと比較して以下のように説明されます。

図表3−5　トレードセールとIPOのイグジットに関する比較

項目	トレードセール	IPO
①イグジット準備期間	○短期間で売却可能	△3年程度は準備期間が必要。IPO後も段階的に売却が必要
②イグジットコスト	◎低い	△高い
③株式市場の影響	○受けにくい	△受けやすい
④PEファンドのトラックレコード	○IPOよりは印象弱い	◎PEファンド実績としてマーケティングの効果あり

①イグジット準備期間

トレードセールは投資から短期間での売却も可能ですが、IPOを行う場合、通常3年程度の準備期間が必要です。また、IPOではPEファンドが保有する株式をIPO時に全て売却しないことが多く、IPOから完全なイグジットまでさらに期間が必要です。したがって、投資リターンの観点から見ると売却によるキャッシュフローが同じであれば、PEファンドとしてはより早期にイグジットを行うことが好ましいため、早期の売却に対応しやすいトレードセールが好まれる傾向にあります。

② イグジットコスト

トレードセールのイグジットコストは、IPO と比較して低くなりやすいといえます。IPO では IPO 人材の確保、内部統制の整備費用、監査報酬などの追加コストがかかるためです。

③ 株式市場の影響

トレードセールは、IPO と比較して株式売却時の不確実性が少ないといわれます。IPO でのイグジットでは、売却価格が株式市場の影響を受けやすく、PE ファンドのコントロールの及ばない不確実性にさらされますが、トレードセールは相対取引であり、IPO と比較して不確実性が少ないといえます。

④ PE ファンドのトラックレコード

売主が PE ファンドを選ぶ際に、過去の案件実績が重要な判断要素の 1 つとなりますが、過去に投資先で IPO を達成している場合、実績として印象に残りやすく、PE ファンドのマーケティング効果はトレードセールと比べて高いといえます。

以上の点を総合的に勘案すると、トレードセールは PE ファンドにとってデメリットが少なく取り組みやすいため、イグジット方法として好まれる理由がわかります。

⑵ トレードセールでのイグジット

トレードセールでのイグジットには主に、①事業会社への売却、②その他の PE ファンドへの売却、③株式の買戻しがあります。

① 事業会社への売却

PE ファンドから事業会社への売却先は上場企業などの大手が多く、新規事

業を始めるにあたり M&A でスピードを買うためや同業他社がシェアや営業
エリアの拡大などのシナジーを得るためなどが買収の主な目的です。PE ファ
ンドが関与した過去のトレードセールの実績によると、過半数以上は事業会社
への売却です。

② PE ファンドへの売却

　PE ファンドからその他の PE ファンドへの売却の選択肢もあります。例え
ば「スシロー」などがこのケースに当たり、2012 年にユニゾン・キャピタル
が「あきんどスシロー」を買収し、その後ユニゾンは英系投資ファンドのペル
ミラ・アドバイザーズへ売却を行いました。その後 2017 年に、「スシローグ
ローバル HD」として東証一部へ再上場を果たしています。「スシロー」のよ
うな規模の大きな会社では、事業会社への売却は難易度が高くなるため、IPO
かその他の PE ファンドへの売却が有力なイグジット手法となります。

③ 株式の買戻し

　株式の買戻しは、旧オーナーによる PE ファンドからの株式の買戻しが多く、
どちらかというとネガティブなケースが多い印象です。PE ファンドによるバ
リューアップが思うように進まず、旧オーナーに再度 PE ファンドから株式を
買戻してもらうような事例があります。また、事例としてはそこまでは多くあ
りませんが、戦略的な株式の買戻しスキームとして、対象会社を再生しつつ事
業承継も併せて行う、「再生＋事業承継」の事例があります。具体的には業績
や資金繰りが良くないために事業の引き受け手が現れず、事業承継が進んでい
ない対象会社へ、PE ファンドが投資を実行し、PE ファンドのリソースを使っ
て、キャッシュフローが出る会社へ再生した後で、旧オーナーの子息などが
ファイナンスを行い、株式を PE ファンドから買戻した事例があります。

トレードセールの手法

　トレードセールの手法は、大きく分けて相対取引とオークションの 2 通りが

あります。相対取引は株式譲渡先として特定の相手先と、個別に交渉して売却を行う取引であり、オークションは複数の買主候補が存在する入札取引の形態を取ります。

①相対取引

相対取引を選択した場合、買主から見ると対象会社の事業内容について時間をかけて調査、検討することができるため、売却後に「こんな話は聞いていなかった」などのミスマッチが少なくなります。また、売主であるPEファンドからも、対象会社の事業内容や魅力の説明、取引条件の交渉に時間をかけることができるメリットがあります。しかし、相対取引の売主側のデメリットとして、買主候補間での競争原理が働かないため、相対取引は結果として価格面や条件面で売主が不利になる可能性があります。

②オークション

相対取引での売却価格が低くなるリスクを避けるため、競争原理が働くよう、オークション（入札）方式が採られることがあります。オークションは、売却のプロセスや期間が設定された上で手続きが進むため、買主から見てわかりやすいというプラス面はあります。具体的にはデューデリジェンスの実施期間や法的拘束力のある最終提案書の提出期限が定められており、買主候補者は与えられた共通の条件に沿って入札を行います。売主は法的拘束力のある最終提案書を提出した買主の中から、売り先を決定します。この時、最も高い金額を提出した会社が優位ですが、対象会社との相性や現在のマネジメントへの処遇なども加味され、総合的に買主を決定します。

③実務上の方式

このように、広く買主候補を探すことができることや、競争原理が働きやすいため、売主から見てオークション方式のプラス面はあります。しかし、昨今のPEファンドの投資企業の売却先は、資金力のある大企業であることが多く、

その買主となる大企業が、時間的・情報的な制約の多いオークション方式での買収を好まない傾向もあるため、実務上はオープンな形での入札というよりは、PEファンド側で候補先を数社絞った上でのセミクローズ方式での入札や、個別交渉を複数走らせることで、相対取引とオークション取引の良い面を合わせた中間的なプロセスが主流となっています。

コントロールプレミアム

　トレードセールでのイグジットのメリットの1つに、売却価格へのコントロールプレミアムの上乗せがあります。50％超の株式を取得すると、普通決議事項であれば自由に会社を支配できるようになるため、この支配権も考慮してストレートに行ったバリュエーションで算出した株価に対して追加で30～50％程度のプレミアムが上乗せされることがあり、この上乗せ分をコントロールプレミアムといいます。PEファンドは投資先の議決権の過半数を保有していることが多く、この場合にはPEファンドの売却先は、コントロールプレミアムを上乗せしてオファーを出す必要があり、PEファンドがイグジットとしてトレードセールを選択した場合、コントロールプレミアムだけ多く対価が得られる可能性があるため、リターンの観点から好ましいといえます。

(3) IPOでのイグジット

　IPOでのイグジットはトレードセールに比べて件数は少ないものの、前述の通り、直近の実績ではPEファンドのイグジットの10～15％程度がIPOで行われているようです。なお、PEファンドによるIPOは1件当たりの規模が大きい案件が多く、IPOを行うことでメディアなどに取り上げられる機会も増えるため、件数以上に印象に残りやすいといえます。なお、近年でPEファンドが関与したIPO案件で規模の大きいものに、ベインキャピタルと日本産業パートナーズによる「すかいらーく」やペルミラ・アドバイザーズよる「スシローグローバルHD」などがあります。

PE ファンドの売却のプロセスにおいて、トレードセールと比べて相対的に
コストと時間を多くかけてでも IPO が採用される理由の 1 つに、個人投資家
などを含めて新たな株主を探索するという目的があり、特に対象会社が B to
C 向けのビジネスを行っている場合などに当てはまります。また、特に新しい
事業や、独自性のあるサービス、成長分野の事業などは、客観的な企業価値が
わかりづらく IPO を行ったほうがその将来性を含めて高い価格で評価されや
すいというメリットもあります。PE ファンドの実務では IPO は準備期間を要
するため、IPO でのイグジットも視野に入れながら準備を進め、その中でト
レードセールのオファーが来た場合、都度 IPO と比較しイグジット方法を決
定する戦略がスタンダードとなっています。

① IPO 時の PE ファンド売却比率

　IPO 時に発行済みの株式をどの程度市場に放出するかを表す指標にオファリ
ングレシオ（OR：Offering Ratio）があります。一般的な IPO であれば、オ
ファリングレシオが 20 〜 30％程度なら上場後の株価へのインパクトが中立的
といわれます。PE ファンドが関与する IPO 案件では、オファリングレシオは
PE ファンドの持分比率や株主構成によっても異なりますが、40 〜 80％程度
のケースが多く、中には 100％に近い場合もあります。PE ファンドが関与す
る IPO 案件では上場のタイミングでのイグジットが 1 つのゴールであるため、
オファリングレシオが高くなる傾向がありますが、個別の案件ごとに投資リ
ターンの最大化の観点から適正量を市場で戦略的に売却します。

　また、IPO 時にビジネスパートナーや従業員持株会に対して売付を行う「親
引け」があり、PE ファンドの IPO 時にも、新規で募集及び売出しされる株式
数の 0 ％〜 20％程度を上限の目安として「親引け」を行うこともあります。

第3章　ディール全体の流れと実務上のポイント　145

図表3-6　近年の PE ファンドが関与した主な IPO 案件（抜粋）

新規上場時期 （年／月）	銘柄名	主要な売出人	上場市場	上場時時価総額 （億円）
2018 ／ 3	キュービーネット HD	インテグラル	東証一部	270
2017 ／ 12	プレミアグループ	AZ-Star	東証二部	140
2017 ／ 12	アルヒ	カーライル	東証一部	469
2017 ／ 12	カチタス	アドバンテッジパートナーズ	東証一部	644
2017 ／ 10	Casa	アント・キャピタル	東証二部	123
2017 ／ 10	MS&Consulting	東京海上キャピタル	マザーズ	58
2017 ／ 4	ウェーブロック HD	みずほキャピタル	東証二部	83
2017 ／ 3	スシローグローバル HD	ペルミラ・アドバイザーズ	東証一部	989
2017 ／ 3	マクロミル	ベインキャピタル	東証一部	753
2017 ／ 3	ビーグリー	リサ・パートナーズ	マザーズ	110
2016 ／ 10	KH ネオケム	日本産業パートナーズ	東証一部	506
2016 ／ 9	ベイカレント・コンサルティング	CLSA ／リサ・パートナーズ	マザーズ	324
2016 ／ 6	ソラスト	カーライル	東証一部	367
2016 ／ 6	コメダ HD	MBK パートナーズ	東証一部	858
2015 ／ 12	ツバキ・ナカシマ	カーライル	東証一部	607
2015 ／ 11	ベルシステム 24HD	ベインキャピタル	東証一部	1,136
2015 ／ 7	デクセリアルズ	日本政策投資銀行／ユニゾン・キャピタル	東証一部	1,008
2014 ／ 12	テクノプロ	CVC キャピタル	東証一部	664
2014 ／ 10	すかいらーく	ベインキャピタル／日本産業パートナーズ	東証一部	2,330

（出所）日論見書等に基づき筆者作成。

②IPO 後の売却プロセス

　IPO 後の売却プロセスは、大きく分けて2パターンあります。1つは市場にて徐々に売却を実行していくケースで、もう1つはまとまった株式数（10〜50％程度）を事業会社に一括で売却するケースです。このように、イグジットにおいて段階的な売却を行う必要があることは、投資回収が後ろ倒しになるた

め、投資リターンの観点からIPOのデメリットとなります。また、IPO後に全
ての株式を売却するまでイグジットが完了しないため、IPO後もPEファンド
は、対象会社の企業価値を高めるべく対象会社に関与し続ける必要があります。

⑷ リファイナンスによる自社株買い

PEファンドが投資を実行してから一定期間が経過した段階で、対象会社自
身がLBOによって資金を再度調達（リファイナンス）して、PEファンドか
ら一部（または全部）の自社株を買い取るスキームがあります。リファイナン
スによる自社株買いはイグジットに先立って行われることが多く、主な目的は、
①PEファンドのリターンを高める、②IPOの株価対策の2つです。
　①「PEファンドのリターンを高める」は、対象会社がPEファンドから株
式を買い取る過程で、対象会社への投資資金の回収を早期に行い、IRRの観点
からリターンを高める効果があります。また、②「IPOの株価対策」は、PE
ファンドがIPOによるイグジットを検討している場合に、イグジットの前に
対象会社でリファイナンスを行って自社株買いを行うことで、1株当たり利益
（EPS：Earnings Per Share）が上昇するため、IPO時の株価を高める効果が
あります。
　なお、リファイナンスによる自社株買いは、IPOによるイグジットでは対象
会社の借入金などのネットデットの金額は株価に大きく影響せず、PERが株
価決定の指標として優先されることに着目して行われます。

5 PEファンドの代表的な買収スキーム

PEファンドの代表的な買収スキームであるLBOスキーム、MBOスキーム、
リキャップスキームについて、以下では具体的な数値例を用いて解説します。

(1) LBOスキーム

PEファンドが用いる買収スキームとして最もよく用いられるのがレバレッジド・バイアウトと呼ばれる手法で、LBOと略されます。LBOは買収対象会社の資産や将来のキャッシュフローを担保に金融機関などから資金を調達し、少ない自己資本で相対的に企業価値の高い会社を買収できるため、てこ（Leverage）の原理になぞらえてレバレッジド・バイアウトと呼ばれ、投資リターンの観点からPEファンドに不可欠なスキームです。以下ではLBOを①基本スキーム、②のれんが生じる場合、③売主オーナーによる再出資がある場合、の3つのケースに分けて解説します。

①ケース1（LBOの基本スキーム）

図表3－7は、LBOスキームの全体イメージを理解しやすくするために、設定を最もシンプルにした事例です。対象会社（Y社）のオーナーが100%保有するY社株式の持分100%全てを、PEファンドが100億円（エクイティ50億円、ローン50億円）での取得を想定しています。

Step 1

買主であるPEファンドがSPC（X社）をエクイティで50億円出資して設立します。その後、X社が借手となって、金融機関から50億円をローンで調達し、PEファンドのエクイティ出資分50億円と合わせて100億円の資金がX社の手元に入ります。この調達した100億円を用いて、X社がY社のオーナーからY社の株式を100%取得し、Y社はX社の100%子会社となります。

Step 2

Y社株式の取得後、X社とY社間で合併を行い、合併後の新会社（Z社）を作ります。この合併により、PEファンドが直接Z社を100%保有する形と

なり、買収が完了します。この時、金融機関からX社が借手となって実行されたローンは全額Z社に引き継がれ、Z社のバランスシートに計上されます。また、Y社のオーナーの手元に買収対価の100億円から株式売却益にかかる税金を支払った残りの金額が残ります。

結果としてPEファンドはエクイティを50億円の自己資金で、自己資金の2倍のレバレッジを効かせた100億円のY社株式をオーナーから買収できます。

図表3-7　ケース1（LBOの基本スキーム）

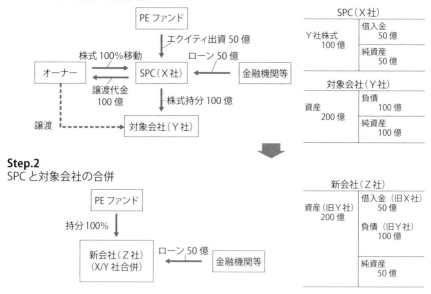

②ケース2（のれんが出る場合）

図表3-8は、新会社（Z社）にのれんが生じる場合です。ケース1との違いは、SPC（X社）による対象会社（Y社）株式の持分100％に対する取得価格が、ケース1より20億円高い120億円で、取得のためにエクイティで50億円、ローンで70億円の合計120億円を調達しています。X社がY社の純資産

を上回る価格でY社株式を取得した場合には、Y社の株式取得後にX社がY社を吸収合併すると、Y社の株式の取得価額の120億円とY社の純資産額100億円の差額分20億円が、のれんとして合併後Z社のバランスシートに計上されます。なおケース1では、Y社の純資産の100億円と、Y社の株式の取得価格の100億円が一致するため、のれんは発生しません。

PEファンドが、キャッシュフローが安定している対象会社をLBOで買収する場合、対象会社の純資産を超える価格での買収が行われることが通常であり、巨額ののれん計上が問題となる事例もあります。

図表3-8　ケース2（のれんが出る場合）

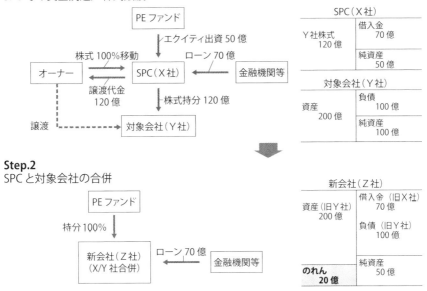

③ケース3（売主のオーナーによる再出資がある場合）

図表3-9は、買主であるPEファンドがSPC（X社）経由で対象会社（Y社）株式を100％取得した後に、Y社のオーナー経営者がX社へ一部再出資を

行うスキームです。PEファンドへの株式譲渡後にオーナーが一定期間、買収後の対象会社の経営に継続関与することは円滑な事業承継の観点からよく行われますが、このときオーナーが対象会社に再出資を行うこともあります。再出資を行うことでPEファンドがイグジットするときのリターンを一部Y社のオーナーも受けることができるため、経営へのコミットメントを高める効果があります。

　ケース3では、X社へのエクイティ出資の50億円のうち、PEファンドからの出資分が40億円（持分80％）、残り10億円（持分20％）がオーナーからの再出資分となるケースで、再出資以外の条件はケース2（のれんが出る場合）と同様です。

Step 1

　PEファンドが40億円を出資してSPCであるX社を設立するとともに、ローンで70億円を金融機関から調達します。また、オーナー再出資分の10億円については、通常、オーナーがY社株式をX社への売却によって得た売却代金が用いられますが、買収資金のキャッシュフローの関係上、Y社のオーナーの手元には株式売却資金がまだ入金されていないため、70億円に加えてつなぎ融資（ブリッジローン）で再出資相当額の10億円の短期借入をX社が行います。このPEファンドのエクイティ出資の40億円とローン80億円を用いて、X社がオーナーからY社の株式の全てを120億円の現金で取得します。

Step 2

　オーナーがY社株式売却で得た資金を用いて、X社の第三者割当増資を10億円分引き受けて株式の20％を取得します。増資後に増資資金としてX社に入った10億円を用いて、Step 1で借入れたブリッジローンの10億円を、金融機関へ返済します。このようにブリッジローンを活用することによって、Y社のオーナーは自身で資金調達をせずに再出資が可能です。

第3章 ディール全体の流れと実務上のポイント

図表3-9 ケース3（売主のオーナーによる再出資がある場合）

Step.1
SPCでの資金調達／株式譲渡

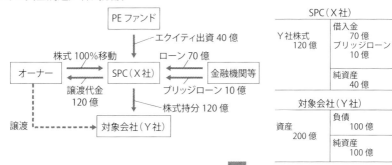

Step.2
オーナーからSPCへの再出資

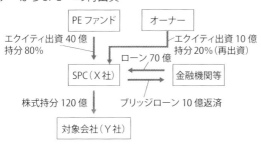

Step.3
SPCと対象会社の合併

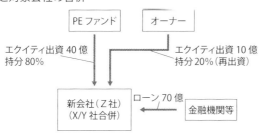

Step 3

ケース 2 と同様に、X 社による Y 社の吸収合併を行い新会社の Z 社ができます。Z 社のバランスシートに金融機関からのローン 70 億円が計上され、資産側にのれんが 20 億円計上されます。また、資本金は PE ファンド出資分の 40 億円とオーナー出資の 10 億円から構成されており、80％対 20％の持分比率で Y 社オーナーの一部再出資が完了します。

④ LBO のレバレッジ倍率について

LBO スキームでレバレッジをどれだけかけられるか、つまり自己資本の何倍相当の価値をもつ企業を買収できるかは、買収対象会社のキャッシュフローの安定性、景気などの要因に左右されます。実績のある PE ファンドが関与する案件であれば、金融機関からの信頼が得やすくレバレッジが効きやすくなる傾向にあります。実務上の感覚として、PE ファンドが関与している案件での標準的なローンの水準は対象会社の EBITDA の 5 ～ 6 倍程度をローンで調達して、エクイティ対ローンが 1 対 2 ～ 3 程度（3 ～ 4 倍程度のレバレッジ）になるケースが多い印象です。なお、資金調達環境が良い場合にはさらに高いレバレッジ倍率で LBO が行われることもありますが、逆にリーマンショック直後など資金調達環境が悪い状況では、優良な会社への投資案件でも、ローンによる調達ができなかったり、最大でエクイティと同額程度までしかローン調達できなかったりします。

⑵ MBO スキーム

PE ファンドが関与して行う MBO を行うケースでも LBO スキームがよく使われます。MBO の場合には前述の LBO スキームのうち【ケース 3（売主のオーナーによる再出資がある場合）】に近く、エクイティ出資者として PE ファンドの他に Y 社の経営陣が SPC の株主に加わることで、Y 社の経営陣も

第3章 ディール全体の流れと実務上のポイント　153

出資額に応じた株式を持ちます。Y社の経営陣が自社をバイアウトしようと考えた場合、対象会社の企業価値が高ければ多額の資金が必要となるためMBOは難しくなりますが、PEファンドの信用力と資金を活用してMBOの実行可能性を高めることができます。なお、PEファンドを手がけるMBO案件は、上場企業が関与した大規模な案件も複数あり、このようなケースでは金融商品取引法や会社法などの法務的な論点が多くあります。これらのMBOに関する法務については第4章212ページで解説します。

(3) リキャップスキーム

PEファンドの買収スキームの1つに対象会社を活用したリキャップスキーム[10]があります。リキャップスキームではまず、対象会社へのPEファンドからの増資、または、対象会社自身で借入を行い、対象会社で資金を調達します。その後、調達した資金で対象会社がオーナーから対象会社の株式の自社株買いを行う、または、オーナーに対して配当を行うことで対象会社の株主資本を圧縮するスキームです。リキャップスキームにより株主資本が圧縮されると、圧縮された分の対象会社の価値が株主であるオーナーに移転するため、対象会社のオーナーが経済的に株式をPEファンドへ譲渡した時と同じ効果が得られます。また、対象会社のオーナーが法人株主である場合には受取配当金の益金不算入制度を活用できるため、オーナーの手元に残るキャッシュフローを増やすことができる場合もあります。以下では対象会社による自己株買いを使ったリキャップスキームについて事例を用いて解説します（図表3－12）。

Step 0

リキャップスキーム実行前の状態であり、オーナーが対象会社（Y社）の株

10　RecapまたはLeveraged Recapitalizationといわれ、資本再構成と訳されます。一般的には借入などで有利子負債を増やして対象会社の自己資本比率を下げ、株主資本を相対的に圧縮し、ROEの向上や資本コスト（WACC）を下げるために実施されます。

式を100％保有しています。PEファンドがエクイティで30億円、ローンで50億円を調達して合計80億円で最終的にY社株式の60％を取得する前提です。なお、この時点でY社の自己資本比率は66.7％で利益剰余金が90億円分蓄積しているとします。

図表3−10　リキャップスキーム実行前の株主構成（Step0）

増資前

	オーナー	PEファンド	自己株式	合計
株数（株）	100	0	0	100
持分比率（％）	100	0		100

Step 1

LBOスキームの時はまずPEファンドが出資してSPCを設立しますが、リキャップスキームの場合にはPEファンドが直接Y社の増資を引き受ける形でY社へ30億円の出資を行います。また、出資と同じタイミングでY社を借手として金融機関から50億円をローンで調達します。これによりY社の手元には調達した現金が80億円入ります。

図表3−11　PEファンドからの増資実行後の株主構成（Step1）

増資後

	オーナー	PEファンド	自己株式	合計
株数（株）	100	30	0	130
持分比率（％）	77	23		100

Step 2

エクイティとローンで調達した80億円を用いて、Y社自身がY社のオーナーから自社株買いをします。これにより、Y社のバランスシートに自己株式80億円が計上され、その分だけ純資産が圧縮されます。また、金融機関からのローンの全額がY社のバランスシートに計上されます。

図表3－12　リキャップスキーム

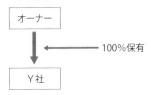

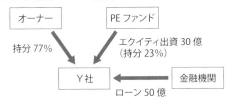

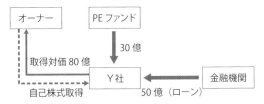

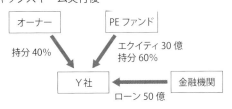

図表3－13　Y社によるオーナー保有Y社株式買取後の株主構成（Step2）

自己株式買取後

	オーナー	PEファンド	自己株式	合計
株数（株）	20	30	− 80	50＊
持分比率（％）	40	60		100

＊ 130株（Step1 合計）− 80株（自己株式）
　 自己株式は存在しないものとして持分比率を計算する

Step 3

　リキャップスキーム実行後では、PEファンドとオーナーの持分比率がそれぞれ60％と40％になり、PEファンドがY社の過半数を取得します。ここで注目すべき点は、通常のLBOでは株式の取得価格のうち、買取比率に対応する対象会社の純資産を上回る部分は、のれんとしてバランスシートに計上されますが、リキャップスキームを利用するとのれんが発生しないため、のれんの償却負担やのれんの減損リスクがなく対象会社に会計上のメリットがあります。

　なお、対象会社で取得した自己株式80億円は利益剰余金を原資として自己株式の消却を行うと、対象会社のバランスシート上の利益剰余金は当初の90億円から10億円に減少し、リキャップ実行前の純資産100億円から、純資産は50億円まで圧縮され、差額の50億円分負債が増加します。また、自己資本比率はスキーム実行前の66.7％から33.3％まで下がります。

　上記の事例では、対象会社による自社株買いのみが行われた場合を想定していますが、実務上は配当や株式取得と組み合わせて案件に応じて柔軟にスキームが設計されます。

　リキャップスキームは、対象会社による自社株買いまたは配当が行われる点を除けば、LBOと近い効果が得られますが、異なる点もあります。両者の主な違いについては図表3－14のように整理されます。

図表3－14　LBO vs. リキャップ

	SPCを活用した LBOスキーム	対象会社を活用した リキャップスキーム
スキームの手順	1　SPCへ出資＋ローン調達 2　旧株主からの株式買い取り 3　合併	1　対象会社で増資＋ローン調達 2　旧株主から自己株式買い取りま 　　たは対象会社からの配当
のれん計上	△あり	◎なし
売主の税務	○個人　譲渡所得（税率20％） △法人　法人課税 　　　　（税率約33％）[11]	×個人　総合課税で50％超となる 　　　　可能性あり ◎法人　配当課税で益金不算入扱い 　　　　となる

（出所）平成30年時点での税制に基づき筆者作成。

(4) 売主の税務

　LBOとリキャップのどちらのスキームを選択するかで、売主の税務で有利不利が生じる可能性があるため、スキーム選択に当たって事前に検討が必要です。売主が個人と法人の場合で、株式譲渡益及び配当に対する税務上の取り扱いが異なるため、まず前提となる税務のポイントを解説し、その後でLBOとリキャップについて、売主の税務の比較を行います。

図表3－15　売主の税務　個人株主 vs 法人株主[12]

項目	売主が個人株主の場合	売主が法人株主の場合
①株式譲渡益の計算方法	株式売却額－（株式取得価額＋株式譲渡費用）	
②株式譲渡益に対する課税	譲渡所得（税率20％）	法人課税（税率約33％）
③配当に対する課税	総合課税（最高税率55％）[13]	法人課税（税率約33％）
④受取配当金の益金不算入制度 　（みなし配当含む）	適用なし	適用あり

（出所）平成30年時点での税制に基づき筆者作成。

11　法人税率は対象会社の課税所得や外形標準課税の適用の有無などにより異なりますが、中小法人では33％程度となることが多いため、表中では法人税率を約33％としています。
12　復興特別所得税は考慮していません。
13　所得税の最高税率45％、住民税率10％の合計です。

①株式譲渡益の計算方法

株式譲渡益の計算方法は、売主が個人か法人かを問わず、同じ考え方で計算されます。

株式の売却額から、株式の取得価額と株式譲渡に関連して支出した費用を差し引いた金額が株式譲渡益です。

株式譲渡益＝株式売却額－（株式取得価額＋株式譲渡費用）

②株式譲渡益に対する課税

税額を算出するにあたって株式譲渡益に乗じる税率は、個人か法人で異なり、売主が個人の場合、株式譲渡益に対する税率は20％で一律かつ譲渡所得として扱われ、分離課税となりその他の所得とは合算されず完結します。一方で売主が法人の場合、株式譲渡益は法人のその他の所得と合算されて課税所得が計算され、最高税率は約33％です。

③配当に対する課税

売主が個人と法人の場合で税務上の取り扱いが大きく異なるのが、非上場株式の配当金を受け取る場合です。個人株主が非上場株式の配当金を受け取る場合、配当所得として総合課税の対象となり、その他の所得と合算され所得金額によって最高税率は55％で、不利な税率となる可能性があります。一方で法人株主の場合、非上場株式の配当を受け取った場合でも、その他の所得と合算されて課税所得が計算され、税率は約33％です。

④受取配当金の益金不算入制度

③の配当に対する課税のうち、法人が配当金を受け取る場合、受取配当金の益金不算入制度があり、株式の保有期間や保有割合によって一定割合の受取配当金が益金不算入となります。一方で個人が配当金を受け取った場合、受取配当金の益金不算入制度の適用はありません。[14] なお、リキャップスキームにお

ける売主の税務を理解する上で重要な概念に「みなし配当」があります。「みなし配当」の考え方については、160ページのコラムで解説します。

図表3－16　受取配当金の益金不算入制度

株式等の区分	株式等保有割合	益金不算入割合	負債利子控除
完全子法人株式等	100%	全額	なし
関連法人株式等	3分の1超	全額	あり
その他の株式等	5％超3分の1以下	50%	なし
非支配目的株式等	5％以下	20%	なし

（出所）平成30年時点での税制に基づき筆者作成。

(5) LBO vs. リキャップ（売主の税務）

　LBOとリキャップにおける売主の税務を検討する場合、リキャップを採用することで税務上有利となる可能性があるのは、受取配当金の益金不算入制度を活用できる法人株主の場合となります。個人株主の場合、LBOで生じる株式譲渡益に対する譲渡所得の税率が20％と優遇されているため、あえて、配当課税で最高で55％の税率となるリキャップを使う状況は限定的です。したがって、株主が法人の場合に限ってLBOとリキャップの比較を行い、受取配当金の益金不算入制度を活用して、税務メリットが取れる場合のみリキャップを検討するべきです。なお、実務上全てリキャップだけでPEファンドが対象会社の買収を完結させるというよりは、リキャップと株式譲渡を組み合わせた買収スキームが、配当可能限度額の制約等からも実務的な手法です。

　なお、上場会社が関与した事例では、KKRによるカルソニックカンセイの買収時などがあります。この時には「特別配当によるリキャップスキーム＋TOB」と「減資」（配当可能額を増やすため）を組み合わせた買収スキームが採用されました。

14　個人では受取配当金の益金不算入制度の代わりに配当控除を受けられますが、受取配当金の益金不算入制度に比べてメリットは小さいケースがほとんどです。

160

コラム──みなし配当とは

　みなし配当は対象会社が自社株買いや組織再編行為を行った場合に、実際には配当を受けていないにも関わらず、株主が株式の対価として受け取った金銭等の額の一部を配当とみなして、税務上取り扱う制度です。以下ではみなし配当の概念について図を使いながら解説します。

図表３−17　株主に係る課税関係（みなし配当のイメージ）

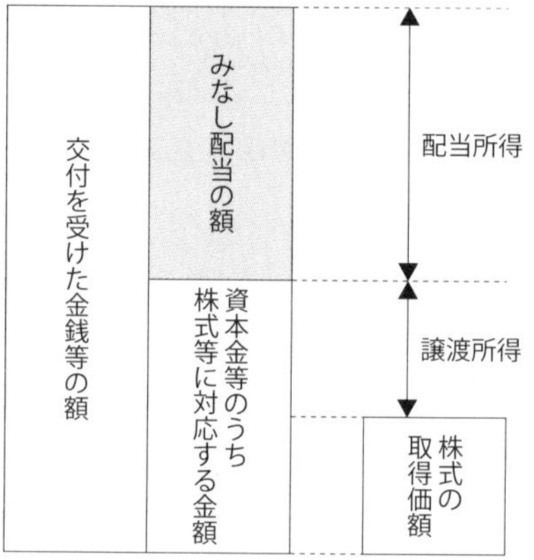

　図表３−17は、個人株主が保有する株式に対して対象会社が自社株買いを実施した場合のみなし配当のイメージ図です。対象会社の純資産のうち、資本金等を超えた利益剰余金部分は、本来配当されていれば、配当所得であった部分です。ここで株式の発行会社が自社株買いをする場合、実質的に資本の払い戻しが行われていることになるため、利益剰余金のうち払い戻された持分に該当する部分は、配当がおこなわれたとみなして株主側で配当を受けたとして税務上取り扱い、これを「みなし配当」といいます。個人株主の場合にはみなし配当の額は、配当所得として総合課税となり最高税率は55％となります。

　一方で、法人株主の場合も同様にみなし配当を認識しますが、受取配当金の益金不算入制度が利用でき、かつ、その他の所得と合算され税率も約33％となるため、税務上のメリットが得られる可能性があります。

6 バリュエーション

バリュエーション（Valuation）とは、資産の価値算定やM&Aにおける対象会社の企業価値や株主価値を算定することをいい、主に取得を検討している対象資産をいくらで評価するのかを決定する場面で用いられます。PEファンドが投資の検討を行うにあたって、独自で対象会社のバリュエーションを行いますが、PEファンドがバリュエーションをどのようなロジックで行うのかを売主側でも理解することは、スムーズな取引やPEファンドの本質を理解する助けとなります。

以下では、ファイナンス上で重要となる2つの価値の概念について説明するとともに、PEファンドが投資の検討を行うにあたり、実務上どのようにバリュエーションを実施しているのかを数値例を使って解説します。

(1) 企業価値と株主価値

バリュエーションを行う上で理解する必要がある企業に関連する価値の概念として、企業価値と株主価値があり、ファイナンスの教科書などでは以下のように定義されていることが一般的です。

企業価値（EV：Enterprise Value）は、企業が事業資産と事業負債を用いて将来生み出すキャッシュフローの現在価値[15]であり、企業価値の算出には類似上場会社比較法（マルチプル法）やDCF（ディスカウンテッド・キャッシュ・フロー）法などのバリュエーション手法が用いられます。企業価値は債権者に帰属する価値のネットデット（純有利子負債）と株主に帰属する価値の

15　企業が事業資産と事業負債を用いて将来生み出すキャッシュフローの現在価値であるEVを事業価値として、事業価値に企業が保有する非事業用資産の価値を加えたものを企業価値とする考え方も日本ではよく見かけますが、本書においては非事業用資産については考慮せず、事業価値＝企業価値と考えています。

株主価値（SV：Shareholder Value）から構成され、以下の関係式が成立します。

企業価値（EV）＝ネットデット＋株主価値（SV）
（企業価値（EV）－ネットデット＝株主価値（SV））

株式譲渡スキームで、企業価値が100億円、ネットデット20億円を有する対象会社の株式の100％を取得する場合には、80億円（100 － 20 ＝ 80）が理論上の株主価値、つまり株式の取得対価となります。

図表3－18　企業価値と株主価値

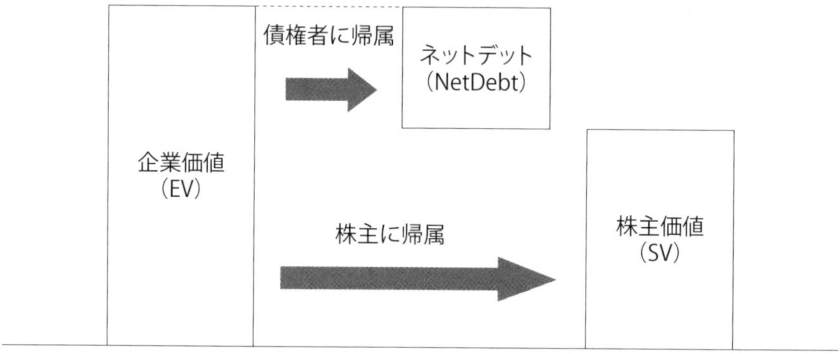

企業価値	企業が将来生み出すキャッシュフローの現在価値
株主価値	企業価値から純有利子負債(ネットデット)を差し引いた株主に帰属する価値

(2) EBITDA 及び EV/EBITDA 倍率とは？

実務上、企業から生じるキャッシュフローの指標として EBITDA（Earnings Before Interest, Tax, Depreciation and Amortization）がよく用いられます。EBITDA は営業利益に減価償却費とその他償却を加算して算出されます。イメージとしては、営業利益という企業の本来の営業活動から生じた利益に、非資金支出費用を足し戻した、簡易の営業キャッシュフローを表す指標です。

EBITDA は計算ロジックが簡便であり、対象会社の損益計算書程度の情報があれば算出できるため使い勝手がよく、M&A の初期のバリュエーション手法としては、EBITDA に、企業価値（EV）が EBITDA の何年分かを表す倍率（EV/EBITDA 倍率）を乗じて企業価値を算出します。

企業価値（EV）= EBITDA × EV/EBITDA 倍率

PE ファンドが投資を検討するにあたり初期的なバリュエーションを行う場合、対象会社から入手した直近の決算書などから EBITDA を算出した上で、対象会社の同業種でよりビジネスモデルの類似性が高い上場企業を複数社抽出し、これらの会社の有価証券報告書などの公開情報から平均 EV/EBITDA 倍率を算出し、その平均 EV/EBITDA 倍率を、対象会社の EBITDA に乗じて企業価値を算定します。なお、業種にもよりますが対象会社がある程度成熟した企業であれば、EV/EBITDA 倍率は 4 〜 8 倍程度、IPO に近いフェーズの企業であれば、6 〜 10 倍かそれ以上の EV/EBITDA 倍率が 1 つの目安となっています。また、新興国などへの投資案件では、市場の成長性やインフレ率などが考慮されて 10 倍以上の EV/EBITDA 倍率がスタンダードになっています。

(3) PE ファンドのバリュエーション実務

PE ファンドが対象会社のバリュエーションを行う場合には、初期投資額と 3 〜 5 年後のイグジット時のキャッシュインフローを考慮した投資リターン分析の考え方がベースとなっており、以下(A)、(B)の流れでバリュエーションが行われることが多いようです。

(A) EV/EBITDA 倍率を用いて初期的なバリュエーションを行う
(B) イグジットまでのシナリオを含むモデルを作成し IRR の観点から(A)の妥当性を検証する

(A)では、対象会社から入手した直近の EBITDA の実績値をベースに PE ファンドごとに判断した EV/EBITDA 倍率を乗じて初期的な企業価値の算定を行います。この時の EBITDA はイレギュラーな取引の修正や会計処理の誤りの訂正などを反映させた、修正 EBITDA が用いられますが、この修正 EBITDA を精緻化するプロセスはデューデリジェンスなどを通して行われます。

(B)では、対象会社から入手した事業計画などをベースに、投資後のイグジットまでのシナリオを含む将来キャッシュフローのモデルを作成して、(A)で算出した価格で投資を行った場合の投資リターンを IRR の形で算出します。

以下では PE ファンドのバリュエーション実務の一般的な手法について、数値例を用いて解説します。

①トレードセールによるイグジットシナリオの場合

投資案件の前提（トレードセール）

- 株式取得割合　　　　　　　　　　100％
- 対象会社の直近 EBITDA　　　　　10 億円
- 対象会社の投資前のネットデット　ゼロ
- イグジット　　　　　　　　　　　3 年後にトレードセールでイグジットを想定
- レバレッジ　　　　　　　　　　　2 倍
- PE ファンドの期待利回り　　　　　20％

(A)EV/EBITDA 倍率による検討

まず初期的なバリュエーションとして、EV/EBITDA 倍率によるバリュエーションを行います。対象会社と同業種で業務内容や会社規模の比較的近い上場会社の 5 社の情報を抽出して EV/EBITDA 倍率を図表 3 - 19 のように算出しました。

この場合 A 社から E 社の 5 社は上場企業であるため、株主価値は株式時価総額となるため簡単に入手できます。株主価値とネットデットの合計が企業価値（EV）になり、EV を EBITDA で割ることにより、EV/EBITDA 倍率が算

第3章 ディール全体の流れと実務上のポイント　165

出され、これら5社の平均値を取って、8倍が本案件で用いる EV/EBITDA
倍率となります。[16] この8倍の EV/EBITDA 倍率を対象会社の直近の
EBITDA 実績である10億円に乗じることで、(A)の手法による対象会社の企業
価値（EV）は、10億円×8＝80億円と算定されます。なお本事例では類似
上場会社は5社としていますが実務上は5社以上から抽出される場合もありま
す。

図表3－19　EV/EBITDA 倍率の算出例

(億円)

	A社	B社	C社	D社	E社	
営業利益	10	20	50	40	30	
減価償却費	3	5	25	15	20	
EBITDA	13	25	75	55	50	
時価総額（SV）	100	150	500	460	330	
ネットデット	17	25	100	35	20	
企業価値（EV）	117	175	600	495	350	平均値
EV/EBITDA（倍）	9.0	7.0	8.0	9.0	7.0	8.0

(B)イグジットシナリオによる IRR の観点からの(A)の検証

(A)で算出された初期のバリュエーションの結果を投資モデルに当てはめて、
IRR の観点から検証を行います。図表3－20の EBITDA 予測は対象会社の
事業計画をベースに算定したものとします。

　図表3－20の事例では、LBO によるレバレッジは2倍を想定しているため、
80億円の投資額のうち半分の40億円をエクイティによる出資、残り半分の40
億円を金融機関からのローンで調達しています。また、事業から発生した
キャッシュフローを用いて毎年5億円ずつローンを返済していくシナリオと

16　実務上は類似上場会社と比較した EBITDA 倍率に加えて143ページで記載したコントロールプ
　レミアムを考慮して倍率が上乗せされることもありますが、本事例では簡便化のためコントロール
　プレミアムは考慮していません。

図表3－20　トレードセールによるイグジット

（億円）

	投資時	1年目	2年目	3年目
(ⅰ)EBITDA予測	10	11	13	15
(ⅱ)EV/EBITDA倍率（倍）	8.0			8.0
(ⅲ)EV（企業価値）（ⅰ×ⅱ）	80			120
(ⅳ)ネットデット（LBOローン調達分）	40	35	30	25
(ⅴ)SV（株主価値）（ⅲ－ⅳ）	40			95
初期投資額（エクイティ）	－40			
IRR（％）				**33**

なっています。なお、イグジットは3年目でのトレードセールを想定し、3年目のイグジット時の予測EV/EBITDA倍率は、類似上場会社の平均値を用いて8.0倍としています。このケースで投資から3年後に対象会社を株式譲渡のスキームで持分の100％を95億円で売却した場合、3年後にPEファンドが手にするキャッシュインフローは95億円[17]となり、エクイティの初期投資額の40億円を用いて、本件投資によるIRRを計算すると33％となります。この場合の想定IRRの33％はPEファンドが期待する投資利回りの20％を上回っているため、PEファンドは80億円で投資が可能であれば、理論上は投資を実行します。

つまり、イグジットのリターン分析を踏まえて本事例であればPEファンドの期待利回りが20％を下回らないシナリオである限り、理論上は投資実行することが合理的なため売主からの要求や競合他社の存在を考慮して、PEファンドとしては80億円よりも高い金額を提示できる余裕があります。

例えば図表3－21の例では、図表3－20の当初の想定であるエクイティ出資40億円から15億円分エクイティを増やして、95億円で投資（投資時のEV/EBITDA倍率9.5倍）を行った場合でも、市場平均のEV/EBITDA倍率

17　簡便的に株式譲渡益にかかる税金の影響は考慮していません。

第3章　ディール全体の流れと実務上のポイント　　167

図表3-21　トレードセールによるイグジット（上限額のケース）

（億円）

	投資時	1年目	2年目	3年目
(ⅰ)EBITDA 予測	10	11	13	15
(ⅱ)EV/EBITDA 倍率（倍）	**9.5**			8.0
(ⅲ)EV（企業価値）（ⅰ×ⅱ）	**95**			120
(ⅳ)ネットデット（LBO ローン調達分）	40	35	30	25
(ⅴ)SV（株主価値）（ⅲ−ⅳ）	55			95
初期投資額（エクイティ）	− 55			
IRR（%）				**20**

である 8.0 倍よりは入口の価格は高くなりますが、IRR は 20％となり、本事例での PE ファンドの要求利回り 20％を満たすため 95 億円までは投資可能というバリュエーションとなります。なお、実務上は不確実性を考慮して EBITDA のシナリオとしてベースケースの他に、保守的に EBITDA を予測したダウンサイドケースなどの 2～3 種類のシナリオを用意してバリュエーションを行います。

　また、当初のバリュエーションの結果から財務デューデリジェンスの結果を反映して直近の修正 EBITDA や修正事業計画に基づく EBITDA 予測などが作成され、SPA 締結までバリュエーションは繰り返し修正されます。したがって、PE ファンドが行うバリュエーションでは前述した.

　(A)EV/EBITDA 倍率を用いて初期的なバリュエーションを行う
　(B)イグジットまでのシナリオを含むモデルを作成し IRR の観点から(A)の妥当性を検証する

　(A)、(B)のステップを繰り返し、取引全体を通して修正と検証を行いながら実施されています。

②IPO によるイグジットシナリオの場合

138 ページの PE ファンドのイグジットのパートでも記載した通り、PE ファンドはイグジット戦略として IPO の準備を進めつつ、並行してトレードセールでの売却も行っていくのがスタンダードな方法です。したがって、バリュエーションについても、イグジットのシナリオとして IPO の可能性もある場合には IPO のシナリオについても併せて検討が行われます。以下では、IPO でのイグジットを想定した場合の投資リターンの分析の手法について数値例を用いて解説します。

投資案件の前提（IPO）

- 株式取得割合　　　　　　　　　　100%
- 対象会社の直近 EBITDA　　　　　10 億円
- 対象会社の直近の当期純利益　　　 4 億円
- 対象会社の投資前のネットデット　 ゼロ
- イグジット　　　　　　　　　　　IPOで4年後50%、5年後50%の売却を想定
- レバレッジ　　　　　　　　　　　2 倍
- PE ファンドの期待利回り　　　　　20%

IPO によるイグジットシナリオのバリュエーションにおいても、トレードセールの場合と手法は同じで、前述した(A)、(B)の手順でバリュエーションを実施します。

(A)のステップでは、図表 3 − 19（165 ページ）で記載したトレードセールのケースと同じ条件で、企業価値（EV）は、10 億円× 8 ＝ 80 億円とし、レバレッジを 2 倍、エクイティ 40 億円、ローン 40 億円で調達すると想定します。この時、図表 3 − 22 中の初期投資額にはエクイティ分 40 億円が入ります。

(B)は、IPO によるイグジットを想定した場合の投資リターン分析を行います。IPO でイグジットを行う場合には、IPO のタイミングで持分の 100%の売却を

図表３－22　IPO によるイグジット

（億円）

	投資時	1年目	2年目	3年目	4年目	5年目
(ⅰ)当期純利益	4	7	9	10	11	12
(ⅱ)予測 PER（倍）					20.0	20.0
(ⅲ)SV（株主価値）（ⅰ×ⅱ）					220	240
(ⅳ)IPO ディスカウント（ⅲ×30％）					66	72
(ⅴ)SV IPO ディスカウント後（ⅲ－ⅳ）					154	168
(ⅵ)株式売却割合（％）					50	50
(ⅶ)売却による CF（ⅴ×ⅵ）					77	84
初期投資額（エクイティ）	－ 40					
IRR（％）						**36**

┗ ①トレードセールによるイグジット。図表３－20 のシナリオと同じ初期投資額を想定

行うこともありますが、一度にすべての株式を市場で売却すると市場の株式の需給バランスから株価が下がる可能性があるため、4年目でIPOを行い持分の50％を市場で売却し、5年目で残りの50％を市場で売却するシナリオを想定します。なお、IPO 市場では EV/EBITDA 倍率ではなく、当期純利益にPER を乗じてバリュエーションを行うことが一般的で、この時の PER には類似上場会社の PER 平均を用います。

図表３－23　PER 倍率の算出例

（億円）

	A社	B社	C社	D社	E社	
当期純利益	5	10	25	20	15	
時価総額（SV）	100	150	500	460	330	平均値
PER（倍）	20.0	15.0	20.0	23.0	22.0	20.0

　図表３－23 の例では A 社から E 社の５社分の PER の平均値を取り、イグジット時の想定 PER は 20 倍を採用し、当期純利益予測にこの PER を乗じて、イグジット時の株主価値を算出しています。なお IPO の場合にはバリュエー

ションで算出された株価から、一定程度ディスカウントされた株価で売出しをすること、IPOディスカウントを行うことが慣例であるため、本事例では30%をIPOディスカウントとして採用しています。

IPOディスカウント後の株主価値に4年目と5年目の売却割合の50%を乗じたものを売却によって得られるキャッシュフローとすると、4年目に77億円と5年目に84億円がそれぞれキャッシュフローとして生じる予測となります。このケースにおいて、投資時のエクイティ出資額の40億円と得られるリターンの関係からIRRを算出すると36%となり、IPOシナリオにおいてもPEファンドが期待する利回りの20%を上回ることが想定されるため、エクイティ出資40億円、ローン40億円の合計80億円の入口のバリュエーションであればPEファンドの投資判断として投資を実行することが合理的な判断となります。

(4) 買収価格決定のメカニズム

これまではPEファンドが行うバリュエーションの手法を解説してきましたが、以下ではM&Aにおいて買収価格が形成されるメカニズムを簡略化して解説します。モノやサービスでは、提供する側と提供を受ける側が考える価値が一致した時に価格が形成され、取引が成立しますが、M&Aにおいてもこの経済の基本原理は働きます。デューデリジェンスの結果や交渉を通して、売主と買主の間で価値のすり合わせが行われますが、売主と買主が考える価値のズレが大きい場合には交渉は難航します。このズレというのは価値（バリュー）の概念の違いから生じるものです。図表3－24は売主と買主からみた価値の違いを図式化したものです。

①セラーズバリュー

セラーズバリューは「売主が考える自社の価値」です。売主は通常、自社の事業計画をベースとした将来キャッシュフロー予測を用いてセラーズバリュー

図表3-24　3つの異なるバリューに対する概念図

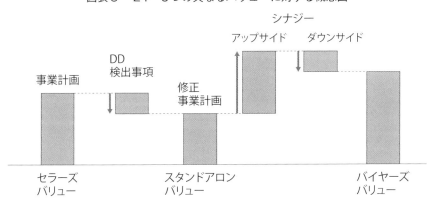

を算定しますが、売主は自社を高く評価する（高く売却する）インセンティブが働くため、事業計画は売主の希望も含んだポジティブなものになる傾向があります。

②スタンドアロンバリュー

スタンドアロンバリューは「会社単体の純粋な価値」です。買収にあたり、買主がセラーズバリューを鵜呑みするケースはまれであり、通常、買主はデューデリジェンスを通して対象会社の純粋な価値を算定しようとします。デューデリジェンスの検出事項を価格調整項目や事業計画の修正項目として反映させてセラーズバリューは修正され、結果として対象会社の純粋な価値であるスタンドアロンバリューを算定します。算定プロセスからもわかるように、スタンドアロンバリューはセラーズバリューよりも低くなるのが一般的です。買主からみてスタンドアロンバリューは価格交渉時の目線として重要です。

③バイヤーズバリュー

バイヤーズバリューは「買主からみた価値」です。一般的にスタンドアロンバリューにM&Aによるシナジーを考慮したバリューをいいます。バイヤー

ズバリューは、M&Aの結果、買主が得られる価値の理論上の最大値であり、買主がバイヤーズバリューより高い価格で買収を行う場合、高値掴みしたことになります。この場合、多額の会計上ののれんが発生するため、買主は多額ののれん償却費負担やのれんの減損リスクを抱えます。PEファンドの運用会社である無限責任組合員（GP）は、出資者であるLPから善管注意義務を負っており適正なファンド運営が要求されるため、バイヤーズバリューを正しく見極め、高値掴みをしないことが重要です。

④最終的な価格決定

　上記の３つの価値の概念を利用して考えると、最終的な買収価格は理論上スタンドアロンバリューとバイヤーズバリューの間で決まることがわかります。つまり、買収で発生するシナジーを売主と買主でどの程度分け合うかを価格交渉で決めており、買収のシナジーは買主だけが享受するわけではなく、売主にもその価値が一定程度帰属すると考えられます。もちろん、実際の取引では考慮すべき事項は多岐にわたりシナジーの取り分以外の要素を含みますが、売主と買主双方が価格決定のメカニズムを理解することでスムーズな交渉の助けとなります。

7 デューデリジェンス

⑴ デューデリジェンスとは

　PEファンドが買収を行うとき、事前に買収の対象会社についてデューデリジェンスが行われます。デューデリジェンスは、M&Aを行うか否かの意思決定をするにあたり、対象会社やその事業（環境）などについての情報の収集、分析及び検討を行う手続です。対象会社のデューデリジェンスは、対象会社の規模・事業内容等に応じて、財務、税務、ビジネス、法務、環境、人事、不動

産、システム等について、会計士、税理士、弁護士などのそれぞれの専門家が起用されて行われることがあります。デューデリジェンスにおいては、①対象会社に買収の支障となるような問題がないか、②対象会社の企業価値（買収価格）はどのくらいか、③買収を行うために必要な手続はないか、④買収後に行いたい事業を行うことができるかなどについての調査が行われます。

　買主であるPEファンドによる対象会社のデューデリジェンスは、対象会社の規模や事業内容によりますが、3週間から2ヶ月程度で行われます。対象会社が海外においても事業を行っている場合（海外に子会社がある場合を含む）には、現地の法律や会計基準に基づく調査が必要となるため、現地の法律事務所や会計事務所を利用した調査が行われることがあります。資料開示の準備や詳細な質問に対応するため、経営企画、経理、法務、人事等の対象会社の各部門の担当者の協力が必要となり、通常の業務を行いながらデューデリジェンスの対応を行うことは、対象会社の従業員にとっては負担となることもあります。そのため、デューデリジェンスは、売主側及び買主側のアドバイザーの協力を得つつ効率的に進めることが重要になります。

⑵　デューデリジェンスの流れ

　一般的なデューデリジェンスの流れのイメージを図にすると、図表3－25のようになります。以下ではデューデリジェンスの大まかな流れを図表3－25に沿って解説します。

①依頼資料リストの送付・初期情報の開示・VDRの開設

　一般的なデューデリジェンスでは買主から対象会社へ依頼資料リストが送付されることから始まります。図表3－26は各デューデリジェンスにおける依頼資料の一例です。

　デューデリジェンスの依頼資料は、対象会社の業種やデューデリジェンスのスコープ（業務範囲）によって内容は都度異なりますが、財務・税務、法務、

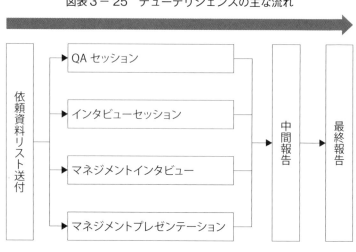

図表3−25 デューデリジェンスの主な流れ

ビジネスなどのそれぞれのデューデリジェンスでは、多くの必要資料が重複するため、対象会社とデューデリジェンスを行うチームとの窓口を一本化して効率よく資料のやりとりを行うことがスムーズなデューデリジェンスの進行に欠かせません。

なお、規模の大きい案件や、買主候補が複数いる入札案件などでは、依頼資料をやり取りするために、セキュリティ、効率性、情報統制などの観点から、バーチャルデータルーム（VDR：Virtual Data Room）と呼ばれるインターネット上のデータルームを開設することが多くなっています。

② QAセッション／インタビューセッション

依頼資料リストでリクエストされた資料のやり取りと並行して、買主からの質問に対象会社が答えるQAセッションが始まります。QAセッションでは、質問事項が記載されたQAシートが売主へ送付され、対象会社が順次質問に回答していく形式が一般的です。QAシートの中には、依頼資料リスト記載の資料の未提出分について、提出を促す項目も含まれます。質問事項は資料の提

第3章　ディール全体の流れと実務上のポイント　　175

図表３−26　デューデリジェンスの依頼資料例（一部）

財務及び税務
バランスシート／損益計算書／月次試算表／勘定科目明細／総勘定元帳／補助元帳／固定資産台帳／設備投資計画／得意先一覧／仕入先一覧／従業員一覧／借入契約一覧／リース契約一覧／引当金計算根拠資料／過去の税務申告書一式／税務調査に関する事項／税務上の届出書類／法人税等の更生・決定通知　等
法務
定款／社内規程／株主総会議事録／取締役会議事録／組織図／株主名簿／所有・賃貸不動産関連書類／知的財産権関連書類／借入関連書類／重要な契約書／許認可証／法令遵守・内部監査書類／労働協約・労使協定／労働組合関連書類／訴訟資料／クレーム一覧　等
ビジネス
商品・サービス一覧／顧客属性に関する資料（年齢・地域別・サービス別等）／商品別単価及び利益率／顧客獲得コストに関する資料／競合他社一覧／進出及び撤退計画／セグメント別業績資料　等

供や読み込みが進むにつれて順次追加されますが、対象会社が即答できる内容ばかりではなく、量も多くなりがちです。加えて時間の制約もあるため、対象会社はFAを活用し優先度の高いものから効率的に対応することが必要です。また、質問によっては口頭でまとめて回答する方が効率的な場合もあるため、QAシートのやり取りに加えて、対象会社の各担当者へのインタビューセッションがセッティングされます。なお、インタビューセッションについては、売却を検討しているという情報が対象会社内に必要以上に広がることを防ぐため、対象会社で実施する場合でも別名目でインタビューを組んだり、対象会社の外部で実施したりするなど、対象会社への配慮がなされます。

③マネジメントプレゼンテーション／マネジメントインタビュー

(a)マネジメントプレゼンテーション

　ディールの中で対象会社の経営陣から買主であるPEファンドへ向けたプレゼンテーションが設けられることが多く、マネジメントプレゼンテーションと呼ばれます。マネジメントプレゼンテーションでは、対象会社の事業戦略や魅力などがマネジメントの生の声として直接買主へ伝えられ、入手資料やホーム

ページ上ではわからない情報を多く含むため、買主の対象会社への理解が進みます。このような特性があるため、マネジメントプレゼンテーションはデューデリジェンス前などディールの序盤で実施されることで、円滑なデューデリジェンス進行の助けとなります。

(b)マネジメントインタビュー

マネジメントプレゼンテーションとは逆に、買主から対象会社のマネジメントへのインタビューの機会も設定され、マネジメントインタビューと呼ばれます。マネジメントインタビューは、対象会社のマネジメントに対するデューデリジェンスであり、デューデリジェンスの重要な手続の1つに位置付けられます。

マネジメントインタビューの主な目的は、以下のように整理されます。

- 経営陣の人となりを理解し、信頼関係を構築する
- 事業戦略、事業計画の理解を深める
- 買収後の現経営陣の継続関与に関する意思確認をする
- 各種デューデリジェンスにおける不明事項や質問事項を確認する

上記のうち特に重要なのは、PEファンドと対象会社の経営陣がお互いの人となりを理解し、信頼関係を構築することです。また、対象会社の経営陣が考える事業戦略や事業計画への理解を深めたり、オーナーチェンジ後に対象会社の現経営陣の継続関与の意思や買収後の運営体制についてお互いの考えを確認したりする目的もあります。なお、マネジメントインタビューはディールの進捗状況に応じて複数回設定されることが理想ですが、時間の制約上1回のみ実施される場合もあります。また、マネジメントインタビューを実施するタイミングは、ある程度デューデリジェンスが進んで会社への理解が深まった段階が多いようです。

④ 中間報告／最終報告

①～③までの手続がある程度進んだ段階で、デューデリジェンスチームから
PE ファンドへ中間報告が行われます。中間報告では、エグゼクティブサマ
リーという検出事項の要点をまとめたドラフトベースの資料で報告が行われる
こともあります。デューデリジェンスの進捗状況にもよりますが、重要な論点
は中間報告以前の段階で都度 PE ファンドへ報告が行われており、中間報告の
時点の情報をもって、PE ファンドは投資の意思決定を行うケースもあります。
なお、中間報告で追加の質問が出た場合や中間報告時点での調査項目の積み残
しは、最終報告までの間に調査が行われ、都度、PE ファンドへ報告されます。
また、これらの中間報告の各種デューデリジェンスのレポートは LBO ローン
のレンダーである金融機関にも適宜共有されます。

最終報告では、完成版のレポートが買主に提出され、質疑応答が行われた後
で特段修正項目がなければ、この時点でデューデリジェンスは完了します。

(3) デューデリジェンスにおける情報開示義務

対象会社の株主である売主は、デューデリジェンスを受けるに際し、買主で
ある PE ファンドに対して、情報を開示する義務を負うのでしょうか。

M&A のように私人間の取引においては、私的自治の原則が適用されるため、
原則として、売主はそのような情報開示義務を負いません。もっとも、契約締
結前であっても、信義則に基づき相手方に対して一定の注意義務を負う場合が
あるとされており、デューデリジェンスの局面においても、売主は買主に対し
て虚偽の情報を開示してはならないという、消極的な意味での情報開示義務を
負うと考えられています。また、売主が先行して開示した情報に基づき、買主
において一定の認識が形成されている状況において、その後実際の状況が当該
認識と大幅に乖離することが明らかになった場合に、売主が買主の認識を是正
する義務を負うとした裁判例があります。

しかし、売主は、通常、買主に対して自ら積極的に情報開示をする義務まで

は負っていないと考えられています。また、買主がデューデリジェンスの中で特定の情報の開示を具体的に要請してきた場合においても、必ずしも売主は要請に応じて情報開示を行う義務を負うものではないとする見解が有力です。

このように、売主は、買主に対して、原則として法的に情報開示義務を負ってはいないと考えられるものの、実務上は、株式譲渡契約書の中で特定の事実関係や重要な情報を開示したことについての表明保証を買主から求められることがあり、売主は、契約違反とならないように情報開示を行わなければならないことも多いと考えられます。

⑷ 各デューデリジェンスのポイント

ここまでは、デューデリジェンスの実務上の流れや情報開示義務について解説しましたが、以下では、財務、税務、ビジネス、法務、セラーズの順で各デューデリジェンスの概要や調査のポイントを解説します。デューデリジェンスで買主がどこに注目するかを売主が理解することは、デューデリジェンスを円滑に進める上で重要です。

①財務デューデリジェンス

財務デューデリジェンスは、対象会社の過去の財務諸表を中心に会社の財政状態、収益力、資金の状況などを多方面から調査し、買主の買収の意思決定に役立つ情報を提供します。以下では財務デューデリジェンスの主要な分析の(a)損益計算書（収益力）分析、(b)貸借対照表（財政状態）分析を中心に解説します。

⒜損益計算書（収益力）分析
●収益力分析の重要性
買主は対象会社の事業計画をベースとした将来キャッシュフロー予測を用いてバリュエーションを行います。170ページ「買収価格決定のメカニズム」で

も解説したように、買主は売主から提出された事業計画を鵜呑みにするのではなく、過去の実績と計画値の整合性や、買収によるシナジーなどを考慮して、最終的なバリュエーションを行います。このようなバリュエーションに必要な情報を買主に提供することが財務デューデリジェンスの重要な目的の1つであり、これらの情報は主に対象会社の損益計算書の分析から得られ、収益力分析と呼ばれます。対象会社の将来の収益力を予測することは簡単ではありませんが、少なくとも過去の実績は、すでに発生した事実の積み上げであり、基本的に検証が可能です。過去の事業のトレンドは将来にわたり一定の継続性があるため、財務デューデリジェンスにおける収益力分析は過去の実績を中心に分析を行います。

　また、事業計画の初年度の数値は、対象会社の直近事業年度の実績数値を用いるため、事業計画の発射台である直近の財務諸表が正しく作成されていることが、事業計画の精度を高める上で重要であるため、直近事業年度の決算数値の精緻化も重要な調査項目です。

●会計処理の正確性及び会計方針の調査

　対象会社が上場企業である場合を除いて、通常は税務申告を目的とする税務会計をベース決算書に作成しており、一般に公正妥当と認められた会計原則（GAAP：Generally Accepted Accounting Principles）に基づいた、企業の正しい収益力を反映した財務諸表を作成していません。そのため、財務デューデリジェンスでは対象会社の損益計算書が会計的な目線からどの程度正しく作成されているかを調査します。具体的な調査項目には、

- 売上や費用の認識基準は正しいか
- 賞与引当金、退職給付引当金などの会計的な引当金が正しく計上されているか
- 未払費用、前払費用などの経過勘定は適切に用いられているか
- 減価償却は会計上のルールに則って規則的かつ継続的に行われているか

などがあります。また、費用の計上漏れや総勘定元帳と試算表の残高が合っ

ていないなどのシンプルな処理ミスや、担当者の経理能力の確認、承認、ダブルチェックなどの社内の管理体制なども調査されます。

●正常収益力分析

正常収益力分析は、対象会社の過去の損益のうち非経常的に発生するもの（一時的な補助金収入やリストラ関連費用など）については、会社の正常収益力を構成しないとして、これらの要因を除いて実力値である正常収益力を算出します。逆に営業外損益を構成する項目でも、作業工程上継続して発生する鉄くずをリサイクル業者に毎期売却したり、工場の排熱を利用して発電した電気を電力会社へ売却したりする場合には、これらの項目も会社の正常収益を構成すると考えます。他にも、特別損失に減損損失が計上されているケースでも、飲食チェーンが戦略として毎年に一定程度の出退店、またはリニューアルを繰り返し行う場合には、会計上は特別損失に計上されていても、経常的に発生したものと扱い、正常収益に含めるべきといえます。

このような事例からわかるように、何が対象会社にとって正常収益力かは財務諸表を単純に見ているだけではわからないことも多く、財務デューデリジェンスを通して対象会社のビジネスやマネジメントの考え方などを深く理解した上で実態に沿って調整される必要があります。

●プロフォーマ調整

買収後に不採算事業を廃止する前提で事業計画が作られていた場合、仮に過去にも当該事業が廃止されていたとして、比較可能性の担保のために過去の実績を調整する必要があり、このような調整をプロフォーマ調整といいます。買主がPEファンドである場合、部門の統廃合や人材の補強などにより収益構造やコスト構造が大きく変わりやすいため、プロフォーマ調整は重要です。

●関連当事者取引

収益力分析に関連して、デューデリジェンスの重点調査項目に関連当事者と

の取引があります。関連当事者とは、対象会社の株主、役員及びその親族、兄弟会社などをいい、これらの関連当事者と対象会社との取引を関連当事者取引といいます。

特に対象会社が非上場のオーナー企業の場合、関連当事者取引は、独立当事者間で取引を行う場合と異なる条件で取引が行われることが少なくありません。このような場合、当該取引が独立当事者間で行われていたとして正常収益力の調整を行います。なお、関連当事者取引は税務や法務デューデリジェンスでも関連する論点が多く、デューデリジェンス全般での重点調査項目です。

● スタンドアロンイシュー

スタンドアロンイシューとは、ある企業グループの子会社や企業の部門を買収した場合に、対象会社や部門が、買収前に帰属していたグループから得られていたメリットが得られなくなることで、発生する問題をいいます。スタンドアロンイシューには大きく分けて2つのパターンがあります。

1つ目は、これまでグループ会社間取引として優遇されていた取引が、買収をきっかけにグループから外れた結果、第三者と同じ取引条件に変更されることで生じるコスト増や支払条件の変更などの問題です。また、条件変更にとどまらず、旧グループ間の売上が買収を機になくなることもあります。

2つ目は、企業グループの一員として提供されていたサービスを受けられなくなるという問題です。バックオフィス費用やIT費用などを買収前は親会社や本部がまとめて負担していた場合にはグループを外れることで、これらのサービスを自前で調達する必要があり、コスト増につながります。なお、これらのスタンドアロンイシューに関する発見事項はプロフォーマ調整の対象となる事項です。特に売主がオーナー企業の場合、オーナーチェンジや役員の変更の結果生じる属人的な関係性の変化がスタンドアロンイシューとなりやすいため注意が必要です。オーナーや役員個人の人脈や信用で取れていたビジネスが、買収をきっかけになくなるケースもあります。このようなスタンドアロンイシューは、デューデリジェンスで事前に認識することで、SPAやESAに反映

させてインパクトを軽減できる可能性があるため、デューデリジェンスでイシューの洗い出しを行うことが重要です。

(b)貸借対照表（財政状態）分析

デューデリジェンスにおける貸借対照表分析の主な目的は、対象会社の貸借対照表が会社の実態を正しく表すように修正し、修正貸借対照表を作成することにあります。修正貸借対照表上の純資産は修正純資産と呼ばれ、対象会社の純資産に着目したバリュエーション方法の1つであるネットアセットアプローチにも利用されます。貸借対照表に関する手続は資産項目と負債項目でアプローチが異なります。

●資産項目の手続

資産項目の調査は、計上されている資産が実際に存在しているか、また計上されている資産が正しい金額で計上されているか、つまり帳簿価額に見合う資産性があるかどうかが重視されます。具体的には、売掛金や棚卸資産の回収可能性の調査や必要に応じて倉庫や工場に行き、在庫や機械設備を見て資産性を確認する場合もあります。調査の結果、理論値と対象会社計上額の差額は修正項目として修正貸借対照表へ反映します。また、M&Aが事業譲渡のスキームで行われる場合、譲渡対象となる資産の特定やその資産性は買収価格や事業譲渡契約書の内容に大きく影響するため重点的に調査します。

●負債項目の手続

負債項目の調査は、負債が漏れなく正しい金額で貸借対照表に計上されているかどうかが重視されます。例えば、借入金やリース債務などの有利子負債はネットデットとして株主価値である買収価格の算定時に、企業価値から控除される項目であり、その計上額の正確性や網羅性は重要な調査項目です。またネットデット以外に株主価値を算定するにあたって企業価値から控除される可能性がある項目に、負債類似項目（デットライクアイテム）があります。デッ

トライクアイテムには、退職給付引当金や賞与引当金の引当不足額、環境や訴訟に関する偶発債務、保証債務などがあります。これらのデットライクアイテムは、その性質に応じて、SPA の交渉によりその負担関係や対応を決められますが、価格調整項目として買収価格に影響する可能性もあります。したがって、デューデリジェンスではデットライクアイテムを可能な限り正確かつ網羅的に検出することが重要です。

②税務デューデリジェンス

　税務デューデリジェンスの目的は買収対象に関する税務に関するリスクを調査することです。税務デューデリジェンスの手続は主に、(a)過去の税務に対する調査と、(b)将来の税務に関する調査に分けられます。(a)の過去に対する調査は、主に過去に対象会社が行った税務申告が正しく行われているかに主眼を置いた調査で、買収後に税務調査が入り指摘があった場合、会社が追加で負担する必要がある、潜在的な税金に関する債務の調査です。

　一方で、(b)将来の税務に関する調査は、バリュエーションや PMI の観点から非常に重要な分析で、PE ファンドが実施する税務デューデリジェンスは、より(b)を重視する傾向にあります。具体的には、買収ストラクチャーによる税務の有利不利判定、事業計画上の税額の精緻化、会社のビジネスに影響を与える可能性がある税制改正インパクトの試算などが(b)に含まれます。なお、効率性の観点から税務デューデリジェンスは通常、財務デューデリジェンスと一体で行われます。

(a)過去の税務に関する調査

●買収ストラクチャーによるスコープの違い

　税務デューデリジェンスの重要性は買収スキームにより大きく変わります。買収スキームが株式譲渡の場合、対象会社ごと買主に移転するため、対象会社に存在する税務リスクは法的に全て買主に移ります。一方で事業譲渡などの資産の譲渡スキームの場合、買主へは対象会社の資産の一部が移転するだけで、

対象会社自体は売主が引き続き保有するため、対象会社が抱える税務リスクは買主に移転せず、買主は一定の場合を除き[18] 過去の税務リスクを負わないため、手続きは株式譲渡と比較して簡便になります。本書では特段断りのない限り、買収ストラクチャーに株式譲渡が採用されているとして論点を解説します。

●対象税目

税務デューデリジェンスの対象税目は法人税が中心です。法人税が最もインパクトとリスクが大きいため重点的に見られます。なお、事業税は性質上法人税とセットで調査されます。その他、消費税、源泉所得税、住民税、固定資産税、事業所税、印紙税、関税など税目がありますが、対象会社の税務リスクとリソースを考慮してスコープを決めます。この時、経験ある専門家であれば、過去の経験上どこに時間をかけるべきかという勘所を押さえているため、効果的かつ効率的に手続きを進めることができます。

●調査期間

税務デューデリジェンスで過去何年分を調査期間とするかが問題となりますが、実務上は過去3年分の申告が調査対象期間になるケースが多く、調査期間が長いケースでも過去5年分程度です。これは法人税の更生の請求期間が、法定申告期限から5年と定められていることに起因します（脱税などの不正行為や過去の欠損金関連を除く）。なお、過去に税務調査で調査対象となった期間は一度税務署に確認されており、相対的にリスクが低いため、通常は税務調査が一度も入っていない事業年度を重点的に調査します。

●顧問税理士との協力

対象会社の顧問税理士にインタビューを行うことによって、対象会社の税務申告へのスタンスやその他、過去から認識している潜在的な税務リスクに関す

18　特殊関係者との間で行われる事業譲渡や低額譲渡に該当するようなケースでは、買主は譲り受けた財産の価値を限度として第二次納税義務を負う可能性があります。

る情報が入手できる場合があるため、顧問税理士との協力は重要です。なお、顧問税理士の能力には個人差があり、また、リスクをとって対象会社の要望に沿って税額を抑えようとするタイプや保守的な申告を重視するタイプなどの税理士がいるため、顧問税理士へのヒアリングも重要です。

●個別論点

○関連当事者との取引

税務デューデリジェンスでも関連当事者との取引は、リスクの高い項目として重点的に調査されます。関連当事者との間で経済合理性のない取引が行われている場合には、寄付金課税のリスクが生じます。

○過去の組織再編

対象会社が過去に吸収合併や会社分割などの組織再編を行っていた場合、税務的に留意が必要となり、特に税制適格、非適格の判定はリスクが高いポイントです。例えば合併のケースでは、適格合併なら合併される会社の欠損金を合併する会社へ引き継げますが、仮に過去の適格合併が適格要件を満たしていなかったことが発覚した場合、過去に遡り引き継いだ欠損金が無効となって、追加での税金負担が生じます。このリスクは売主が負担すべきものですが、デューデリジェンスの段階で事前に買主がこのようなリスクを認識できれば、SPA上で売主にリスクを負担させる条項を入れることで対応が可能です。また、リスクの程度により、買収スキームの変更や許容できないリスクであれば、ディールブレーカーとなることもあります。

○役員退職金

役員退職金は、恣意的に会社の所得の調整に使われる可能性があり、税務上の制約が大きくルールも複雑です。したがって、ルールに従って正しく処理されていないケースも多く、重点調査項目となります。例えば役員退職金が同業他社などの水準と比較して不相当に高額である場合、退職金として認められず

損金にならないことがあります。また、オーナー企業などでよくある論点に役員退職金を受け取ったにも関わらず、当該役員が退職金受領後も退職金を受け取り前と同様に会社の経営に関与している場合、退職金として認められず損金にならないリスクがあります。

○繰越欠損金

対象会社が再生企業や直近で赤字を出していた企業の場合、対象会社に税務上の繰越欠損金が存在しているケースがあります。この繰越欠損金は将来の対象会社の税金負担を減らす効果があるため、買主にとって関心がある事項です。しかし、繰越欠損金は過去に行った税務申告の結果として算出されているため、過去の申告に不備があり繰越欠損金の金額が誤っていた場合には、将来の所得から欠損金を控除できない可能性があるため、繰越欠損金の有効性は買収価格に直結する論点として検討されます。

(b)将来の税務に関する調査

●買収ストラクチャーの検討

M&Aにどのようなストラクチャーを用いて買収を行うかはM&Aの成否に影響を与える重要な事項で、検討が必要な事項も財務、税務、法務、ビジネスなどあらゆる論点を考慮した最大公約数的なものである必要があります。税務デューデリジェンスでは買収ストラクチャーの判断材料となる情報を提供します。

●売主のオーナーや役員関連の税務

税務デューデリジェンスでは買主側の税務だけでなく、売主のオーナーや役員の税務についても検討します。これは、PEファンドの買収後も対象会社のマネジメントの継続関与やオーナーの再出資などもあるため、PEファンドだけが税務上有利になる進め方は行われず、当事者の全体最適が考慮されます。もちろん、当事者間で利害関係が一致しないこともありますが、デューデリ

ジェンスで重要な論点を確認したうえで、お互いが納得した形でSPAを締結することが良好な関係性を作るうえで大切です。

●事業計画上の税金金額の試算

事業計画上で税金は大きなキャッシュアウト項目であり、企業価値や買収後の資金繰り計画に影響があります。したがって、デューデリジェンスを通して、事業計画に可能な限り精緻に将来の税金のインパクトを反映できるように、分析を行います。

●外形標準課税の影響

法人の期末時点での資本金の額が1億円超の会社は、事業税として外形標準課税の適用法人となります。外形標準課税は平成15年度の税制改正より導入された税制であり、赤字であってもある程度規模が大きい法人はその資本金等の額に応じて課税される制度で、税収の安定を主な目的として導入されました。

PEファンドがLBOなどのスキームを用いて買収を行うと、PEファンドがエクイティとして出資した部分の2分の1以上がSPCの資本金となるため、SPCを存続会社として対象会社とSPCが合併された場合、合併後の会社の資本金が大きくなり、外形標準課税の対象となるケースが多くなります。したがって、事業計画上も外形標準課税の影響を考慮した、タックスプランニングを行う必要があり、場合によっては減資を行うかどうかも検討します。

●税制改正のリスク

将来大きな税制改正が予定されており、結果として対象会社のビジネス継続に影響がある場合、ディールブレーカーになり得るレベルのリスクです。税制改正が実施されるかどうかは政策の影響を受け不確実性が大きいですが、税制改正の兆候は会計検査院のレポートや新聞などである程度の確度で把握できるため、最新の情報にアンテナを張っている税務の専門家によるデューデリジェンスは重要です。

③ビジネスデューデリジェンス

⒜ビジネスデューデリジェンスの目的

財務デューデリジェンスが対象会社の財務情報の実績をベースに「過去および現在」のリスクに主眼を置いて調査を行うのに対して、ビジネスデューデリジェンスでは、対象会社のビジネスに関する「将来」のポテンシャルとリスクに主眼が置かれた調査を行います。ビジネスデューデリジェンスの目的は多岐にわたりますが、PE ファンドが主眼を置くのは以下のポイントです。

- 買収価格の上限に関する判断材料の提供
- ガバナンス体制の把握
- シナジーの検出及び PMI のプランニング
- 重大なビジネスリスクの把握
- 買収ファイナンスの資金提供者への情報提供

「買収価格の上限に関する判断材料の提供」は、買主である PE ファンドの最終意思決定者が「ここまでであれば買収資金を出してもよい」という買収価格の上限の判断のために必要な情報を提供することです。ビジネスデューデリジェンスでは事業計画の前提条件となる市場環境、競合他社など、事業計画の精度に影響を与える情報を提供します。

「ガバナンス体制の把握」は、対象会社の意思決定プロセスや社内の管理体制などを理解し、企業のガバナンス体制を把握することです。ガバナンス体制を把握することで、対象会社のキーマンの特定や社風の理解に大きく役立ちます。

「シナジーの検出及び PMI のプランニング」は、対象会社の事業の調査を行うことで、買収によるシナジーの検出を行い、PMI のアクションプランを策定します。

「重大なビジネスリスクの把握」は、ディールブレーカーになり得る、対象会社に存在するビジネス上のリスクを検討します。製造業で新たな環境基準の導入が国会で検討されており、大幅な設備投資が必要となるレベルのリスクは重大なビジネスリスクの一例です。

「買収ファイナンスの資金提供者への情報提供」は、PE ファンドでは買収ファイナンスとして LBO スキームで金融機関からローンで資金を調達しますが、ローンの審査にあたり、事業計画（返済計画）の蓋然性を検証するために、ビジネスデューデリジェンスのレポートの提出が金融機関から求められます。

(b)ビジネスデューデリジェンスの実施者

PE ファンドによるビジネスデューデリジェンスの実施者は、PE ファンド内のチームとシンクタンクなどの専門家が協力して実施することが一般的です。ビジネスデューデリジェンスに要する期間は最長でも 2 ヶ月程度で、短期間に集中して調査を行うため PE ファンド内のリソースで不足する部分を外部の専門家に依頼することが多いようです。ビジネスデューデリジェンスは外部の専門家に調査を丸投げするというより、PE ファンド主導で実施され、関与した PE ファンドのメンバーの一部はクロージング後に PMI のチームに入ることで、スムーズに PMI に入ることができます。

(c)個別論点

●外部環境分析

外部環境分析では対象会社の事業を取り巻く、「マクロ環境」、「市場動向」、「競争環境」などの外部環境の分析を行います。

「マクロ環境分析」は、国の経済成長率や金利などのマクロ経済環境、出生率や人口ピラミッドの変化の社会動向、新しい代替技術の開発のような技術環境などマクロレベルで間接的に対象会社のビジネスに影響を与えるような要因を分析します。

「市場動向分析」は、対象会社の事業が含まれる市場の特定（セグメンテーション）を行い、その市場規模や成長率などの分析を行います。PEファンドが行う投資の大きなリスクに投資する市場を読み違えることがあります。成長が見込めない市場へ投資を行ってしまうと、バリューアップで成果を上げることは難しくなるため、市場動向の分析結果によって、対象会社のビジネスが属するセグメントの将来性に疑義がある場合、ディール自体を中止する判断が行われます。また、買収後に海外展開を検討している場合、進出対象の国の市場調査が行われます。

「競争環境分析」は、対象会社の事業の市場シェアや競合他社の顔ぶれを分析します。市場シェアの分析は、過去からのシェアのトレンドを入手し市場を深く分析します。また、既存のプレイヤーだけでなく新規で市場に参入する可能性のある潜在的な競合の分析や、業界の参入障壁の高さも調査します。さらに、代替市場の存在も潜在的な競合他社に含められます。

● ロールアップ戦略の検討

外部環境分析を通じて得られた、競合他社や市場シェアの分析結果は、買収後にPEファンドが行うロールアップ戦略の策定にも活用されます。対象会社が競合他社を追加でM&Aを実行してシェアを高めたり、ホワイトスペースへの進出スピードを加速したりする目的で、潜在的な追加買収先の調査を行います。

● 業務プロセス分析

業務プロセス分析は、対象会社の主要な事業に関連する商品やサービスが開発されてから、市場で売却されキャッシュが得られるまでの一連の分析です。業務プロセス分析によって、買主であるPEファンドは対象会社のビジネスモデルの理解を深めます。また、分析されたプロセスごとに細分化し、強み、弱みや、事業上の課題を把握します。認識されたこれらの強み、弱みや事業上の課題は、事業計画の修正を通してバリュエーションに反映されたり、PMIで

活用されたりします。

●ガバナンス体制の調査

対象会社の重要な意思決定がどのようなプロセスで行われ、企業がどのように統治されているかというガバナンス体制の調査は重要なポイントです。対象会社が、社長の強いリーダーシップによって統治されたトップダウン型の組織なのか、現場の声が意思決定に強く反映されるボトムアップ型の組織なのかによって、買収時の SPA や ESA の交渉方針や PMI におけるアプローチは異なるため、対象会社のガバナンス体制を見極めることは、あらゆるフェーズにおいて有用な情報です。

例えば、対象会社が非上場のオーナー企業で、長きにわたり社長の強いリーダーシップの下で会社の意思決定が行われてきた場合、買収後すぐに、社長が対象会社の経営から外れると、ガバナンスが機能せず、経営が停滞し企業価値が毀損することがあります。しかし、デューデリジェンスで事前に対象会社の強力なトップダウン型のガバナンス体制を認識していた場合には、ESA の交渉で社長の関与期間を通常より長く確保したり、PMI において取締役会の整備やマネジメント人材の補強にリソースを多く投入したりするなど、対策が取りやすくなります。

なお、ガバナンス体制へのデューデリジェンス手続は、会社の組織図や取締役会の議事録を確認する机上の分析から得られる情報より、マネジメントインタビュー、現場視察、従業員からのヒアリングなどで得られる生の声が重要です。また、ガバナンス体制の調査の過程において、事業上のキーマンの特定も重要なプロセスです。

●シナジー分析

対象会社の買収で生じるシナジーの検討は重要な調査項目です。PE ファンドが関与する案件でのシナジーとして、製造業における海外戦略によるマーケットの拡大、小売業によるロールアップ戦略によるシェアアップやコスト削

減などがあります。また、PE ファンドが買主となるシナジーのうち、ガバナンス体制によるシナジーが特に大きいと、買主が事業会社である場合と比較していわれています。

なお、シナジー分析では、想定されるシナジーの項目を頭出しするだけでなく、具体的にシナジーを定量化して将来のキャッシュフローすなわち企業価値へのインパクトまで含んだ試算を行います。また、これらのシナジーを実現するために、買収後に行うべき事項をタスクレベルまで細分化したアクションプラン（具体的な戦略）が立てられます。

④ 法務デューデリジェンス

対象会社の法務デューデリジェンスにおいては、対象会社に法的問題がないか、対象会社の買収に際して必要となる手続がないかという点等を中心に調査が行われます。ここでは、法務デューデリジェンスで確認する重要なポイントを確認します。

(a) 株式の保有・株主構成

株式は買収の対象物であり、その権利関係を正確に把握することが極めて重要です。対象会社が上場会社の場合、普通株式は証券取引所のルールに従って上場され、市場で取引されているため、種類株式や新株予約権等の潜在株式を発行していない限り、原則として問題となることはありませんが、対象会社が非上場会社の場合には、過去の株式の取引履歴が正確に管理されておらず、株式の権利関係が問題となることが少なくありません。

実務上典型的に問題となる場合としては、対象会社が株券発行会社である場合において、過去の株式譲渡に際して売主から買主に対して株券の交付が行われていない場合です。会社法上、株券発行会社の株式の譲渡は、譲渡する株式の株券が交付されなければ、その効力を生じないこととされているため、株券の交付がなされていない株式譲渡は原則として無効となります。そのため、それ以降の株式譲渡も無効となることから、現在の株主名簿上に株主として記載

されている者が真の株主ではないこととなり、買主であるPEファンドがその者から株式を譲り受けても、株式を有効に取得することはできません。この問題については、株券の交付がなされていなかった譲渡に遡って、それ以降の譲渡について、指図による占有移転の方法などにより株券の交付を行うことが考えられますが、すべての関係者から協力を得られる場合は多くないことから、法務デューデリジェンスでは重要な確認のポイントになります。

(b)チェンジ・オブ・コントロール条項

PEファンドによる買収が行われると、対象会社の支配権が元の大株主からPEファンドに移転することになります。対象会社が締結している契約の中には、株式譲渡などによる対象会社の支配権の移転が契約の禁止事由または解除事由になっていたり、事前の通知事由になっていることがあります。こうした条項は、チェンジ・オブ・コントロール（Change of Control）条項といわれ、典型的には、ライセンス契約、業務提携契約、賃貸借契約などの契約当事者の継続的な関係性が重要となる契約に規定されていることが多くあります。チェンジ・オブ・コントロール条項が規定された契約がある場合、買主としては、株式譲渡を行ったことにより、契約が解除されたり、契約違反が生じることがないようにするため、売主に対して、対象会社をして事前に契約相手方の同意の取得（禁止・解除事由がある場合）、又は契約相手方に対する通知を行わせる（通知事由がある場合）ことを要求することになります。

また、PEファンドによる買収においては、PEファンドが対象会社の買収のために設立したSPCを利用して株式を譲り受け、その後、SPCを存続会社、対象会社を消滅会社とする、SPCと対象会社の合併が行われる場合が多くあります。そのため、対象会社が締結している契約において、合併や契約の承継を禁止する条項が規定されている場合には、チェンジ・オブ・コントロール条項と同様に、契約相手方から事前の同意を取得する必要があります。

(c)許認可・コンプライアンス

対象会社に法令違反がないかについても、法務デューデリジェンスにおいて確認するポイントの1つとなります。対象会社が許認可を必要とする事業を行っている場合には、必要な許認可を取得しているか、及び当該許認可について定める法令が定める規制を遵守しているかが特に重要になります。法務デューデリジェンスにおいては、法令を遵守するための体制が整っているか、規制当局から勧告、指導などを受けていないか、対象会社の内部監査等において法令違反が確認されていないかなどについて確認を行うことになります。

許認可を必要とする事業を行っていない場合であっても、後述する労働関連法に加えて、個人情報保護法、下請法、環境法など、業種にかかわらず適用される法令を遵守して事業を行っているかについての確認が必要になります。

また、対象会社が許認可を保有している場合には、PEファンドの買収による支配権の移転やその後のSPCとの合併に際して、当該許認可を維持または承継することができるかの確認を行います。買収の前後で事業を止めることなく継続することができるかは、当事者にとって極めて重要であることから、法務デューデリジェンスにおいては、弁護士が適用法令を確認することに加え、管轄の規制当局に対して事前に匿名ベースで照会を行うことが通常です。

(d)人事労務

対象会社の人事労務については、法務デューデリジェンスにおいて、主に、未払賃金(簿外債務)が存在しないか、労働関連法令に違反がないか、労使関係に問題がないかなどについての確認を行います。

まず、未払賃金の有無については、対象会社において適切に労働時間の管理が行われているか(どのような方法[自己申告、タイムカード等]により労働時間を管理しているか、事後的に申告労働時間の適切性について確認を行っているか等)、時間外労働に対して法令に従って割増賃金を支払っているかなどの確認を行います。未払賃金がある場合、簿外債務となるため、対象会社の企業価値に影響を与える場合があります。このような未払賃金債務は、従業員か

らのクレームや労働基準監督署からの是正勧告等によって顕在化することになりますが、クロージング後にリスクが顕在化する可能性は必ずしも高いとはいえないため、未払賃金債務の取扱いが売主と買主の間でイシューになることも少なくありません。もっとも、最近は、安倍首相が提唱する「働き方改革」により、長時間労働の抑制等に係る労働法制の変更や監督の強化が行われているだけではなく、世間からも人事労務分野に対する注目が集まっていることを踏まえれば、今後は労務リスクが顕在化する可能性が高まってくる可能性もあります。労務管理の問題は、既に発生している潜在債務に限らず、クロージング後において、対象会社の人事労務制度の改善が必要になればコストの上昇にもつながり得るため、法務デューデリジェンスにおいては、そのような観点からの検討も必要になってきます。

次に、労働関連法令の違反については、労働基準法をはじめとする労働関連法令においてさまざまな規制が設けられており、法務デューデリジェンスでは、対象会社が労働関連法令を遵守しているかの確認が行われます。

労使関係については、労働組合や従業員との間で紛争等が起こっていないかなどについての確認を行います。また、紛争にはなっていなくても、労働組合との間で賃上げ等についての協議が行われているような場合には、PEファンドによる買収後に労働条件の変更が必要となり、想定していた資金計画に影響が生じることもあります。

(e)訴訟・紛争

対象会社に訴訟又は紛争がある場合、株式譲渡の実行後に対象会社からキャッシュアウトが生じる可能性があることになります。また、対象会社が製造業を行っている場合等には、製品保証、製造物責任、リコール等によって、対象会社に多額の責任が生じることもあります。そのため、法務デューデリジェンスにおいては、係属中の訴訟等に加え、潜在的な紛争や顧客からのクレームについて、対象会社の事業内容や事業環境を深く理解した上で確認を行う必要があります。

(f)過去のM&A

　対象会社が過去にM&Aを行っている場合、対象会社が当該M&Aに関連して、第三者に対して過大な責任を負っていないかなどについての確認が必要になります。例えば、対象会社が子会社の株式を第三者に譲渡していた場合においては、対象会社が、株式譲渡契約における表明及び保証の違反に基づき、補償責任を負担している可能性がないか、買主に対して譲渡した子会社の事業等について競業避止義務を負っていないか（このような将来の事業に制約がある場合、買主において買収後に実施しようとしていた事業展開に支障が生じる可能性がある）などについて、M&Aに関する契約書等をレビューすることにより確認を行います。

　また、過去に行ったM&Aについて、会社法、金融商品取引法、独占禁止法等の法令に違反がないかについても確認のポイントとなります。

(g)経営者・大株主の関係者との関係

　PEファンドによる事業承継の事案など対象会社がオーナー企業であったり、対象会社に大株主が存在する場合には、法務デューデリジェンスにおいて、対象会社とその経営者又は大株主との間の関係の確認が行われます。

　オーナー企業の場合、対象会社と経営者又はその親族もしくは関係会社の間で独立当事者間の取引条件とは異なる条件で取引が行われていたり、対象会社の資産等を利用してそれらの者に対して便宜が供与されていることも少なくありません。また、対象会社に大株主が存在する場合には、買収により大株主との間の資本関係が終了することになるため、大株主との間の取引関係等を維持することができない場合もあります。これらについては、契約書が作成されていない場合もあることから、対象会社の経営陣に対するインタビューを行うことが必要になります。

(h)資産・負債

　PEファンドによる買収においては、LBOファイナンスが利用されることが

通常です。そのため、PEファンドによる法務デューデリジェンスにおいては、担保設定をすることのできる資産がないか、担保設定の支障となる問題はないかという観点から、対象会社の不動産、動産、知的財産権、債権などの資産についての確認が行われます。特によく問題となるのは、対象会社の売掛債権、敷金返還請求権等の債権に担保権を設定する場合において、対象となる債権を債権者が債務者の同意なく、譲渡又は担保設定できないことが契約上で合意されている場合には、第三債務者の承諾を取得しない限り、原則として担保設定は無効になります（民法466条2項）。そのため、法務デューデリジェンスにおいては、対象会社の締結している契約に譲渡又は担保設定を禁止する条項が含まれていないかの確認が必要になります。

　また、LBOファイナンスを行う場合、対象会社の既存の借入はLBOファイナンスのレンダーから調達した資金によりリファイナンス（期限前弁済）を行うことが多いため、法務デューデリジェンスにおいては、対象会社の借入契約における期限前弁済の手続を確認することが必要になります。

　なお、実務上、PEファンドの行った法務デューデリジェンスに係る報告書は、レンダーである金融機関等に開示されることが通例となっています。

⑤ セラーズデューデリジェンス

(a)セラーズデューデリジェンスとは

　デューデリジェンスは、買主が売主に対して行うバイヤーズデューデリジェンスが一般的ですが、近年は売主自らが売却に先立って、事前に自社に対するデューデリジェンスを行うことが増えており、このようなデューデリジェンスをセラーズデューデリジェンス[19]といいます。通常、企業のオーナーで自社を売却する経験を何度もする人は多くないため、いざ買収を打診された場合に適切に準備が行われておらず、取引がスムーズに進まなかったり、不利な条件で売却してしまったりするリスクがあります。この点、セラーズデューデリジェ

19　セルサイドデューデリジェンスまたはベンダーデューデリジェンスとも呼ばれます。

ンスを事前に行うことで、売却をスムーズかつ高い価格で実現できる可能性が高まります。したがって、自社の売却の可能性を少しでも視野に入れたタイミングで、適切なアドバイザーに相談しつつ、売却の確度に応じて深度を定めて、セラーズデューデリジェンスを実施して、イグジットの準備をすることが重要です。

(b)セラーズデューデリジェンスのメリット

セラーズデューデリジェンスには主に以下のメリットがあります。

●オーナーが自社の株価の目線を知ることができる

非上場企業のオーナーは、自社の株価を客観的に把握していないことが一般的です。セラーズデューデリジェンスでは、通常、専門家が客観的な観点でバリュエーションを行うため、オーナーが自社の客観的な株価を理解し、自社の売却価格に対して一定の目線を持つことができます。売主は自社を高く評価するインセンティブが働き、売却希望価格と適正価格との乖離が大きく、売却が進まないケースも多いため、自社の価値に対する客観的な目線は売却をスムーズに進めるうえで重要です。

●買主に提出する事業計画の信頼性を高めることができる

ディールにおいて通常 NDA が締結されると、対象会社が作成した事業計画が買主に提出され、買主はこの事業計画をベースに初期のバリュエーションを行います。この時、例えば、営業利益率が過去の実績では平均して 1 ％の会社が、事業計画において 10％の営業利益率が見込めるとして作成されていれば、買主は提出された情報の信頼性に疑問を持ち、売主に対してネガティブな印象を持ちます。なぜこのような乖離がおきるかというと、売主の経営者は、10％の営業利益率を目標にビジネスを行っており、事業計画もこの 10％という数値を使うことが主な要因です。目標を設定してビジネスを行うことは重要ですが、買主に提出する事業計画は、裏付けが可能な数値をベースとして作成する

ことが大切です。したがって、アドバイザーと共に客観的に説明がつく確度の高い事業計画を作成することで買主からの信頼を得て、よい相手に条件で売却できやすくなります。

●自社にある潜在的なリスクを知ることができる

買主はデューデリジェンス実施時に、対象会社が抱えるリスクを幅広く調査しますが、デューデリジェンスを通して発見されたリスクは、SPA の中で対応が検討されます。そのリスクに応じて、譲渡価格のディスカウントや表明保証事項になり、さらに、金額的かつ性質的に重要と判断された場合、ディールブレーカーになる可能性もあります。しかし、買主のデューデリジェンス時に、売主が認識していなかったリスクが検出された場合、リスクへの対応策が事前に取れず交渉上不利になります。この点、セラーデューデリジェンスを通して事前に自社に潜むリスクを理解し、時間をかけてリスクを軽減する対策や、交渉の方針を固めておくことで、買主との交渉を有利に進めることができます。

また、買主が上場会社や PE ファンドの場合、コンプライアンスや内部統制の観点から厳しい目線で対象会社を評価します。近年では過重労働に対する労務リスクについては特に厳しい目で見られるため、セラーズデューデリジェンスを通して、適切にリスクを把握し事前に対応することが必要です。

●自社のビジネスの強み、弱みを理解できる

セラーズデューデリジェンスには、調査範囲にもよりますが、売主による簡易的なビジネスデューデリジェンスが行われることもあります。実際に経営していると、長年の経験などで積み重ねた暗黙知でビジネスが順調に行われ、利益が生まれる体制が構築されていることも多いため、経営者自身が改めて客観的に第三者へその要因について詳細に説明することが難しいケースがあります。この場合、事業環境分析や業績構造分析などの分析や、コンサルタントからのマネジメントインタビューを通して、自社の強みを客観的に外部のコンサルタントと共有することにより、暗黙知を明文化された資料にアウトプットするこ

とができます。これらの資料やインタビューによって整理された自社の理解を踏まえて、売却のディールの際にも、買主に対してきっちりと売主の魅力や課題を伝えることができるようになります。買主も正しく売主を理解することで、ビジネスの理解やシナジーの検証の正確性が高まり、結果的に正しくシナジーを評価されたため、買主からより高い価格が提案されるというメリットを得られることもあります。

●買主のデューデリジェンスへの準備ができる

買主のデューデリジェンスでは短期間で大量の情報を要求され、売主側でもかなりのリソースを割いての対応が必要です。また、リクエストされた情報の中には、売主が通常の事業上作成しない分析資料などの情報も含まれています。特に財務及びビジネスデューデリジェンスでは、製品別や部門別の売上や業績の資料など、細かく分析したものが要求されますが、これらの資料は事前にデータを残しておかなければ、遡って作成ができないことも多くあります。リクエストした資料が十分に買主側に提出されないと、売主と買主の情報の非対称性が解消されません。不確定なものには買主も価値を認めづらく、ポジティブな評価を難しくするため、売主に不利な状況になるリスクがあります。この点、セラーズデューデリジェンスを通して専門家の助けを借りながら、事前に時間をかけて社内に十分な情報を準備することができます。

コラム —— M&A スキームと相続対策

M&A や事業承継のスキームを考える上では、税制や税効率への理解が不可欠となりますが、相続税への対策を中心に M&A スキームを考えると、以下のような考え方が有効となる可能性があります。

・上場より非上場

かつては、相続対策のために上場を目指すということが盛んに言われてきました。すなわち、上場を行うことで株式を売却しやすくしておいて、相続税の納税

資金を捻出するという考え方です。

　もちろん、現時点でもこのような考え方は有効ですが、最近では上場を行わなくても、納税資金のためのローン活用や、それこそ PE ファンドや提携先の株式保有によって解決するという考え方が一般的になってきました。むしろ、上場していると上場株価が相続税の評価基準となるため、非上場のままに比べると相当に高額になるケースが多いようです。筆者の試算でも、一般的な上場企業が非上場化した場合の株価低減効果は、PBR が 1 倍を割っているような株価が低減しているケースを除くと、「半減」する可能性が十分にあります。

　・主要株主より少数株主

　そして、これはあくまでも、非上場企業での話ではありますが、過半数の株式を持つ主要株主が、事業再編を通じて少数株主となる場合 (すなわち、他に過半数の株式を持つ大株主がいる状態)、筆者の試算によると株価低減効果は、上記とは別に「半減」程度にもなる可能性があります。これは、少数株主だと、配当還元方式という特殊な株価算定手法が使えるためですが、仮に、上場企業が非上場化し、さらに少数株主となった場合には、上記の効果が両方使えることによって、「大幅な減額効果」(「半減」のさらに「半減」) が生じる可能性があります。

　・個人でなく法人にお金を残す

　かつては、個人の株式譲渡益課税の税率は低いため、いかに個人の株式譲渡方式によって個人の手元に資金を残すかが M&A のスキーム設定においては重視されてきました。当分はこの傾向が続くものとも思われますが、最近では、法人に売却資金を残すようなスキーム設定も出てくるようになりました。

　これは、もともと、個人が直接現金をもつよりも、法人を通じた間接保有の方が、相続税評価額が低減する可能性が高いことに加えて、最近では、国際的な潮流から法人税率が低減していること、さらには直近の税制改正によって事業承継税制が拡充されたことや、スピンオフ税制（事業切り出しにかかる税制）の整備などもその要因となっています。

　もちろん、事業承継や PE ファンドの活用は、税対策のためだけに行うものではありませんが、企業の将来計画の策定にあわせて、上記のようなこともあわせて考えても良いのかもしれませんね。

第4章

PE取引における法務・契約上の留意点

1 PE取引に関する法的論点

　PEファンドによる買収の手法にはさまざまなものがありますが、典型的なストラクチャー（構造）としては、図表4－1のとおり、ファンドの出資により、買収のための特別目的会社（SPC）を設立し、金融機関から買収資金の一部を借り入れた上、SPCが売主である株主から対象会社の株式を譲り受けるというものになります。

　本項では、このようなPEファンドが買収者となるPE取引に関連して生じる主な法的論点について概観したいと思います。

(1) 非上場会社の場合

　買収の対象会社が非上場会社の場合、最も典型的かつシンプルな買収手法は、対象会社の株主との間で株式譲渡契約を締結して株式を譲り受ける方法です。

　株主が複数いる場合には、原則として、そのすべての株主と株式譲渡契約を締結して株式を譲り受けることが必要になります。もっとも、創業者の親族や対象会社の役職員又は取引先などが対象会社の株式を保有しており、株主が多数いる場合には、その中には株式を手放したくないと考える株主や所在不明の株主がいる場合も少なくなく、すべての株主との間で株式譲渡契約を締結することが難しい場合もあります。

　対象会社に少数株主が存在する場合、対象会社の取締役は、取締役としての善管注意義務・忠実義務に基づき、少数株主の利益を害することのないように経営を行う必要があるため、PEファンドによるLBOローンに際しての対象会社の資産への担保設定や、買収後の大胆かつ機動的な経営が行いにくくなることもあります。そのため、PEファンドによる買収の多くは、対象会社の発行する株式のすべてをPEファンドが取得しますが、すべての株主から合意に

図表4－1　典型的な買収ストラクチャー

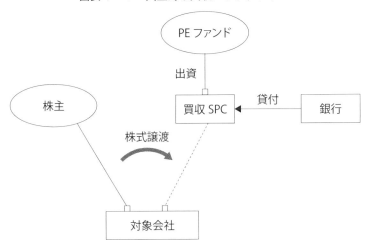

基づき、任意に株式を売却してもらうことができない場合には、売却に合意してくれない少数株主の保有する株式を強制的に取得することが必要となります。

このような少数株主から株式を強制的に取得することを、少数株主のスクイーズアウトといいます。スクイーズアウトについては、会社法に基づきこれを実現する複数の方法が存在しますが、株主が多数かつ離散している上場会社の買収においても同様の問題が生じるため、詳細は上場会社の文脈で論じることとします。

このように、非上場会社の株式を譲り受ける場合については、スクイーズアウトが必要となる場合を除けば、取引のストラクチャーとしてはシンプルな売主と買主の間の株式譲渡になります。なお、対象会社において資金が必要な場合には、株式譲渡に加えて、PEファンドが対象会社の増資の引き受けを行うこともあります。

⑵ 上場会社の場合

① 公開買付け (TOB)

　買収の対象会社が上場会社の場合、買主は、対象会社の株式を取得するにあたり、一定の場合には、金融商品取引法に従い公開買付けを行う必要があります。具体的には、金融商品取引法は、有価証券報告書を提出している株式等について、市場外における買付け等により、買主の株券等所有割合（買主とその一定の関係者の保有する株式等について、議決権ベースで計算される割合）が3分の1を超えることとなる場合等には、公開買付けによって買付け等を行わなければならないこととしています。

　公開買付けを行う場合、買主は、公開買付届出書を関東財務局に対して提出し、インターネット上で閲覧可能な EDINET と呼ばれるシステムを通じて一般に開示した上で、対象会社のすべての株主に対して、同一の条件（買付価格を含む）により、一定期間（20営業日から60営業日まで）、買付けのオファーをする必要があります。これは、特定の株主が対象会社の議決権の3分の1超を取得する場合、それにより対象会社の支配権が移転することになるため、一部の株主のみが支配権プレミアムを独占的に享受するのを防止すること等を目的として設けられた規制であると考えられています。

　公開買付規制が適用される場合、買主は、公開買付届出書において、買主自身の情報や買付けの目的などの買付けに関する詳細な情報を開示することが求められたり、買付資金を有していることの証明が必要になるなどの一定の規制が適用されます。また、対象会社においては、買主による公開買付けについての賛成、反対又は留保の意見を記載した意見表明報告書を関東財務局に提出しなければならないこととされています。

　なお、対象会社に大株主がいる場合等には、買主である PE ファンドと大株主の間で、公開買付けに株式を応募すること等を内容とする公開買付応募契約が締結されることがあります。

②スクイーズアウト

　上場会社の買収の場合には、公開買付けを行っても、現実的には、すべての株主が公開買付けに応募して株式を売却してくれるということはないため、通常は、二段階目の取引として、公開買付けの後に残った少数株主をスクイーズアウトする取引が行われます。スクイーズアウトは、会社法に定められる制度を利用して行われ、大きく、株式等売渡請求、端数処理型取引、現金対価組織再編の３種類の方法があります。

　それぞれの手法の特徴については図表４－２に記載のとおりですが、株式等売渡請求は、2015 年の会社法改正により導入された制度であり、権利行使の要件として、買主において対象会社の議決権の 90％以上を保有していることが必要であるため、一段階目の公開買付けにおいて、90％以上の株式を買い付けることができた場合にのみ利用することができます。株式等売渡請求を行うことができる場合、対象会社においてスクイーズアウトのために株主総会を開催する必要がなくなるため、取引完了までの期間を短縮することが可能になります（上場会社において株主総会を開催しようとする場合、基準日の設定、株主名簿の確定、招集期間等により、約２ヶ月程度を要することになる）。また、対象会社が発行する新株予約権についても売渡請求をすることにより、買い取ることが可能です。

　買主が公開買付により 90％以上の株式を取得できなかった場合には、端数処理型取引又は現金対価組織再編の方法により、スクイーズアウトを行うことになります。これらについては、原則として、いずれも株主総会において、特別決議により株主の承認を得る（定款で別途定められている場合を除き、議決権の過半数を有する株主が出席し、出席した株主の議決権の３分の２以上の賛成）必要があります。

　端数処理型取引とは、大株主である買主以外の少数株主が１株未満の端数しか保有することができないこととなるような割合で、多数の株式を１つの株式にする株式併合等を行い、少数株主に対して対価として現金を交付することにより対象会社から退出してもらう取引です（例えば、1,000 万株を１株にする

図表4-2　スクイーズアウト手法の特徴

	株式等 売渡請求	端数処理型取引		現金対価組織再編	
		株式併合	全部取得条項付 種類株式	株式交換	合併
必要な 議決権割合	90%以上	3分の2以上	3分の2以上	3分の2以上	3分の2以上
対象会社の決議	取締役会決議	株主総会特別決議	株主総会特別決議	株主総会特別決議 但し、買取者が議決権を90%以上保有する場合は、取締役会決議	株主総会特別決議 但し、買取者が議決権を90%以上保有する場合は、取締役会決議
債権者保護手続	買取者：不要 対象会社：不要	買取者：不要 対象会社：不要	買取者：不要 対象会社：不要	買取者：必要 対象会社：不要	買取者：必要 対象会社：必要
裁判所の許可	不要	必要	必要	不要	不要
新株予約権の処理	新株予約権売渡請求による取得	原則不可（無償取得条項があれば処理可能）	原則不可（無償取得条項があれば処理可能）	消滅可能（現金対価の交付は不可）	当然消滅（現金対価の交付が可能）
有価証券報告書の提出義務	中断申請	中断申請	取得済みの全部取得条項付種類株式の消却により消滅	中断申請	中断申請

株式併合を行えば、1000万株未満の株式を保有している株主の株式は、1株未満の端数となり、端数については会社法に基づいて現金に代えられる）。2015年の会社法改正前は、端数処理型取引として、全部取得条項付種類株式を利用してスクイーズアウトを行うことが主流でしたが、会社法改正後は、株式併合に少数株主を保護するための制度（情報開示制度、株式買取請求等）が設けられたことから、株式併合が利用されることが多くなっています。

　また、現金対価組織再編は、買主と対象会社の間で、対象会社の株主に対して現金を交付する合併又は株式交換を行うことにより、少数株主を対象会社から退出させる取引です。2017年10月1日に発効した税制改正前は、買主の株式ではなく現金を対価とする合併又は株式交換を行った場合、税制適格の要件を満たさず、対象会社の資産に対して時価評価課税がなされてしまうため、現金対価組織再編はほとんど利用されていませんでした。しかし、税制改正後は、

買主が対象会社の株式の３分の２以上を保有しており、その他の要件を満たせば、現金対価の合併又は株式交換でも税制適格の要件を満たすことができることとされました。スクイーズアウトは１段階目の公開買付けにより対象会社の株式の３分の２以上を取得した後に行われることが通常であるため、今後はスクイーズアウトの手法として、現金対価組織再編が利用されるケースも増えてくる可能性があります。

　スクイーズアウトは、少数株主の意思にかかわらず、少数株主を強制的に対象会社から退出させる取引であることから、少数株主の財産権を害することがないようにすることが必要となります。そのため、いずれの手法によった場合でも、会社法上、少数株主は、株式の買取価格に不満がある場合には、裁判所に対して株式の「公正な価格」について判断を求めることができることとされています。取引の当事者としては、裁判所が事後的に当事者間で合意された価格よりも高い価格での買い取りを認めることがないように、スクイーズアウトを行う際には、公正な手続きを踏んで取引（買い取り価格の決定）を行うことが必要になります。この「公正な価格」の考え方については、⑷「MBO の場合の留意点」の③「株式の公正な価格」の項で詳しく説明します。

　なお、産業競争力強化法（2018 年 7 月 9 日に改正）に基づき、１社又は複数の事業者が共同で事業再編計画の認定を受けた場合には、当該１社又は複数の事業者がそれらの完全子会社と合算して対象会社の議決権の３分の２以上を保有していれば（原則は会社法に基づき１社及びその完全子会社が対象会社の議決権の 90% 以上を保有していることが必要）、略式株式交換もしくは略式合併又は株式等売渡請求を利用することが可能とされています。

⑶ 株式譲渡に係る法規制

　対象会社の株式を取得して買収を行うにあたっては、いくつかの法規制の適用を受けることがあります。ここでは、典型的に問題となる法規制を簡単に説明します。なお、これから説明する法規制は、対象会社が非上場会社であるか

上場会社であるかにかかわらず問題となります。

① 独占禁止法に基づく届出

まず1つ目として、私的独占の禁止及び公正取引の確保に関する法律（独占禁止法）に基づく規制があります。買主が属する企業結合集団（独占禁止法上の親会社・子会社の関係が認められる会社から成る集団。PE ファンド等の組合が買主になる場合、基本的にその業務執行者である GP 会社による株式取得とみなされるため、PE ファンドの一定の範囲の投資先会社が含まれることが多い）による対象会社に対する議決権の保有比率が20％又は50％を超えることとなる株式譲渡であって、買主が属する企業結合集団の国内売上高合計額が200億円を超えており、かつ対象会社とその子会社の国内売上高合計額が50億円を超えている場合、買主は、公正取引委員会に対して株式の取得に関する計画を事前に届け出る必要があります。買主は、届出から30日（公正取引委員会が必要と認める場合には、短縮することができる）を経過するまでの間、株式譲渡を実行することができないこととされています。公正取引委員会において、取引に独占禁止法上の問題がないと判断されれば、かかる待機期間の経過後、株式譲渡を実行することができますが、独占禁止法上の問題がありそうであると判断された場合には、公正取引委員会から資料や情報の提出が要請され、より詳細な審査（いわゆる第2次審査）が行われます。第2次審査において、独占禁止法上問題があると判断された場合、取引の当事者において問題を解消できるような措置（いわゆる問題解消措置）を実施しなければ、原則として取引を実行することができないことになります。もっとも、問題解消措置の原則は、独占禁止法上問題となる事業の第三者への譲渡などの構造的措置であるため、問題解消措置の内容によっては、取引を行う意味が損なわれてしまうこともあります。

また、買主や対象会社のグループにおいて海外での売上がある場合、日本以外の国においても、競争法に基づき届出等を行わなければならない場合があり、このような独占禁止法又は海外の競争法に基づく手続は、数ヶ月にも及ぶ場合

もあり、株式譲渡のスケジュールに大きな影響を与える可能性があるため、早い段階で届出の要否及び競争法上の問題の有無について検討を行っておく必要があります。

② 外為法に基づく届出

買主となる PE ファンドが日本国外で組成されたファンドである場合等においては、株式譲渡に際して、外国為替及び外国貿易法（外為法）に基づく手続を行わなければならない場合があります。具体的には、外国投資家が、非上場会社の株式を外国投資家以外の者から取得する場合、又は上場会社等の発行済株式総数の 10％以上を所有することとなる株式取得を行う場合、対内直接投資等に該当し、国の安全等の観点から定められた一定の業種に係る事業を対象会社が行っているときは、外国投資家は、財務大臣及び事業所管大臣に対して事前に届出を行わなければならず、原則として、届出受理日から 30 日間（財務大臣及び事業所管大臣は、かかる待機期間を短縮することができる）は株式譲渡を行ってはならないこととされています（財務大臣及び事業所管大臣が、さらに審査する必要があると認めるときは、待機期間が 4 ヶ月［最長 5 ヶ月］まで延長されることがある）。

なお、対内直接投資等については、事後報告が必要となるものもあります。

また、非上場会社の株式の外国投資家からの取得であっても、国の安全を損なう事態を生ずるおそれが大きい取得に該当するおそれがあるとして指定された特定の業種の株式の取得については、上記と同様の手続が定められています。

③ 会社法に基づく手続

ある会社の子会社を PE ファンドが買収する場合、会社法に基づき、売主である会社の株主総会決議が必要となることがあります。会社法は、株式会社が売主である子会社の株式の譲渡について、売主の貸借対照表における対象会社の株式の帳簿価額が売主の総資産額の 5 分の 1 を超え、かつ、譲渡の効力発生日において売主が対象会社の議決権の過半数を有しない場合には、株式譲渡の

効力発生日の前日までに、売主の株主総会において、特別決議（定款で別途定められている場合を除き、議決権の過半数を有する株主が出席し、出席した株主の議決権の3分の2以上の賛成）により、株式譲渡契約の承認を受けなければならないこととしています。かかる規制は、2015年の会社法改正により導入されたものですが、株主総会を開催するためには一定の時間がかかることもあるため、注意が必要となります。

(4) MBOの場合の留意点

① 構造上生じる問題点

PEファンドによる対象会社の買収の中には、マネジメント・バイアウト（MBO）の形で行われるものがあります。MBOとは、簡単にいうと会社の経営陣が当該会社の株式のすべてを買い取る取引ですが、PEファンドが関与するMBOとしては、典型的には、上場会社の経営陣がPEファンドの資金的な援助を得て、上場会社の株式を取得して非上場会社化をする取引が挙げられます。このようなPEファンドが主導する取引でも、経営陣とPEファンドが共同で出資をして買収する場合や取引に際して経営陣が買収後の会社に出資をするような場合等にはMBOといわれることがあります。なお、上場会社のMBOは、1段階目の公開買付けと2段階目のスクイーズアウト取引により行われることになります。

このようなMBOには、取引の構造上、必ず生じる問題があります。会社の取締役は、本来、株主の利益を代表する立場にありますが、MBOに際しては、取締役が買収者側に回り、株主から株式を取得することになるため、必然的に株主と取締役の間で利益相反が生じることになります。具体的には、特に上場会社においては、株式は多数の株主に少しずつ分散して保有されているため、個別の株主が買収者との間でより良い条件を引き出すために交渉を行うことは困難であることから、取締役が株主の利益を代表して買収者と交渉することが期待されています。もっとも、MBOにおいては、取締役が買収者となるため、

取締役としては、できるだけ低い価格で株式を買い取ることが望ましく、株主と利益相反の関係が生じます。

また、取締役は、日常的に会社の業務を行っているため、会社に関する正確かつ豊富な情報を有していることから、MBOにおいては、株式を買い取る買収者（取締役）と売却する一般の株主との間で保有している情報の量に大きな差（情報の非対称性）が生じます。

このような利益相反構造と情報の非対称性から、MBOに際しては、買収価格が不当に低く設定され、株主の損失のもとに取締役が利益を享受しているのではないかという懸念が生じるといわれています。

②取引の公正性を担保するための措置

構造的利益相反と情報の非対称性という問題を内在するMBOについては、平成19年9月4日に経済産業省から「企業価値の向上及び公正な手続確保のための経営者による企業買収（MBO）に関する指針」（MBO指針）が公表されています。MBO指針においては、MBOを行う上で尊重されるべき原則として、望ましいMBOか否かは、企業価値を向上させるか否かを基準に判断されるべきである（第1原則：企業価値の向上）、MBOは取締役と株主との間の取引であるため、株主にとって公正な手続を通じて行われ、株主が受けるべき利益が損なわれることのないように配慮されるべきである（第2原則：公正な手続を通じた株主利益への配慮）旨が示されています。そのうえで、MBO指針は、これらの原則を実現するため、(a) 株主の適切な判断機会の確保、(b) 意思決定過程の恣意性の排除、(c) 価格の適正性を担保する客観的状況の確保という枠組みの下で、図表4－3のとおり、実務上の具体的な対応を提示しています。

MBO指針の公表後、MBO指針に沿って多数のMBOが実施されたことにより、MBOに係る規制やプラクティスも進展しています。現在の実務においては、利益相反を回避し、取引の公正性を担保するための措置として、買収の対象会社において次のような措置の全部又は一部がとられることがあります。

214

図表4－3　MBO指針における実務上の対応の整理

実務上の対応の整理
①株主の適切な判断機会の確保〜共通して対応すべき事項〜

○MBOのプロセスなどについて、公開買付規制の改正・証券取引所の要請などの趣旨を踏まえた充実した開示
○MBOの成立のため意図的に市場株価を引き下げているとの疑義を招く可能性がある場合、より充実した説明
○取締役が当該MBOに関して有する利害関係の内容について、より充実した説明
○スクイーズアウトに際して、株式買取請求権または価格決定請求権が確保できないスキームの採用の禁止
○特段の事情がない限り、公開買付において大多数の株式を取得した場合にはスクイーズアウトを実施
○特段の事情がない限り、スクイーズアウトの価格について、公開買付価格と同一の価格を基準にすること
◆MBO後も一定期間、対象会社の状況に関する情報提供を継続
◆MBO後の中長期的な経営計画等・将来の可能性についての十分な説明

◆は対応すべきか否か議論が分かれている事項

上記を前提とした上での実務上の工夫

②意思決定過程における恣意性の排除	③価格の適正性を担保する客観的状況の確保	④その他（①の見地から株主意思確認を尊重）
○（社外役員が存在する場合には）当該役員、または独立した第三者委員会等に対するMBOの是非及び条件についての諮問（またはこれからの者によるMBOを行う取締役との交渉）、及びその結果なされた判断の尊重 ○取締役及び監査役全員の承認 ○意思決定方式などに関し、弁護士・アドバイザーなどによる独立したアドバイスを取得すること及びその名称を明らかにすること ○MBOの価格に関し、対象会社において、独立した第三者評価機関からの算定書などを取得 ＊実際の案件に応じて、上記の対応を組み合わせる等して工夫する	○MBOに際しての公開買付期間を比較的長期間に設定すること（※個別案件の性質によって異なり得る） ○対抗者が実際に出現した場合に、当該対抗者が対象会社との間で接触などを行うことを過度に制限するような内容の合意などを、当該MBOの実施に際して行わないこと ＊上記の対応を併せて行う	○MBOに際しての公開買付における買付数の下限を、高い水準に設定すること（※なお、当該方法は、公開買付の成否を著しく不安定にする恐れもあることから、慎重に検討すべきとの指摘がある）

＊いずれかの実務上の工夫を採用することで、MBOの透明性・合理性は高まる。但し、各工夫は排除し合うものではなく、それぞれの具体的対応を組み合わせるなどして、より透明性・合理性を高めることも可能

（出所）経済産業省「企業価値の向上及び公正な手続確保のための経営者による企業買収（MBO）に関する指針」（平成19年9月4日）をもとに筆者作成。

(a)特別委員会の設置

　取締役会において恣意的な意思決定がなされないようにするため、対象会社の取締役会決議に基づき、任意の機関である特別委員会を設置し、MBOを行うことの是非及びその条件について意見を述べること等について諮問されることがあります。近年のMBOでは、ほぼすべての事案において特別委員会が設置されており、定着した実務になっているといえます。

　特別委員会の委員は、買収者となる経営陣から独立した者により構成される必要があり、通常は、対象会社の社外取締役、社外監査役又は会計士、弁護士、学者等の有識者が選任されることになります。その中でも社外取締役は、株主

総会において、重要な業務執行の決定に関与することを前提として選任されているため、特別委員会の委員になる者としてもっとも望ましいといえます。日本においては、有識者が特別委員会の委員になることが多くありますが、株主総会において選任された者ではないことに加え、責任追及をすることが簡単ではないため、社外役員を選任することができない場合の次善の策であると考えるべきです。

特別委員会を設置する場合、特別委員会に対してどのような権限を付与するのかが問題となります。特別委員会の実効性を高めるためには、特別委員会は取締役会に対してMBOに関する意見を述べるだけにとどまらず、買収者と交渉する権限を付与されるべきであると考えられています。もっとも、日本の実務においては、特別委員会に対して交渉権限が明示的に付与されている事例は必ずしも多くないのが現状です。

(b)株式価値算定書又はフェアネス・オピニオンの取得

対象会社において、買収価格の適正性を検証するため、証券会社、会計事務所等の第三者算定機関から株式価値算定書又はフェアネス・オピニオン（買収価格が財務的見地から公正であることに関する意見）を取得することが一般的です。この点、株式価値算定書に加えて、フェアネス・オピニオンの取得まで必要かという点が議論になることがあります。フェアネス・オピニオンは、対象会社の株式価値の算定を行うだけではなく、第三者算定機関として、買収価格が公正であるかについての意見を表明することになるため、一般にフェアネス・オピニオンの発行に際してより厳格な社内手続が設けられており、第三者算定機関に対して支払う必要のある費用も高額になります。このような背景や米国の実務を参考にして、フェアネス・オピニオンを取得した方が、取引の公正性が高まるとの考え方もありますが、日本の現在の実務においては、裁判所がフェアネス・オピニオンを取得しているか否かで、評価にどの程度の差を設けているかが明確ではないこともあり、フェアネス・オピニオンは取得せず、株式価値算定書のみを取得する事例の方が多くなっています。

⒞独立した法律事務所からの助言の取得

前述のとおり、MBO には構造的な利益相反や情報の非対称性という問題が内在しているため、対象会社においては、MBO の検討にあたり、買収者及び経営陣から独立した法律事務所から、意思決定の方法等について助言を得ることが通常です。

⒟利害関係を有する取締役等の非関与

対象会社の意思決定の公正性を担保するため、利害関係のある取締役を対象会社の意思決定プロセスに関与させないことが行われます。どの範囲の取締役を関与させない必要があるかについては、買収者となる取締役だけではなく、買収後に対象会社に再出資することが予定されている取締役、買収後の対象会社におけるポジションが約束されている取締役等を関与させないことが考えられます。日本の会社法においては、特別利害関係を有する取締役（当該取締役は取締役会で議決権を有しないことになる）の範囲が狭く解されているため、上記のような取締役の全部又は一部が会社法上の特別利害関係を有する取締役に該当しないことも多く、そのような取締役には任意で取締役会決議から外れてもらうことになり、その場合、取締役会の定足数を欠かないような手当が必要となることがある点には注意が必要です。

また、利害関係を有する取締役は取締役会における買収に関する決議から外れるだけではなく、対象会社における買収検討に関するプロセスに関与しないことが必要です。特に、第三者算定機関が株式価値評価（バリュエーション）を行う際に、対象会社から事業計画を提出することになりますが、その事業計画の作成に利害関係者が関与すれば、第三者算定機関の株式価値評価を不当に操作することができてしまうおそれがあるため、利害関係のある取締役が事業計画の作成に関与しないことが重要になります。実務上は、対象会社においてMBO を行うか否かの検討を開始する際に、利害関係のない取締役や従業員により構成されるプロジェクトチームを組成し、利害関係を有する取締役等から影響を受けずに独立して準備、検討を行わせるなどの工夫がなされています。

意思決定が恣意的になされたのではないかと疑われないようにするためには、取引の検討の初期段階から、対象会社の取締役や従業員を買収者側とそれ以外にきちんと区分けをして検討を行うこと（検討体制の構築）が重要になります。

(e) MOM 条件の設定

MBO の 1 段階目の取引である公開買付けにおいて、マジョリティ・オブ・マイノリティ（MOM）条件が設定されることがあります。マジョリティ・オブ・マイノリティ条件とは、利害関係を有しない一般株主が保有する株式のうち、その過半数が公開買付けに応募されることを公開買付けの成立の条件とするものです。これにより、多数の一般株主が賛成しなければ MBO が実施できないことになりますので、MBO の是非について一般株主の意思を尊重することができ、取引の公正性が高まると考えられています。

(f)対抗的買付けの機会の確保

MBO の買収価格の公正性を担保するための措置として、第三者による対抗的な買付けが行われる機会を確保するための措置が講じられます。具体的には、公開買付期間を比較的長期間（実務上は 30 営業日以上に設定されるのが通常）に設定することにより、第三者が対抗的な買付けを準備し、実行することが可能になるようにされます。また、対象会社が対抗的な買付けについて協議、交渉等を行うことを禁止することを内容とする取引保護条項を買収者との間で合意しないことにより、対抗買付者が出現した際に、対抗買付けの実行を困難にしない工夫がなされることが通例となっています。

(g)適切な情報開示

以上に加え、情報の非対称性の問題について、MBO を行う場合には、金融商品取引法及びそれを受けた政府令に基づく公開買付届出書及び意見表明報告書、金融商品取引所の規則に基づく適時開示（プレスリリース）において、開示しなければならない情報の内容が拡充されています。MBO については、例

えば、公正性の担保又は利益相反の回避のための措置についてより詳細な情報開示が求められるほか、公開買付けに対する意見表明に係る適時開示においては、株式価値の算定について通常の公開買付けの場合よりも詳細な事項の開示が求められています（図表4−4参照）。

図表4−4　MBOなどにおける算定の概要の開示

MBOなどに関して意見表明を行う場合には、算定の重要な前提条件として、市場株価法、類似会社比較法及びディスカウンテッド・キャッシュ・フロー法については、以下の内容を含めて記載する。その他の算定手法については以下の内容に準じて重要な前提条件を記載する。
①市場株価法
　・算定基準日、計算対象期間及び算定基準日が算定書作成日当日またはその前営業日でない場合には、当該日を基準日とした理由
　・計算方法（終値単純平均か加重平均かの別）
　・その他特殊な前提条件がある場合には、その内容
②類似会社比較法
　・比較対象として選択した類似会社の名称及び当該会社を選択した理由
　・マルチプルとして用いた指標（EV/EBITDA、PER、PBRなど）
　・その他特殊な前提条件がある場合には、その内容
③ディスカウンテッド・キャッシュ・フロー法
　・算定の前提とした財務予測（各事業年度における売上高、営業利益、EBITDA及びフリー・キャッシュ・フローを含む）の具体的な数値
　※上場維持を前提とする場合を除く。
　・算定の前提とした財務予測の出所
　・算定の前提とした財務予測が当該取引の実施を前提とするものか否か
　・算定の前提とした財務予測で大幅な増減益を見込んでいるときは、当該増減益の要因
　※上場維持を前提とする場合は、算定の前提とした財務予測で大幅な増減益を見込んでいるときはその概要（計数を含む）及び増減益の要因を記載し、算定の前提とした財務予測で大幅な増減益を見込んでいないときはその旨を記載する。
　※「大幅な増減益」に該当するかどうかについては、各当事会社の当該公開買付実施後5事業年度のいずれかにおいて、各々の前事業年度と比較して、利益の増加または減少見込額が30％未満であるか否かを目安とする。
　・割引率の具体的な数値（レンジ可）
　・継続価値の算定手法及び算定に用いたパラメータの具体的な数値（レンジ可）
　・その他特殊な前提条件がある場合には、その内容

（出所）東京証券取引所「会社情報適時開示ガイドブック（2018年8月版）」をもとに筆者作成。

③株式の公正な価格

MBO及びその条件に反対する株主は、2段階目のスクイーズアウト取引に際して株式買取請求権又は価格決定申立権を行使することにより、最終的には、裁判所が決定した株式の「公正な価格」の支払いを受けることができます。

この「公正な価格」については、レックス・ホールディングスのMBOに関する最高裁決定（最決平成21年5月29日金判1326号35頁）の補足意見を踏まえ、その後の多くの下級審裁判例では、①株式の取得日における客観的価値と、②取引実施後に増大が期待される価値のうち、既存株主が享受してしかるべき増加価値分配価格をそれぞれ算定した上で、これらを合算して算定されてきました。

しかし、「公正な価格」の判断枠組みについて、ジュピターテレコムの非上場化取引に係る最高裁決定（最決平成28年7月1日民集70巻6号1445頁）は、意思決定過程の恣意性を排除するための措置が講じられ、一般に公正と認められる手続がとられた場合には、特段の事情がない限り、当事者が定めた公開買付価格をもって取得価格（スクイーズアウト価格）とするべきであるとし、手続の公正性を重視するべきであることを示しました。最高裁決定は、具体的に講ずべき措置として、独立した第三者委員会や専門家の意見を聴くこと、及び公開買付けに応募しなかった株主の保有する株式も公開買付けに係る買付価格と同額で取得する旨が明示されていることを例示していますが、どのような措置を講じるべきであるかについては、個別の事案ごとに検討が必要になるものと考えられます。また、最高裁決定の補足意見において、一般に公正と認められる手続が実質的に行われたか否かを判断することが必要であるとされている点には、注意が必要です。ジュピターテレコムの事例は、多数株主による非上場化取引であり、多数株主と少数株主の間で構造的な利益相反が存在し、MBOと類似する構造にあることから、上記の考え方はMBOにも同様に妥当すると考えられています。

④ 取締役の善管注意義務

MBO における対象会社の取締役はどのような義務を負うのでしょうか。

レックス・ホールディングスの MBO に関して東京高裁判決（東京高判平成25 年 4 月 17 日判時 2190 号 96 頁）は、「MBO において、株主は、取締役（及びこれを支援するファンド）が企業価値を適正に反映した公正な買収価格で会社を買収し、MBO に際して実現される価値を含めて適正な企業価値の分配を受けることについて、共同の利益を有するものと解されるから、取締役が企業価値を適切に反映しない安価な買収価格で MBO を行い、旧株主に帰属すべき企業価値を取得することは、善管注意義務に反する」とし、取締役及び監査役は、善管注意義務の一環として、MBO に際し、公正な企業価値の移転を図らなければならない義務（公正価値移転義務）を負うとしています。

また、同判決は、取締役は、善管注意義務の一環として、公開買付けにつき会社として意見表明をするときは、当該意見表明において、株主が公開買付けに応じるか否かの意思決定を行う上で適切な情報を開示すべき義務（適正情報開示義務）を負うとしています。

同判決は、結論として、第三者算定機関の株式価値の算定結果に不合理がないこと等を理由として公正価値移転義務の違反は認めず、他方、直前の業績予想の下方修正の発表の段階で MBO の準備が具体的に進められていたという情報等を開示しなかったことについて適正情報開示義務の違反を認めました。同判決は、MBO を行う会社の取締役の行動規範を示すものとして重要な判決といえます。

さらに、公開買付けの途中で頓挫したシャルレの MBO に関して大阪高裁判決（大阪高判平成 27 年 10 月 29 日判時 2285 号 117 頁）は、「取締役が企業価値の移転について公正を害する行為を行えば、公開買付け、ひいては MBO 全体の公正に対する信頼を損なうことにより、会社は本来なら不要な出費を余儀なくされることは十分に考えられるから、取締役は、そのことによって会社が被った損害を賠償すべき義務を負う」としています。レックス・ホールディングス事件の東京高裁判決が MBO に際しての対象会社の取締役の義務を株主と

の関係で整理したものであるのに対し、シャルレ事件の大阪高裁判決は、会社との関係において、仮に買収価格が公正であったとしても、MBO の遂行過程で不公正な行為を行えば取締役の善管注意義務違反になることを明らかにしました。

(5) LBO ファイナンス

① LBO ファイナンスの仕組み

　PE ファンドが買収を行う際には、買収資金の一部を銀行からの借入等のファイナンス取引により調達することが一般的です。M&A のためのファイナンスには、①買収者自身の信用力を引き当てとして行うものと、②買収者自身の信用力を引き当てとせずに買収 SPC 及び対象会社の信用力のみを引き当てとして行うものがあります。PE ファンドが利用する LBO ファイナンスは、②買収 SPC 及び対象会社の信用力のみを引き当てとするファイナンスになります。

　LBO とは、レバレッジド・バイアウト（leveraged buy-out）の略語であり、PE ファンドが金融機関、年金基金、財団、個人富裕層、ファンズ・オブ・ファンズ等の投資家から集めた自己資金に加え、金融機関等からの借入等を利用することにより、レバレッジ効果によって投資効率を向上させる買収手法をいいます。この LBO に利用される金融機関等からの借入等を LBO ファイナンスといいます。

　LBO ファイナンスの最も典型的なケースにおいては、PE ファンドが投資家から集めた資金を利用して行われる普通株式出資（エクイティ）に加えて、金融機関からのシニアローンが利用されます。

　シニアローンのみでは必要な買収資金を調達できない場合には、普通株式出資とシニアローンの中間的な資金調達方法として、メザニン・ファイナンスが利用される場合があります。メザニン・ファイナンスは、典型的には優先株式又は劣後ローンが利用されます。普通株式出資は、対象会社が倒産等した場合

に出資した資金を回収することができない反面、事業が成功した場合のアップサイドをとれるという意味でハイリスク・ハイリターンとされ、シニアローンは、対象会社の倒産等の時でも株主に優先して元利金を回収することができる反面、利息を超えたリターンを得ることができないという意味でローリスク・ローリターンとされるのに対し、メザニン・ファイナンスはその中間的な位置づけであるミドルリスク・ミドルリターンのファイナンスであるとされています。メザニン・ファイナンスが利用される場合、債権者間協定、株主間協定等により、メザニン・ファイナンスの提供者とシニアレンダー及び普通株主との間の利益調整を行うことが必要になります。

典型的なLBOファイナンスのストラクチャーは、図表4－5のとおりとなります。

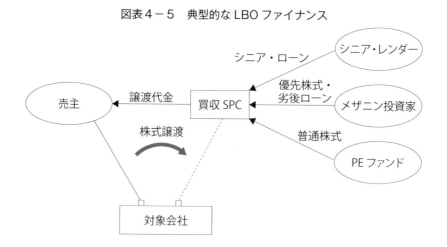

図表4－5　典型的なLBOファイナンス

●レバレッジ効果とは？

第2章でも簡単に触れましたが、ここでレバレッジ効果の意味について確認をしておきます。PEファンドが対象会社を100億円で買収し、3年後に150億円で売却してイグジットしたとします。全て自己資金により買収を行った場

合、PE ファンドの元手は 1.5 倍になります。他方、LBO ファイナンスを利用
し、自己資金 40 億円に加えて、銀行からの借入 60 億円を使って買収した場合、
仮に借入に対する利息を 10 億円支払ったとしても、借入の元利金合計 70 億円
を銀行に支払った後に PE ファンドの手元には 80 億円が残ることになり、同
じ投資期間で自己資金 40 億円が 2 倍になったことになります。このように、
LBO ファイナンスを利用することにより、投資効率を向上させることができ
ることをレバレッジ効果といいます。

②担保・保証
(a)担保設定の範囲（全資産担保の原則）

LBO ファイナンスは、買収 SPC 及び対象会社の信用力のみを引き当てにし
て行われるファイナンス取引であるため、LBO ファイナンスにおける担保は、
買収 SPC 及び対象会社の保有する資産に設定されるのが原則となります。最
も基本的な担保としては、買収 SPC の保有する対象会社の株式に設定する担
保権です。

もっとも、対象会社の株主は、対象会社の債権者との関係では、対象会社か
らの資金回収において劣後する地位にあるため、LBO ファイナンスのレンダー
からは、対象会社の債権者との関係でも優先的な地位を確保するため、対象会
社及びその子会社の個別の資産についても可能な限り担保権を設定し、かつ、
対象会社及びその子会社は借入人である買収 SPC の連帯保証人となることを
求められます。これを LBO ファイナンスにおける全資産担保の原則と呼んで
います。しかし、実務上は、担保を設定しようとする資産の担保価値や担保実
行の難易等を踏まえ、対象会社及びその子会社の全ての資産に対して担保権が
設定されるわけではなく、担保設定の範囲は当事者間の交渉によって決定され
ることになります。

担保設定がなされる典型的な資産としては、買収 SPC の株式、対象会社及
びその子会社の株式、対象会社及びその子会社の所有する不動産、機械設備、
在庫等の動産もしくは知的財産権又は対象会社及びその子会社の預金債権、売

掛債権もしくは敷金返還請求権等があります。なお、後記(b)のとおり、取締役の善管注意義務の観点から、対象会社又はその子会社に少数株主が存在する場合には、原則として、当該少数株主からの同意を得られない限り、対象会社は担保・保証提供を行うことができないことになります。また、対象会社に海外子会社がある場合、担保・保証提供には現地の法規制が適用され、親会社の債務に対する担保・保証提供が制約を受ける場合もあります。

(b)担保提供のタイミング

LBOファイナンスにおいては、対象会社及びその子会社がどのタイミングで担保・保証提供を行うかが問題となります。買収SPCの保有する対象会社の株式については、融資の実行（株式の取得）時点で担保提供することに問題はありません。また、対象会社が非上場会社であり、買収SPCが一度に対象会社の株式の全てを取得することができる場合は、対象会社及びその完全子会社についても、融資の実行時点で担保・保証提供することに問題はありません。

もっとも、対象会社が上場会社の場合など、1段階目の取引では対象会社の株式の全てを取得することができず、2段階目のスクイーズアウト取引を行うことが必要となる場合には、1段階目の取引が終わった時点では、対象会社に買収SPC以外の株主が存在しているため、一部の株主（買収SPC）の利益のためにのみ対象会社及びその子会社が担保・保証提供をすることは、対象会社及びその子会社の取締役の善管注意義務違反となる可能性があることから注意が必要です。そのため、実務上は、対象会社及びその子会社による担保・保証提供は、スクイーズアウト取引が完了し、少数株主が存在しなくなった時点で行われることが一般的です。

③買収後の問題
(a)既存借入のリファイナンス

LBOファイナンスを利用して対象会社を買収する場合、レンダーとしては、対象会社の信用を他の債権者に優先して自らの貸付の引き当てとするため、他

の債権者を排除しようとします。すなわち、対象会社が他の金融機関から借入を行っている場合、当該借入に関して対象会社の資産に担保権が設定されていれば、LBO ファイナンスのレンダーは後順位の担保権者になり、また、担保権が設定されていなかったとしても、対象会社が倒産した際に他の金融機関に優先して資金を回収することができなくなってしまうことなどから、LBO ファイナンスを実施する際には、対象会社は、PE ファンドによる買収完了の直後に LBO ファイナンスにより貸付を受けた資金により既存の金融機関からの借入を期限前弁済（リファイナンス）することを求められることがあります。

　この場合、対象会社において金融機関からの借入を運転資金に充てていた場合には、既存の借入を期限前弁済してしまうと運転資金が不足することになってしまいます。そのため、LBO ファイナンスにおいては、対象会社を買収するために必要となる資金に加えて、運転資金として使用するためのコミットメントラインも設定されることが多くあります。

(b)買収 SPC との合併

　LBO ファイナンスは、買収者である PE ファンドが設立した買収 SPC に対して貸付がなされます。この状況では、対象会社が倒産した場合、対象会社の資産は、まず対象会社の債権者に対する弁済に充てられ、その残余が、対象会社の株主である買収 SPC に対して分配されることになり、LBO ファイナンスのレンダーは、残余部分のみから債権の回収ができることになります。このような買収 SPC の債権者が対象会社の債権者に劣後する関係を構造劣後の関係といいます。そのため、LBO ファイナンスのレンダーは、構造劣後の関係を解消するため、対象会社の保証を求めることになりますが、形式的にも構造劣後の関係を解消するため、レンダーから対象会社と買収 SPC を合併させることを求められることがあります。

　対象会社を消滅会社とし、買収 SPC を存続会社とする合併を行う場合、対象会社が許認可を得て事業を行っているときには、当該許認可を合併に際して承継することができず、事業の継続に問題が生じてしまう場合もあるため、そ

のような場合には、事前にレンダーとの間で合併の必要性やスケジュールについて協議を行っておくことが必要になります。

(c)誓約事項（コベナンツ）

LBO ファイナンスにおける借入契約においては、レンダーにおいて、与信判断の前提とした対象会社の状況に変動を生じないようにすること、対象会社の財務状況等をモニタリングすること等を目的として、コベナンツが規定されます。

典型的な誓約事項としては、対象会社の財務状況等のモニタリングのために、財務諸表の提出等の定期的な報告義務や一定の事由が生じた場合の報告義務が規定されます。また、対象会社の事業上のリスク変化をモニタリングするため、レバレッジ・レシオ、純資額等の一定の財務指標について一定の基準値以上に保つことを義務付ける財務制限条項が規定されることがあります。これらに加え、配当・役員報酬の制限、合併等の組織再編行為の禁止、金融債務負担の制限、設備投資の制限等の対象会社の事業活動に対して一定の制限が設けられることもあります。

これらの誓約事項は、PE ファンドによる買収後の対象会社の事業活動に大きく影響するため、レンダーとの間で借入契約の交渉をする際には、慎重な検討が必要となるポイントの1つとなります。

2 PE 取引における契約の留意点

PE ファンドによる買収案件において締結される典型的な契約としては、対象会社の買収（株式取得）に関する取引契約に加え、対象会社の買収後における対象会社の経営や株式の取扱いについて定める株主間契約（PE ファンドが対象会社の株式の全部を保有している場合は締結されない）、対象会社の経営陣に対する対象会社の経営の委任に関する契約等があります。本項では、これ

第4章 PE取引における法務・契約上の留意点 227

らの各契約について、PEファンドによる買収に特徴的なポイントを中心に解説します。

(1) 株式譲渡契約

　非上場会社を買収する際には、買主であるPEファンドと売主である対象会社の株主との間で株式譲渡契約が締結されます。株式譲渡契約は、Share Purchase Agreementを略してSPAと呼ばれることがあります。一般的な株式譲渡契約の構成は、図表4-6のとおりです。

図表4-6　株式譲渡契約の構成

```
第1章　株式譲渡
第2章　クロージング
第3章　前提条件
第4章　表明及び保証
第5章　誓約事項
第6章　補償
第7章　解除
第8章　一般条項
```

① 譲渡価額

　株式譲渡契約においては、買主による対象会社の企業価値の評価（バリュエーション）の結果を踏まえて、売主と買主の間で交渉の上で合意された対象会社の株式の譲渡価額が規定されます。企業価値の評価は、過去の一定の時点における対象会社の財務情報に基づき行われるため、かかる評価の時点とクロージング（株式譲渡の実行）の時点の間に時間のギャップが生じ、その間に生じた事象は、あらかじめ評価に織り込まれているものを除き、譲渡価額には反映されません。そのため、譲渡価額は、契約締結時点で合意した固定額とする場合のほか、クロージング時点の財務状況等に応じて、事後的に調整を行う

場合があります。

　株式譲渡価額の調整は、クロージング時点の対象会社の財務諸表を作成し、契約締結時に譲渡価額を合意した際に企業価値評価の前提とした財務諸表とを比較することにより行われることが一般的です。比較する財務指標については、①純資産額、②（a）純有利子負債額（ネットデット）、又は（b）純有利子負債額（ネットデット）と運転資本（ワーキング・キャピタル）の額の組み合わせなどが利用されることが多く、契約締結時の株式の譲渡価額を決定した際に使用した企業価値の評価手法にも影響を受けます。具体的には、企業価値評価に純資産法を使用していれば、純資産額による調整が馴染みますし、ディスカウンテッド・キャッシュ・フロー法（DCF法）により、有利子負債が存しない前提（デット・フリー・ベース）での事業価値を算定した上で、純有利子負債額（ネットデット）の額を控除した額を株式価値として算出した場合には、純有利子負債額（ネットデット）又は純有利子負債額（ネットデット）と運転資本（ワーキング・キャピタル）の額の組み合わせによる調整が馴染みます。もっとも、実務上は、譲渡価額の決定に際しては、必ずしも１つの企業価値の評価手法に依拠する場合だけではないこともあり、譲渡価額の決定方法に関係なく比較対象とする指標が決定されることもあります。

　●アーンアウト条項

　譲渡価額の決定方法として、アーンアウト条項というものがあります。アーンアウト条項は、買収対価の一部を買収後における特定の目標の達成に連動させる規定です。例えば、買収後１年間の対象会社のEBITDAが予め定められた目標値を達成した場合には、買主から売主に対して一定の金額（アーンアウト価額）を支払うという合意です。

　アーンアウト条項の機能としては、例えば、対象会社において、利益を生じさせることが見込まれる新規の商品又は技術が存在すること、特殊な事情により一時的に業績が悪化していること、変化しやすい市場環境の事業を行っていること、十分な事業運営実績がないこと等の理由により、企業価値評価が難し

く、売主と買主の間で対象会社の評価に開きがあり、譲渡価額の合意ができないような場合において、相互の理解の溝を埋めて取引をより成立しやすくする機能があります。

アーンアウト条項を利用することにより、売主としては、企業価値を適正に反映した譲渡価額で対象会社を売却することができ、買主としては、企業価値に比して譲渡価額を払い過ぎるリスクを小さくすることができます。また、PEファンドによる買収という観点では、対象会社の経営陣が売主になる場合であって、買収後も一定期間は売主に対象会社の経営に関与してほしい場合には、アーンアウト条項を定めることにより、売主に対象会社の経営に対するインセンティブを付与することが可能になるという効果もあります。

なお、アーンアウト条項を規定する場合、売主としては、買主による対象会社の経営の仕方如何によって目標の達成の成否、すなわちアーンアウト価額の支払いを受けられるかが決まってくるため、株式譲渡実行後の買主による対象会社の経営方法に一定の制約をかけることを検討する必要が生じることになり、実務上は契約交渉のポイントの1つとなります。

②前提条件

株式譲渡契約においては、売主及び買主のクロージングに関する義務の履行について、それぞれ前提条件が規定されることが一般的です。英語では、Conditions Precedentというため、略してCP（シーピー）といわれることがあります。前提条件が充たされない限り、売主は株式を譲渡する義務を、買主は譲渡価額を支払う義務を履行する必要がないことになります。前提条件は、売主と買主のそれぞれについて規定されることが通例ですが、買主にとっては、対象会社が取引を実行するための前提が充たされた状態になっていることを確保するために、より重要な規定となります。買主の義務の履行の前提条件の具体的な規定内容としては、売主による表明及び保証が正確であること、売主の義務に違反がないこと、独占禁止法のクリアランス等の許認可が取得されていること、対象会社の取締役会等による株式譲渡の承認決議が得られていること、

株式譲渡につき同意が必要な第三者の同意が得られていること、対象会社の事業、資産・負債、財政状態等に重大な悪影響が発生していないこと（いわゆるMAC［Material Adverse Change］条項）等が定められることがあります。

　他方、売主としては、SPA が締結され、買収が公表されたにもかかわらず、最終的に株式譲渡が実行されないことになってしまった場合には、対象会社の従業員のモチベーションの低下や取引先からの信用の毀損等の悪影響が生じるおそれがあることから、取引実行の確実性を高めるため、できる限り買主の義務の履行の前提条件は限定的な内容にすることが望ましいことになります。

●ファイナンスアウト条項

　PE ファンドが買主である場合、買収資金を LBO ローンで調達することが多いため、買主において譲渡価額の支払いに必要な資金を調達できていることが買主の義務の前提条件とされることがあります。これは、ファイナンスアウト条項と呼ばれるものであり、売主と買主の間で交渉ポイントの１つとなります。買主が資金調達をできるか否かは、買主が銀行とどのように交渉するか、銀行が対象会社の事業・資産等をどのように評価するかなど、売主がコントロールできない事情によって決まります。そのため、売主としては、できる限りファイナンスアウト条項を規定しないことが望ましいですが、ファイナンスアウト条項が規定される場合には、買主に資金調達に向けた努力義務を課したり、資金調達ができなかった場合に買主が売主に対して違約金（リバース・ブレークアップ・フィー）を支払うこと（後記⑥「解除／ブレイクアップ・フィー」参照）を要求すること等が考えられます。

③表明及び保証

　表明保証とは、契約の当事者が、相手方に対し、特定の時点において一定の事実が真実かつ正確であることを表明し、保証するものです。英語では、Representations and Warranties（略してレップ）といわれます。株式譲渡契約における表明保証の典型的な項目は図表４－７のとおりです。主には、権利

能力や執行可能性など取引を適法かつ有効に行うにあたり前提となる事項と対象会社の財務状況その他の状況など、取引の実行又は条件を決めるにあたって前提とされた事項が表明保証の対象となります。例えば、売主の買主に対する表明保証のうち、対象会社の契約に関するものであれば、「対象会社の締結している重要な契約は、全て適法かつ有効に締結されており、相手方に対して執行可能であり、対象会社において債務不履行は生じていないこと」、対象会社の訴訟に関するものであれば、「対象会社を当事者とする訴訟は係属しておらず、そのおそれもないこと」などが規定されます。

図表4－7　株式譲渡契約における表明保証項目

売主の買主に対する表明保証
■ 売主に関する事項 　設立・存続、契約の締結・履行、強制執行可能性、法令などとの抵触の不存在、許認可などの取得、倒産手続の不存在、反社会的勢力、株式に対する権利 ■ 対象会社に関する事項 　設立・存続、株式、子会社・関連会社、財務諸表、後発事象、不動産、知的財産権、動産、在庫、債権、契約、保険、許認可、法令遵守、人事労務、年金、公租公課、環境、訴訟・紛争、関連当事者取引、アドバイザリー・フィーの不存在、情報開示
買主の売主に対する表明保証
設立・存続、契約の締結・履行、強制執行可能性、法令などとの抵触の不存在、許認可などの取得、反社会的勢力、資金調達

　売主又は買主の表明保証に違反があった場合、取引実行前においては、前提条件が充足されないことにより、相手方に対して取引実行を回避する権利が与えられ、取引実行後においては、相手方に対して補償請求によって金銭的な救済を受ける権利が与えられることが一般的です。

　売主としては、買主から対象会社に関する詳細な表明保証を求められることがありますので、対象会社の関係者の協力を得つつ、条項の1つひとつを精緻に分析し、既に表明保証の違反を構成することになる事実があることが判明している場合には、あらかじめ買主に開示し、表明保証の対象から除外することを要求する必要があります。また、売主から買主に対しては、表明保証の内容

について、重要性の限定（例えば、「対象会社は、適用ある法令に重要な点で違反していないこと」という限定が考えられる）や認識による限定（例えば、「売主の知る限り、○○であること」として、売主が株式譲渡契約の締結及び実行の時点で○○であることを知らなかった場合には、表明保証の違反を構成しないようにすることが考えられる）を要求することが一般的です。

④ 誓約事項

誓約事項は、売主又は買主の義務を意味します。英語では、Covenants というため、コベナンツといわれることがあります。売主のクロージング前の誓約事項は、①譲渡価額やその他の契約条件の前提となった対象会社に関する状況を確保・創出すること、又は②取引実行のために必要な行為がなされることを確保することを目的として規定されます。例えば、①の目的の誓約事項としては、売主が契約締結からクロージングまでの間、対象会社を善管注意義務をもって運営する義務があり、②の目的の誓約事項としては、売主において、対象会社が締結している契約で株式譲渡の実行が解除事由となっているものについて、契約の相手方から同意を取得することや、株式譲渡をする場合に必要となる当局の許認可を取得することに向けた努力義務等があります。

売主のクロージング後の誓約事項は、条項によってさまざまな機能がありますが、典型的には、売主の対象会社の事業についての競業避止義務等があります。

⑤ 補償

補償とは、売主又は買主に表明保証の違反又は義務の違反があった場合に、相手方に対して当該違反によって生じた損害を賠償又は補填することの合意です。英語では、Indemnification といい、インデムと略されることがあります。実務上、補償には、金額、期間、請求方法等に制限が設けられ、契約交渉のポイントの１つになります。売主としては、対象会社に関する表明保証を行うことになり、補償義務を負う可能性が相対的に高いため、補償規定はできるだけ

限定的な内容にすることが望ましいことになり、反対に、買主としては、できるだけ制限のない補償規定を設けることが望ましいことになります。

　補償には、補償義務の下限額と上限額が定められることがあります。下限については、僅少な損害について補償の可否を検証することの煩雑さを避けるため、個別の請求にかかる損害額の下限（de minimis）と損害の累計額の下限（basket）が設けられることがあります。また、損害の累計額の下限を超えた場合に、その全額を補償の対象にする場合と超過額のみが補償の対象となる場合（deductible）があります。上限については、リスクの最大額を確定させる効果があり、株式譲渡価額の一定割合として金額が定められることが多く、売主と買主のバーゲニングパワーのバランスに基づき、交渉により決まることになります。

　また、売主としては、対象会社の売却後、時効が完成するまでの間、補償義務を負うリスクを負担し続けることは避けたいと考えるのが通常であるため、補償には期間の制限が設けられることがあります。どのような期間が設定されるかは案件ごとにさまざまですが、買主としては、少なくとも1回は対象会社の決算を確認できるように補償期間を設定したいとの要望を持っていることが多く、そのような要望も踏まえて売主と買主の交渉により決定されることになります。

⑥解除／ブレイクアップ・フィー

　株式譲渡契約に基づき株式譲渡の実行が完了した場合、その後、対象会社においては、買主の傘下で役員の変更や事業運営方法の変更など、さまざまな変更が行われます。そのため、そのような株式譲渡の実行後に行われた変更を元に戻すことは困難を伴う場合が多いことから、株式譲渡契約の解除は、クロージング前までに限って行うようにすることが通例です。かかる限定がなされる場合、クロージング後に相手方に表明保証又は義務の違反があったことが判明したときには、株式譲渡契約を解除して原状回復を求めることはできず、補償請求による金銭的な救済のみが認められることになります。

●リバース・ブレイクアップ・フィー

　株式譲渡契約の締結後に一定の事由が生じたことを原因として、契約が解除により終了した場合に、一方当事者から他方当事者に対して支払われる違約金をブレイクアップ・フィーといいます。このブレイクアップ・フィーのうち、買主から売主に対して支払われるものをリバース・ブレイクアップ・フィーといいます。リバース・ブレイクアップ・フィーは、支払いを受ける売主の立場からは、買主にクロージングに向けて真摯な努力をするインセンティブを与えるとともに、契約が解除された場合には、取引の検討・準備等に関して生じた費用等の補てんを受けることができるというメリットがあります。

　前述のとおり、PE ファンドによる買収案件においては、LBO ローンが利用されることが多く、前提条件としてファイナンスアウト条項が定められる場合があります。その場合、買主が銀行から買収資金を調達できなかったときは、買主は株式譲渡を実行する義務（譲渡価額を支払う義務）を負わないことになり、売主は、株式譲渡のためにデューデリジェンスに協力したり、株式譲渡が行われることを前提に対象会社の従業員や取引先に対して説明等を行ってしまっていたとしても、買主に対して何らの請求もできないのが原則です。しかし、リバース・ブレイクアップ・フィーを合意することにより、売主は、買主であるPE ファンドが買収資金を調達することができなかった場合における損害の補てんを一定程度確保することができます。他方、買主としても、資金調達に向けた義務を負っている場合等において、資金調達に失敗した場合における損害の補償義務（リスク）の上限を確定することができる点でメリットがあり、規定の仕方によっては、実質的に、買主に対して取引からウォークアウェイ（取引を実行する義務［譲渡金額の支払義務］を免れることをいう）するオプションを与えることになることには留意が必要です。

　株式譲渡の公表後に契約が解除された場合、対象会社においては、従業員や事業に悪影響が生じたり、対象会社が売出し中であるということが公に認識されることにより損害が生じたりする可能性があることから、契約が公表後に解除された場合においては、売主に生じる損害は買主に生じる損害より大きくな

る場合が多いと考えられています。そのため、リバース・ブレイクアップ・フィーの金額は、売主が買主に対して支払う通常のブレイクアップ・フィーの金額よりも高く設定することが多くなっています。なお、リバース・ブレイクアップ・フィーの利用が普及している米国において、リバース・ブレイクアップ・フィーの金額は、支払の原因によって異なりますが、全体として、株式価値の約4〜7％となることが多いとされています。

(2) 公開買付応募契約

　対象会社が上場会社である場合、PEファンドが対象会社の全ての株式を取得しようとするときは公開買付けによらなければならず、対象会社の創業家等の大株主からの株式の取得も原則として公開買付けの中で行う必要があります。そのため、PEファンドが大株主との間で株式譲渡について合意する場合には、通常の株式譲渡契約ではなく、大株主がPEファンドの行う公開買付けに株式を応募することを合意する公開買付応募契約を締結することになります。

　公開買付応募契約の内容としては、公開買付けによる株式の取得を前提としているため一部の条項については通常の株式譲渡契約の場合と異なることになりますが、基本的には通常の株式譲渡契約と同様に考えることができます。なお、売主による株式の応募義務の前提条件等の一定の規定の内容については、公開買付届出書に記載して開示することが必要になります。

(3) 株主間契約

　PEファンドの協力を得て対象会社の経営陣がMBOをする場合、PEファンドによる買収後に対象会社の役職員に対して業績向上に向けたインセンティブとして対象会社の株式を保有させる場合等、PEファンドが対象会社の発行済株式の全てを保有しない場合には、PEファンドと他の株主との間で株主間契約が締結されることがあります。

株主間契約の内容は、PEファンド以外の株主が保有する対象会社の株式の保有割合等によって異なりますが、対象会社の経営・ガバナンスに関する合意、保有する対象会社の株式の取扱いに関する合意が規定されます。対象会社の経営・ガバナンスに関する合意としては、対象会社の取締役等の構成、指名権や相手方の事前同意を要する重要事項等が規定されることがありますが、PEファンド以外の株主の株式の保有割合が小さく、対象会社の経営に関して影響力を持つことが想定されていない場合には、対象会社の経営・ガバナンスに関する合意は規定されず、保有する対象会社の株式の取扱いに関する合意のみが規定されることもあります。保有する対象会社の株式の取扱いに関する合意として規定されることのある主な条項には、次のようなものがあります。

①譲渡制限

PEファンド以外の株主は、PEファンドの同意がない限り、対象会社の株式を譲渡することができない旨を合意することが一般的です。PEファンドによる買収後においては、機動的かつ大胆な経営をするため、対象会社の閉鎖性を維持することが望ましい場合が多いこと、業績向上に向けたインセンティブとして株式を保有している場合が多く、その場合には対象会社の役職員自身が株式を保有している必要があること、株式が散逸するとPEファンドがイグジットする際に困ること等の理由から、株式の譲渡制限規定が設けられます。

②先買権

株主による株式譲渡を認める場合、他の株主の先買権が規定されることがあります。先買権とは、株主が第三者に対して株式を譲渡しようとする場合、株式を譲渡しようとする株主は第三者への譲渡の条件を先買権を有する株主（先買権者）に通知し、先買権者が通知を受けた条件以上の条件により当該株式を買い取ることのできる権利をいいます。また、株主が株式を譲渡しようとする場合には、まず株主間契約の当事者である他の株主にその旨を通知し、通知を受けた他の株主は、一定期間、株式を譲渡しようとする株主との間で当該株式

の譲受けについて交渉することのできる優先交渉権が規定されることもあります。

③ドラッグ・アロング権

株主間契約においては、PE ファンドが、その保有する株式を第三者に対して譲渡する場合に、他の株主に対して、その保有する株式についても、同じ条件で当該第三者に対して一緒に譲渡するよう請求することができる権利が規定されることがあります。このような権利をドラッグ・アロング権といいます。PE ファンドはいずれ株式を譲渡してイグジットをすることが前提となっており、新たに株主となる買主候補者としては、少数株主の存在しない状態で対象会社を買収することが望ましいと考えられることから、他の株主が保有する対象会社の株式も一緒に対象会社の発行済株式の全てをまとめて譲渡できる方が、PE ファンドとしてはイグジットがしやすくなるため、ドラッグ・アロング権は PE ファンドにとっては重要な規定となります。

④タグ・アロング権

反対に少数株主である PE ファンド以外の株主の権利を守るための規定として、タグ・アロング権があります。タグ・アロング権とは、PE ファンドが対象会社の株式を第三者に譲渡する場合に、少数株主がその保有する株式も PE ファンドと一緒に同じ条件で当該第三者に譲渡することを請求することのできる権利をいいます。少数株主としては、PE ファンドがイグジットをする際、新たな買主が対象会社の企業価値を向上させられる者であるかなどがわからないため、PE ファンドと一緒に株式を譲渡することができる権利を確保しておくことが望ましいことになります。

⑤コール・オプション／プット・オプション

一定の事由が生じた場合に他の株主が保有する株式を買い取ることのできる権利をコール・オプションといい、反対に他の株主に株式を売り付けることの

できる権利をプット・オプションといいます。PEファンドの締結する株主間契約においては、例えば、PEファンド以外の株主が後述する経営委任契約に違反した場合に、PEファンドが当該株主が保有する対象会社の株式を時価よりもディスカウントした価格で買い取ることのできるコール・オプションが規定されること等があります。

⑷ 経営委任契約

PEファンドは、基本的に自ら経営者となって投資先企業を経営するのではなく、既存の経営者又は新たにPEファンドが連れてくる経営者に対して投資先企業の経営を委任します。そのため、PEファンドは、経営者との間で対象会社の経営について経営委任契約を締結することが通例です。経営委任契約は、ESA（Executive Service Agreement）と呼ばれ、経営委任契約に規定される主な条項は次のとおりです。

① 経営目標（事業計画）

PEファンドは、対象会社に対して投資をするか否かの判断をするにあたり、経営者との間で対象会社の将来の事業計画について協議し、目線を合わせた上で、当該事業計画に基づけば投資家として一定の利益をあげることができると判断できる場合に、対象会社に対して投資することを決定します。したがって、対象会社の買収後は、対象会社において当該事業計画に沿った収益が生じることが期待されることになります。そのため、PEファンドは、経営者との間で、対象会社の経営目標又は事業計画について合意することがあります。

　経営委任契約においては、かかる経営目標又は事業計画について、経営者の努力目標として規定される場合と必達目標として達成できないときにはペナルティの生じる経営者の義務として規定される場合があります。

② 報酬

経営委任契約においては、経営者の報酬について合意されることがあります。報酬は、基本的に対象会社から取締役の報酬又は従業員としての給与として支払われることになります。

PEファンドにとっては、経営者に対して対象会社の業績向上に向けて努力するインセンティブを与えるため、どのような報酬体系を設計するかは重要なポイントとなります。通常の固定報酬に加えて、一定の経営目標を達成した場合に賞与を支払うこと、もしくは固定報酬を昇給させることについて合意する場合や、対象会社の株式又は新株予約権を付与することがあります。

③ 辞任・退任事由

PEファンドは自ら対象会社を経営するわけではないため、優秀な経営者が辞任等して会社を辞めてしまえば、対象会社の経営に問題が生じたり、少なくとも新たな経営者を探す必要が生じます。そのため、PEファンドとしては、経営委任契約において、経営者の辞任等を制限することを合意しておくことが望ましいということになります。

他方、PEファンドとしては、対象会社の経営がうまくいっていない場合や経営者が不正を働いた場合等、経営者を交替させたいという場合も生じ得ます。そこで、そもそも経営委任契約上、経営者を対象会社の取締役として選任することを約束するのか、選任を約束する場合には、どのような場合に経営者を解任等することができるのかが問題となります。退任事由としては、経営者に法令又は対象会社の定款その他の社内規程の違反があったこと、経営者に経営委任契約その他の関連契約の違反があったこと、健康上の理由等により職務の遂行が困難となったこと、経営者に倒産事由が生じたことに加え、前述した経営目標を達成することができなかったこと等を規定することが考えられます。

この点、会社法上、取締役が任期満了前に正当な理由なく解任された場合、会社は、取締役に対して解任によって生じた損害（賠償すべき損害の範囲は、取締役が解任されなければ在任中及び任期満了時に得られた利益の額と考えら

れている）を賠償しなければならないこととされています（会社法339条2項）。

④職務専念義務・競業避止義務

経営委任契約においては、経営者に対象会社の企業価値の向上に向けて最大限の努力をしてもらう観点から、経営者は在任中は他の会社等の業務を行わず、対象会社の職務に専念する義務が規定されることがあります。

また、経営委任契約においては、経営者の在任中及び退任後一定期間の競業避止義務が規定されることが多くあります。会社法上、取締役会設置会社の取締役は、自己又は第三者のために会社の事業の部類に属する取引をしようとする場合には、取締役会の承認を得なければならず、取締役会の承認を得た場合でも、取締役の会社に対する責任が完全に免除されるわけではなく、かかる競業行為により会社に損害が生じた場合、当該競業行為に関して取締役に任務懈怠があれば、会社に対する責任を免れないものとされています。また、取締役が、取締役を退任した後に会社と同一又は類似の事業を行うことを企図して、在任中に会社の従業員に対して引き抜き行為を行うことは、取締役の会社に対する忠実義務の違反となる場合があるとされています。このように、取締役は、会社法に基づき一定の競業避止義務を負っていますが、PEファンドとしては、経営委任契約において、競業避止義務の範囲を明確にしておくことが望ましいと考えられます。

また、会社法上は、取締役の退任後の競業は原則として禁止されません（在任中に得た営業秘密を競業に利用した場合、不正競争防止法違反となる場合はある）。そのため、経営者に取締役の退任後も一定の期間について競業避止義務を負わせるためには、経営委任契約において競業避止義務を規定しておく必要があります。もっとも、退任後の競業避止義務は、経営者の職業選択の自由を制約することになるため、競業避止義務の内容・期間、競業避止義務の必要性、代償措置の有無・内容等の諸要素を考慮して、かかる規定の有効性が判断されることになります。実務上は、かかる議論を踏まえ、経営者の取締役の退

任後の競業避止義務は、1～2年に設定することが多くなっています。

⑤事前承諾・協議事項

　PE ファンドは、経営者に対して一定程度の裁量を与えて対象会社の事業運営を任せることがありますが、一定の重要事項については、PE ファンドの事前の承諾を得なければならないこと、又は、PE ファンドと事前に協議をしなければならないこととすることにより、対象会社の経営を管理していくことがあります。

　事前承諾又は事前協議の対象として規定されることのある事項については、定款変更、合併等の組織再編、新株・新株予約権の発行等の会社の組織や株式に重要な変更を生じさせる事項から、重要な資産の譲渡・購入、設備投資、重要な契約の締結・解約、借入・社債の発行等のより会社の日々の事業運営に近い事項まで様々なものがあり、案件ごとに、対象会社の経営状況、PE ファンドと経営者の関係性等に基づき決まってくることになります。

PEファンドの運営とビジネス

PEファンドは、金融投資家から見た資産運用の1つの手法という側面と、運用会社から見たPE投資ビジネスという側面があって、それらを融合させた存在であるとも考えられます。

本章では、企業側から見た場合の「経営のパートナー」となるべきPEファンドがどのような枠組みで運用されているのか、主に、ビジネスの目線で概観していきましょう。

1 PEファンドのビジネス

(1) PEファンドのビジネス

PEファンドは、資金の提供を行う投資家（金融機関等）と、投資活動の一切の運用を任されているPEファンド運用会社が、「PE（主に非上場株式）投資を通じた投資資産の価値の最大化」を目的とした共同事業を行うための組合になります。

PEファンドの基本的な業務は、
　①投資ファンドの設立　（資金調達）
　②投資機会の探索、調査、投資実行　（投資実行）
　③投資対象企業の課題解決、価値向上　（価値向上）
　④投資対象企業の売却と、投資家への分配　（投資回収）
といった時系列的なプロセスがあると説明しました。

仮に、これを資金提供者（LP投資家）の目線で見るならば、PEファンドへの投資は、
　①一定の期間
　②一定の投資方針
に基づいて、
　③一定の金額

を資金提供し、回収を図ることを通じて、投資資産の価値の最大化を狙う取引ということもできます。

むしろ、このように投資家目線に置き換えた方が、PE ファンドを取り巻く実情を正しく表しているようにも思えます。以下、具体的な内容について説明していきましょう。

⑵ PE ファンドの運用期間

まず、「一定の期間」とは、すなわち、PE ファンドの運用期間ということになりますが、一般的には 10 年程度の長期の期間設定がなされています。これは、PE 投資にかかるオープンな市場はなく、経営参画型株式投資という、イレギュラーな投資機会を探索するところからスタートする投資事業であるため、運用の期間についても、ある程度の期間の余裕が必要なためです。

そして、一般的には、この 10 年のうち前半の 5 年間を「投資期間」として設定され、新規の投資は、この期間内に実施することが求められます。つまり、最初の 5 年間で必要な投資機会へ何らかの形でアプローチをするとともに、事業調査、評価、交渉、取引成約まで持っていく必要があります。その上で、企業価値の向上に努め、最終的な運用期間内（10 年以内）での売却、回収が必要になるのです。[1]

このように、新規投資が可能な期間、そして、最終的に投資を回収するまでの期間、といった 2 種類の期間が定められているのが、PE ファンドにおける運用期間の特徴になります。

⑶ PE ファンドの投資方針

次に、「一定の投資方針」とは、PE ファンドとしての投資にかかる基本方

---

1 投資回収が期間内に実施困難となった場合には、例外的に、投資家の承認を得た上で、2 年程度の期間延長が認められることがあります。

図表5−1　投資運用イメージ（5年以内で5件程度投資するシンプルなケース）

	1年	5年	10年
1件目	投資 ──→ 売却		
2件目	投資 ──────→ IPO ──→ 売却		
3件目	投資 ───────────────→ 売却		
4件目	投資 ──────────────→ 売却		
5件目	投資 ─────────────→ IPO ──→ 売却		

針になり、これを遵守して投資活動を行うことが必要となります。

　本来、投資ファンドの場合、特定の業界や、特定のテーマ（海外展開、事業承継、大企業案件など）にフォーカスをした上で投資を行っていくほうが、投資家から見るとわかりやすいのですが、PE投資は、事業の承継など、多くは予測が困難な非日常的な要因が取引の動機となっているため、投資対象を細かく予測、限定することが難しいという特徴があります。そのため、投資家側も、ある程度はプロの運用会社側に委ね、幅広く投資をできるような合意を行っているケースが多いかと思われます。

　具体的な投資方針としては、例えば、

　「日本国内の、成長期もしくは成熟期にあって、潜在的な事業価値の創出が可能な企業に対して、原則として、過半数以上の出資を行い、事業価値の向上を図った上で、投資回収を行う」といったように、PEファンドの投資スタイルをイメージさせる程度の記述が一般的のようです。

　すなわち、「日本国内の事業会社に対して、経営権の絡むような投資を行う」といったことが決まっているだけで、反社会性などを除くと、明確な縛りはほとんどなく、業種や規模について、厳格に定められる訳ではないようです。

　ただし、PEファンドの運用実務上は、投資契約での投資対象が限定されている訳ではないので、何でも投資をして良いと安易に考えることはなく、各ファンドとも、組合の運用者としての善管注意義務の観点からも、かなり厳格

に投資対象を絞り、選別している印象はあります。

　第2章の「PEファンドの投資対象」でも説明したような投資目線をベースとしつつ、各ファンドが、独自の基準の投資方針を持ち、投資候補先の選別、投資実行を行っていると考えていただいて良いかと思います。

⑷ PEファンドの投資金額

　次に、「一定の金額」は、PEファンドが運用する資金的な規模を示しますが、これは、ファンド会社によって大きく異なります。

　PEファンドの運用会社としては、前述した投資期間や投資方針については、運用会社側でコントロールできる部分ですが、この投資金額については、各投資家との個別交渉によって積み上げられた数字になるため、運用会社側で安定的にコントロールしていくのは難しいという側面はあります。

　現時点の日本のPEファンドの場合、大雑把な分類をすると、

　1,000億円超　大型ファンド

　500億円程度　中型ファンド

　100億円程度　小型ファンド

といったイメージがありますが、このファンド規模というのは、実は、PEファンドのビジネスを考える上では、最重要の構成要素となります。

　それは、ファンド規模が決まると、運用会社としての当面の収入（ファンドの管理報酬）が決まることになり、それに連動してファンド内部のチーム体制が決まることになるためです。この点、詳しい話は後述することとします。

　一方、ファンドの営業サイドから見ると、ファンドの規模が決まると、投資できる会社の規模が概ね決まることになります。具体的に、どのようなプロセスで投資案件の規模が決まるのでしょうか。これには次のようにいくつかの考慮すべき要素があります。

①運用コストのプール

PEファンドは、投資家から調達したお金をすべて投資に充てられるかというと、そうではありません。実は、PEファンド運用会社のコストなど（ファンド総額の年1〜2％程度）も、投資家から調達したお金の中から支払われるため、その分を予めファンドの内部にプールしておく必要があるのです。

このため、投資に充てられるのは、ファンド規模や管理報酬の体系などにも異なりますが、運用コストを差し引いた残額に相当するファンド総額の概ね80〜90％程度ではないかと思われます。

そして、残りの10〜20％程度が、PEファンド内に未使用コミットメント残としてプールされ、運営会社の報酬としてファンドの存続期間の中で段階的に支払われることになるのです。

②分散投資条項

また、PE投資のリスク分散の観点から、1件あたりの最大出資額をファンド総額の20％に設定するなど、1件あたりの投資金額に制限を設けるケースが多いようです。

これは、世に絶対に成功する投資というのはあり得ないことから、PEファンド内部においても、リスク分散機能を持たせたいということなのでしょう。

③ローンによるレバレッジ

そして、上記の①、②を基礎として、1件あたりの想定出資金額を求めることになりますが、これがイコール1件あたりの取引金額となるということではありません。

多くのPEファンド案件では、LBOローンを活用することになりますが、仮に、出資額と同額のローンを活用した場合、投資規模としては出資額の2倍になりますし、仮に、出資額の3倍のローンを活用した場合には、出資額の4倍が投資規模になります。

すなわち、ローンを活用することによって、1件あたりの投資規模は、出資

額の2〜4倍のイメージに大きく膨らむ可能性があるのです。

上記より、1件あたりに想定される投資規模としては、以下のような算式で整理することができます。[2]

運用ファンド総額	100 とする
△運用コスト分のプール	100 × 20%
×分散投資	× 10 〜 20%
= 1件あたりの想定出資額	8 〜 16 程度
×ローンによるレバレッジ	2 〜 4 倍
= 1件あたりの想定投資額	16 〜 64 程度

この考え方によると、例えば、100億円の規模のファンドだと、1件あたりの投資額は、16〜64億円程度となり、500億円の規模のファンドだと、1件あたりの投資額は、上記の5倍である80〜320億円程度になるといったイメージで、かなりの幅があることがわかります。

ただし、実際には、この枠組みに限定されることなく、これよりも大きな案件に取り組む際には、既存のファンドに加えて、別の専用ファンドを立ち上げるか、他の共同投資家と一緒に買収を行うことによって対応するケースもあります。また、ファンドの投資が当初の想定よりも進んでいない場合などにおいては、この枠組みよりも小さい案件であっても、取り組むケースがあるように思われます。

なお、実際の各ファンドの考え方としては、上記のように、全体のファンド規模が決まってから個別の投資案件の規模を想定するということでなく、逆に、「1件あたり30億円くらいの出資が必要なPE投資案件が、年に2件、5年で10件くらいが想定されるため、300億円くらいのファンドが適切だ」と個別に積み上げて考えるケースのほうが多いのではないかと思われます。

いずれにしても、PEファンドは、主に事業承継や、事業再編といった少々

---

2 あくまでも、一般的なイメージとしての試算であり、実際には、ファンドの運用方針によって異なる可能性があります。

不規則な投資機会を求めている性質上、投資時期や、投資規模、投資件数など
は、計画通りに積み上げていくのはコントロールが難しく、さまざまな工夫を
しながら、ファンド全体の運用を行っていくことになると思います。そして、
実際には、想定通りの計画にはならずに、出合い頭的に投資残高を積んでいく
ことになるのは、PE ファンドビジネスの宿命のようにも感じます。

⑸ PE ファンドと LPS 法

　PE ファンドでは、投資家と、運用会社を結ぶ役割を担うのが、「有限責任
型の組合」であることは前述した通りです。

　この場合、PE ファンドの運用会社が、無限責任組合員（GP）となり、実際
の投資実行、企業価値向上、回収、分配といった一連のファンド活動を実行し
ていきます。

　一方、金融機関等の投資家が、有限責任組合員（LP）となり、実質的な資
金の提供を行うとともに、（必要に応じて）投資に関する助言などの役割を担
うことになります。

　通常の民法組合の場合、すべての組合員が、組合運営に関して（対外的に）
無限責任を負うというのが原則ですが、これだと運営に直接関わっていない投
資家側の合意は得られないだろうということで、1998 年に、日本でも投資事
業有限責任組合法（ファンド法、LPS 法）が制定され、対外的な有限責任性
を明確にするとともに、投資家保護やファンド運営のためのさまざまなルール
が導入されました。これを受けて、PE ファンドや、ベンチャーキャピタルな
どで、広く投資事業有限責任組合（LPS）が使われることになりました。従っ
て、国内で資金調達を行っているファンドの多くは、この LPS 法に基づく PE
ファンドだということになります。

　一方、外資系の PE ファンドや、国内系でも海外の機関投資家からの資金を
集めているケースでは、海外の投資ビークルが活用されているようです。海外
の投資ビークルは、法的には LPS 法のファンドとは異なりますが、有限責任

型で、税務的にもパススルー型のものであり、機能としてはLPS法によるファンドと同様なものをイメージしていただいて良いかと思います。

⑹ PEファンドの報酬体系

国内のPEファンドは、多くは、LPS法の枠組みの中で、設置、運営されるのですが、PEファンドの運用会社は、自ら設立したPEファンドから以下のような報酬を得ることになります（この場合、ファンドから見ると、報酬を払い出すことになるので、当然ながら、その分投資家の負担が生じるということになる）。

①運用期間中の管理報酬

まず、PEファンド運用会社の日常の運用経費を賄うための報酬としての管理報酬が支払われます。

これは、他の投資信託等、上場株式のファンドと同様に、ファンドサイズに応じて支払われるという形態が取られています。一般的には、ファンドの規模などにもよるようですが、ファンドサイズ（ファンドのコミット総額）の1〜2％が、年額の管理報酬として設定されるようです。通常は、この範囲内で、PE運用会社の人件費やオフィス費用などを賄い、ファンドのパフォーマンスを最大限に上げる努力がなされます。

そして、運用期間の当初5年間は、投資活動を最大限に行う観点から、安定的な報酬が支払われますが、5年間の投資期間が終了すると、その時の投資残高に応じた報酬体系に変更されることになります。

すなわち、当初の投資期間中は、ファンドサイズに応じた固定の管理報酬が支払われますが、それが経過し、育成・回収期間になると、実施済みの投資残高に応じて、いったん管理報酬が減額されるのです。そして、さらに投資売却に従って、投資残高も減っていくため、それに連動して、管理報酬も段階的に減額していくイメージになります。

② 運用の成果に基づく成功報酬

そして、投資案件の売却に応じて、売却益（キャピタルゲイン）が生じた場合には、一般的には、ファンド運用にかかる経費などを除いたファンドの純利益額の20％程度の成功報酬が、PEファンド運用会社に対して支払われることになります。

このような成功報酬は、通常は、全ての投資案件を投資完了し、何件かの売却・回収を経て発生するため、ファンドの後期（設立後7～10年程度）で生じることが多いようです。ただ、成功報酬の発生の要件として、「ハードルレート」といって、投資家から見た投資利回りが、一定レート（8％程度）を超過しないと、そもそも成功報酬が発生しないという縛りを受けることが通例です。

このように、PEファンドの運用会社の報酬体系は、ベースとなる管理報酬と、成功報酬の2本立てでわかりやすく構成されていますが、このわかりやすさこそが、「投資家から見た安心感」と、「PEファンド運用にかかるメンバーのインセンティブ」の両立につながっていることは、特筆すべき点であろうと思います。

(7) 報酬体系による投資行動への影響

上記のように、PEファンドの報酬体系は、

- 当初の投資期間は安定しているが、その後は投資残高に応じて、段階的に減額していく
- 成功報酬には、ハードルレートという時間概念がある

という特徴を有するため、PEファンド運用会社としての経営の安定化のためには、

① 当初の投資期間に、スピーディに良質な投資案件を積み上げることが当面の大命題となること

② じっくりと時間をかけて企業を育成するというよりは、ある程度の短期勝

負で事業の立て直しを行い、スピーディに投資回収に向けた準備をすること

③投資期間が終了する前には、「次なるファンドを組成」し、すみやかに次なる投資を開始すること

といった考え方や行動を生じさせやすくなり、投資行為自体が目的化してしまう恐れもあります。

これらは、PE ファンドの本来の役割である企業の問題解決という存在意義からは外れてしまう恐れもある話なので、PE ファンド運用会社としても、十分に律しながら、運用すべきポイントになるでしょう。

図表５−２　PE ファンドの報酬体系

	プラス面	マイナス面
管理報酬	投資期間は一定額が支払われる	投資期間経過後は、投資残高に応じて減額される
成功報酬	投資家の利益の 20% が支払われる	ハードルレートという IRR（内部利益率）をベースとした足切り基準がある
ファンド組成	次なるファンドが組成されると、新たな管理報酬が支払われる	過去の投資実績次第では、ファンド組成は困難となる（もしくは、投資規模が縮小される）

2 PE ファンドビジネスの６つの特徴

次に、PE ファンドビジネスの本質を理解いただくために、その特徴をいくつかピックアップしてみたいと思います。

⑴ 再現困難な投資機会

PE ファンドのビジネスにおける特徴を示すとするならば、第一に挙げられるのが、投資機会の発掘自体が非常に難しく、かつ、再現が困難であるという

点です。

　もともとが、企業の承継や再生など、非日常的な取引動機を追いかけていることや、日本での「ファンド」のネガティブな報道のされ方などもあって、なかなか取引が成立しないということもありました。

　そもそも良い投資機会を見つけることも非常に難しいですし、さらに、それを適正な価格で交渉して取引を成立させるのも難しい。さらにいえば、いくら資本の過半数を押えたといっても、人の心は簡単には変わるものではありません。そこから、適切な戦略を立てて、適切な人材・資金をアレンジした上で、会社を立て直すというのも、なかなか痺れる大変なことなのです。

　すなわち、投資案件を探して投資を実行するまでのプロセスは、通常の企業でいうところの、「仕入」活動に該当しますが、ここの仕入がないことには将来の売上（投資回収）は発生し得ません。この仕入先のルートが定まっている訳ではなく、再現性が乏しいというところが、PEファンドビジネスの最大の難所と感じます。

　しかしながら、昨今は、PEファンドのことを理解している仲介者が増えてきていることや、報道されているような優良な企業でのPEファンド活用も増えてきていることなどもあって、だいぶ壁が取り払われてきていることを感じます。

⑵ 時間的、金額的、案件的な制約

　そして、上記のようなことを、限られた時間軸の中でスピーディに実施していくことの困難性もあると感じます。

　PEファンド自体の存続期間は10年というのが一般的ですが、あくまでも、最終的な回収を図るまでの期間という意味で、アクティブに投資活動ができるのは、ファンドの設定から5年間に限定されています。

　PEファンドの事業を行うためには、適切な投資チームを組成した上で、この5年という限定された期間内に、非日常的な取引動機を集約し、投資案件と

して仕立てていくことが必要になるのです。

しかも、当然のことながら、金額的な制約、案件内容による制約があることもあり、自社のファンドに適した案件（金額及び内容）を少なくとも5件以上（20％ルールの場合）、投資していくことが求められており、実務上の困難性もあると感じます。

(3) Jカーブ

上記のようにさまざまな制約の中で、取引実現の困難性があるばかりでなく、ファンドの立ち上がりでは費用や投資ばかり出ていくこと、PEファンドにとっての売上となる投資案件の売却は、早く見てもファンドの開始から3年目以降になることなどから、当面は、キャッシュフロー的にも、損益的にも、赤字になるはずなのです。つまり、PEファンドのビジネスは、どんなに投資が順調にできたとしても、当面は、必ず赤字になる厳しいビジネスなのです。

もちろん、投資が上手くいけば、「最初に落ち込んで、後で盛りかえす」と

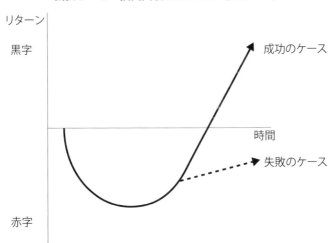

図表5－3　投資回収のプロセス（Jカーブ）

いうことになりますが、このような投資回収のプロセスは、アルファベットの「J」の字に似ていることから、PEファンドビジネスは、Jカーブの効果を持つといわれることがあります。

もちろん、Jカーブ効果が実現するのは、あくまでも投資が上手くいった場合の話です。「最初から赤字で、最終的にも赤字だった」、といったことにならないように、慎重な投資先の選定が必要になるのです。

⑷ 投資家と運用会社の利害一致

上述したような困難なビジネスを成立させるために、PEファンドでは、1つの徹底したビジネス原理の下で、すべての仕組みが設計されています。それが、投資家と運用会社の利害一致という原理です。

PEファンドの運用にあたっては、前述したとおり、PEファンド運用会社が、無限責任組合員（GP）となり、投資家となる金融機関等は有限責任組合員（LP）となり、有限責任型の投資組合を組成し資金調達を行います。ただし、実は、出資を行うのは有限責任組合員だけではなく、無限責任組合員となる運用会社も出資を行うことになるのです。一般的には、PEファンド運用会社としては、出資総額に対して1％程度の出資が投資家から求められることになりますが、仮に、100億円程度の小規模のファンドだとしても、運用会社として1億円程度出資する必要があり、個人を中心とした集団から見ると、それなりに意味のある額となります。このように、投資家と運用会社で、同じリスクを取ることによって、利害の一致が図られることになります。

また、PEファンドの報酬は、ファンドの預かり残高に対して概ね1～2％程度で設定され、成功報酬は、投資家側のキャピタルゲイン総額の20％で設定されることが多いことは説明いたしましたが、まさに、この投資家側のキャピタルゲインに連動して、上限なしに増加していく報酬体系というのが、投資家と運用会社の利害一致を強固なものとしています。そして、このような強固な利害一致こそ、投資家から見たPEファンドのガバナンスとして、最も有効

な方法と考えられているのです。

　なお、この成功報酬については、クローバック条項といって、仮に、いったん成功報酬を支払った後のファンド運用で損失が生じるような結果が生じた場合には、例外的に、成功報酬の一部を返還するといった条項が付けられることもあります。これも、最近のPEファンドを巡る、投資家と運用会社の間の契約では、スタンダードになっており、投資家と運用会社の利害一致が徹底されることになります。

(5) リターンの時間概念

　そして、PEファンドのリターンについては、一定の時間の価値概念が含まれていることも、見逃せないポイントです。

　上記の成功報酬の算定にあたっては、ハードルレートといって、投資家側が、最低限必要とされる収益率が定められていることが一般的です。

　すなわち、IRR法によって求められたファンドのリターンが、ハードルレート（例えば、8％など）に達している場合には、相応の成功報酬が支払われ、ハードルレートに達していない場合には、いくらファンドでの大きな利益が出ていても、成功報酬が支払われることはないということになります。

　例えば、当初、100で投資を実行し、8％の複利で7年間運用した場合には、170以上のリターンになっているのですが、この程度の運用成果では、成功報酬は払われないということなのです。[3]

　これは、PEファンドのガバナンスの観点からも、好ましい結果をもたらします。ハードルレートを設定し、投資家の目線を明確にするとともに、単に、PEファンドの存続のためだけに、だらだらと投資を継続するようなケースは避けられるからです。

　ちなみに、PEファンドの出資形態として、出資契約後に資金を全額支払う

3　$100 \times 1.08^7 = 171.382\cdots$より。

のでなく、投資の進捗に応じて、段階的に出資する方式（キャピタルコール方式）が採用されているのも、このリターンの時間価値を考慮してのことと考えられます。すなわち、PEファンドは、その資金を預かった瞬間から、その資金をハードルレート以上で運用するという責務を負っていると考えられるのです。

⑹ キーパーソン

そして、リターンの時間概念と並ぶようなPEファンド特有のガバナンス手法が、キーパーソン条項です。

これは、ファンドの成否は、GPの業務を行う個人の能力に依るところが大きいため、該当のキーパーソンが辞職した場合には、ファンドの活動を停止する（もしくは、それをLP投資家間で協議できる）ことができるような条項を盛り込むことが通例となっています。

これは、PEファンドの運用は、投資家の巨額の資金を預かるという重要な責務を負うため、それにふさわしい人材が中心にいるというのが、当然だろうという考えに基づくものです。つまり、「あなたであれば、実績もあるし信頼できる」と、投資家の判断が最初にあって、その延長線上に、PEファンドの組成（組合契約）が行われることになるのです。

そして、PEファンドの実務では、その運用会社の代表者の単独、もしくは、主要なパートナーなどを含めた複数人がキーパーソンとして選定されることが多いようです。

3 PEファンドと資金調達

そして、PEファンド設立のための出発点となる資金調達についても、その概要に触れてみたいと思います。

(1) PE ファンドと投資家

　PE ファンドの資金調達は、運用会社サイドから見た調達ニーズ、すなわち、現ファンドの投資状況、新規投資案件の引き合いニーズ、新ファンドの設立計画の策定を起点として、ファンドの募集活動が開始されます。

　そして、投資家サイドから見た投資ニーズ、すなわち、全体の運用戦略の中での PE ファンドへの投資への配分の決定、過去実績やチーム体制などによる PE ファンドの選別を行った上で、投資家と運用会社で、協議、交渉の上、資金調達のプロセスが進んで行くことになります。

　投資家（金融機関や年金など）の資金運用という観点から見ると、上場株式や債券投資などの「伝統的投資」に対して、PE ファンドへの投資は、「代替的投資」（オルタナティブ投資）と呼ばれています。一般に、PE ファンドへの投資は、伝統的投資に比べると、市場変動の影響を受けづらいということもあり、特に欧米では非常に注目されている運用方法になります。ただ、日本では、ここ 15 年程度で立ち上がってきた投資マーケットでもあり、まだまだ成長の余地があるといえます。

　ちなみに、現時点における国内投資家の動向としては、銀行、生保、損保、事業会社（商社、金融系事業会社など）、年金などが中心となって資金提供を行っているようです。

　また、中小機構（独立行政法人中小企業基盤整備機構）については、他の投資家である程度資金調達ができたファンドについて、ファンド全体の額の最大で 2 分の 1 までの金額の出資（ただし、上限額の設定あり）を行うことが可能なようです。

　現状で、日本の機関投資家（特に年金など）で、欧米ほど PE ファンドへの投資が進んでいないのは、単年度の損益を重視する観点から、J カーブ効果の最初の赤字時期を受け入れるのが難しい、投資資産（PE ファンドの出資持分）について、流動性が乏しい、どのように PE ファンド運用会社を選定すれば良

いのかわからない、といった事情もあるようです。

　今後は、日本プライベートエクイティ協会などの業界団体が音頭をとり、業界各社が情報開示を進めることによって、機関投資家がPEファンドに対して投資しやすい環境整備はさらに進んでいくものと思われます。

⑵ PEファンドの価値向上分析

　PEファンドは、そのファンドの資金調達の局面において、過去の投資実績のパフォーマンスを開示することになります。

　基本的には、どのようなチームで、どのような投資案件に取り組んできたのか、そして結果として、どのようなリターンを出してきたかという点の3点に尽きるのですが、個別の投資案件ごとにも、価値向上が、どのような要因によって実現したかという分析も行われます。

　具体的には、個別案件ごとの株式の売却益を、以下の3つに分解することによって、価値向上の内容が定量化されます。

　①収益をどれだけ改善させたか（EBITDAの増加程度）

　②キャッシュポジションをどれだけ改善させたか（ネットデットの増加程度）

　③事業魅力度をどれだけ高めたか（事業価値倍率の増加程度）

　これについては、具体的な例で示すことにしましょう。

　例えば、投資時に、1,000の価値で投資実行し、2,000の価値で売却（回収）した場合、差額の1,000の売却益が計上されます。

　そして、投資時、売却時のネットデット（NetDebt：純有利子負債：借入金－現預金）や、EBITDA、EDITBA倍率などから、それぞれの改善幅を求め、それが上記の1,000の売却益に対する貢献度が求められます。

　この例だと、ネットデットは、投資時から100の改善、つまり、それだけのキャッシュが増えた（借入金が減った）訳ですが、その分が売却益の要因と

なったと考えられるのです。

そして、EBITDA も、投資時から 100 の改善が行われましたが、これに EBITDA 倍率をかけた 700 が、売却益の一部を構成していると考えられるのです。

さらに、EBITDA 倍率についても、投資時から 1.0 の改善が行われました。これは、その時々の株式市場の相場の影響を受けるところですが、基本的には、その事業の魅力度の高さ（将来性の高さ）として整理されます。この例の場合、改善幅の 1.0 に、投資時の EBITDA200 をかけた 200 が、事業魅力度の向上として売却益の一部と算出されました。

このように、この事例では、収益力の向上（EBITDA の改善）を中心として、ネットデットの改善、事業魅力度の向上などがバランス良く実現することによって、大きな売却益が実現していると判断されることになります。

図表5－4　PE 投資の価値向上分析

	投資時	売却時	改善幅	売却益の要因分析
株式価値	1,000	2,000	1,000	
ネットデット	200	100	100	100
事業価値	1,200	2,100		
EBITDA	200	300	100	700
EBITDA 倍率	6.0	7.0	1.0	200

そして、その個々の投資案件の評価の積み重ねが、PE ファンド自体の評価につながり、最終的には、資金提供者である金融機関などの PE ファンドへの投資判断につながることになります。

(3) ターゲット型の PE ファンド

上記で見てきたように、PE ファンド運用会社は、「良質な投資活動を継続できないと、市場から淘汰される宿命にある」という、厳格ですが、至極まっ

図表5-5　さまざまなPEファンド

	ブラインドプール型ファンド	ターゲット型ファンド
LP投資家の意思決定	運用会社の実績、チームに対して投資	投資先企業、運用会社のチームに対して投資
向き不向き	一定のチーム維持が必要な大企業案件などを手がけるPEファンド向け	投資実績が乏しい新興系PEファンドや、投資内容にこだわりが強いPEファンド向け
管理報酬	ファンド立ち上げ時（投資実行前）から発生	投資実行後から発生

とうな経済原理が働いている組織なのです。

　ただ、先ほど見たような一般的なPEファンドは、実は、「ブラインドプール型」といって、先に資金調達を済ませてしまい、その後、投資案件の開発を行うという方式のファンドなのです。一方、PEファンドの中には、先に資金を集めるのではなく、先に投資対象の企業を定め、出資にかかる交渉を進めながら資金調達も同時に行うという「ターゲット型」（個別案件型）のファンドも存在します。

　つまり、投資家が、PE運用会社の実績やチームなどを見て投資するのが、ブラインドプール型ファンドであり、先に投資案件を見て投資するのが、ターゲット型ファンドということになります。

　実は、ターゲット型ファンドは、投資対象がない状況だと、PE運用会社としての収入がゼロということにはなりますが、悪いことばかりではありません。

　ファンドを立ち上げたにも関わらず、一向に投資が進まないとか、良質な投資案件がないにも関わらずファンド組織維持のために無理やり投資をしてしまうといった、投資家から見ても、PEファンド運用会社から見ても、最悪の事態は避けることができるのです。

　もちろん、PE運用会社側としては、案件成立まで管理報酬は発生しないため、その間の資金繰りをどうするかという問題はあるのですが、ある意味で、「身の丈にあったPEファンドの立ち上げ方」といえるかもしれません。

PEファンドの選び方

1 PEファンドと取引をするポイント

　どのような基準で良いファンドと悪いファンドを選別し、どのように良い
ファンドと良い取引をするのかは、非常に悩ましい問題です。

　投資を受ける企業によっては、PEファンド側は、経営戦略の策定のみに特
化し、経営者に対して裁量権を与えて、伸び伸びと経営をしたほうが、パ
フォーマンスが上がることもありますし、逆に、戦略のみならず、オペレー
ションのレベルまで降りて行って管理を行ったほうが、業績が良くなるといっ
たケースもあり得ます。また、ファンド側が経営者に自由に裁量権を与えるこ
とについて、経営者から見ると、「放っておかれている」と不満に感じられる
ケースもありますし、逆に、締めつけが厳しいことについて、「信頼されてい
ない」と感じられるなど、人によっても、状況によっても、受け止め方が変わ
り得るものなのです。

　つまり、個人の結婚のように、何が正解で何が不正解かは誰にもわからず、
また当事者にとっても、何が幸せで何が不幸かは、やってみないことにはわか
らないというのが、この種の資本取引の特徴でもあるのです。

　また、人から評判を聞いてそれを持って判断するという方法ももちろんあり
ますが、本書を含めてバイアスのかかっていない情報というのは、ほとんどな
いといって良いと思います。

　その意味では、やはり、自分なりのアプローチでPEファンドと向き合った
上で、自分なりの尺度で納得した上で、取引の是非を決めるというのが、正し
いやり方なのではないかと思います。ここでは、どのような点に注意をして、
PEファンドと交渉をするべきか、いくつかポイントを挙げてみましょう。

(1) PEファンドとしての情報開示が適切か

まず、大事になるのが、PEファンドのいいなり、お任せにするのではなく、投資を受ける側、すなわち、会社を託す側として、しっかりと、PEファンド側を見極めることが必要になります。

この点、投資を受ける企業側が、投資を行う側の調査を行うということは、今後、その企業の大株主になる組織の属性を調査するということでもあり、実は非常に大事なポイントです。従って、PEファンドから提案を受けている取引内容、契約内容だけでなく、PEファンド自体の属性の調査は、時間をかけてでも慎重に行うべきです。

PEファンドから投資を受けるにあたっては、PEファンド側に、以下のような点について情報開示を求め、十分な確認を行うと良いでしょう。

①取引の詳細
提案のあった取引詳細の内容についての詳細な説明を求める必要があります。
- 取引の詳細……取引総額、出資額、ローン額、売買と出資の条件、再出資の条件、でき上がりの株主構成など
- 取引価格について……取引価格の算定プロセス、デューデリジェンスによる調整可能性と調整方法
- 株式譲渡契約、株主間契約、などの具体的な内容

②投資戦略と事業計画
そして、特に今後の価値向上に繋がるような、投資戦略や、事業計画についても、その詳細の説明を求めるとともに、方向性のすり合わせを行う必要があります。
- 取引の前提となる認識……業界の環境認識、対象会社の強み／弱みにかかる認識

- 事業戦略……競争戦略、事業価値向上策、M&A 戦略など（撤退戦略を含む）
- 事業計画……損益計画、設備投資計画、ローンの返済計画、運転資金額、人事の計画、のれん償却額など
- インセンティブ……役員、従業員のインセンティブプラン（ストックオプション、賞与など）の考え方、役職員の退職金など
- イグジットの計画……IPO の可能性、想定される投資期間、イグジットの候補先イメージなど

③PE ファンドのポリシー、本件の責任者

そして、PE ファンドのポリシーとして、どのようなことを目指しているか、新規事業への投資の考え方、事業の撤退の基準など、事業の根幹にかかる考え方についても、十分に確認を行う必要があります。

また、本件の責任者は誰か、という点も確認が必要です。やはり、将来の会社の行く末を任せることになるわけですから、PE ファンド側の責任者や担当者自身が、自分のプロジェクトだというオーナーシップが感じられるかどうかという点が、非常に大事になります。稀なケースだとは思いますが、担当者自身が、たくさんの案件に忙殺されているとか、案件の獲得だけに一生懸命になって投資実行後の事業育成には興味がないということもあり得るため、よく注意が必要です。

また、本件の責任者が、PE ファンドのキーパーソンになっているのか、という点も確認したいポイントです。ファンドのキーパーソンになっているということは、そのファンド内部では、相応の発言力があると想定されるため、少なくとも、PE ファンド内部の意思統一は図ってくれるものと期待できます。

④過去実績

また、当該 PE ファンドが過去に実施した案件の内容についても、十分にヒアリングを行ったほうが良いでしょう。

- 投資した企業の詳細情報
- 投資期間中の取り組み状況
- 売却後の状況
- 成功した事例＆失敗した事例

などのイメージです。

そして、過去の投資先の中で、自社と類似する企業など、気になる企業があれば、PEファンドを介して、その企業の経営者などの方に、1対1でのミーティング（ヒアリング）を申し込んでみるというのも一案です。ヒアリングの対象としては、現職の経営者の方もいれば、前職の方もいると思いますが、興味を持った方で構わないと思います。

PEファンド傘下にいた企業の経営者は、PEファンドからすると、「卒業生」に当たる訳ですが、多くは卒業後もファミリーの一員として良好な人的関係を構築しているケースが多いことから、良いPEファンドであれば、喜んで対応いただけるはずです。

⑤投資家

そして、意外と大事なのが、PEファンドの背後にいる投資家の存在です。

PEファンドは、その運営会社が無限責任組合員として、対外的には全責任を負って運用していますが、その重要顧客であるLP投資家を無視して、運用することはできません。そのため、投資家の属性や、主力投資家の状況など、十分に確認した方が良いでしょう。

PEファンドとしての長年の実績もあって、投資家が、PEファンドへの出資に慣れた大手の金融機関ばかりであれば、特に問題はありませんが、立ち上げ間もない新興のPEファンドなどの場合、

- 主力投資家が、1社で出資の過半を持っているケース
- 主力投資家の中に、事業会社が含まれているケース
- 主力投資家の中に、（匿名の）個人投資家などが含まれているケース

などにおいては、良くも悪くも、その主力投資家の個性により、ファンド運用

に影響を与える可能性もあるため、慎重に影響程度を確認した方が良いかと思います。

　もちろん、PE ファンドとしての守秘義務もあるため、投資家の個別名までの開示は難しい可能性はありますが、投資家の概要（投資家の属性や、興味の方向性など）については、十分に確認したほうが良いでしょう。

⑵ 達成したい目標があるか

　本書でも繰り返し指摘していますが、PE ファンドは期間限定の株主です。すなわち、3 年とか、5 年とか一定期間に株式を保有し、投資家としての問題解決を図った上で、売却を行うことになるため、いわゆる「長期の安定株主」とは真逆の概念となります。

　通常は、株主というと、いかに長期の安定した株主を探すか、というのが企業財務戦略上の一般的な課題になるところですが、PE ファンドを受け入れるということは、期間限定のいわば不安定な株主を迎え入れることになります。ただ、PE ファンドの投資期間において、「達成したい目標」が、明確になっている場合には、この不安定性は逆に有意に働きます。

　すなわち、PE ファンドの投資の仕組みでは、

- いわば受験勉強などと同じで、期限が決まっているからこそ、この時期は次の成長に向けた充電期間であるというように、スタートダッシュで頑張ることができること
- 中立的な株主だからこそ、今まで取り組めなかったような前向きな投資や、ガバナンスの改革、新たな提携先の探索などに、過去のしがらみに囚われずに取り組むことができること
- インセンティブ体系が明確であることで、最適な人材獲得など、企業の潜在力を発揮できる体制を構築できること

という特長を有するため、平時においてはなかなかできないような取り組みを行う、すなわち「何かを達成したい」ときには、最適な仕組みであるともいえ

るのです。

　ただ、これが「実は目指すものがない」、「変化が怖い」、「現状を維持したい」、ということだとすると、PE ファンドの経営参画は、かえって社内外とも混乱する要因になってしまうようにも思います。

　従って、何らかの目標に向かって、変化を恐れずに取り組むという、経営陣の明確な意思こそが、PE ファンドを受け入れる企業の心づもりとして必要なのだと思います。

　ただ、そもそも目標自体が決まっていない、すなわち何を達成すべきかが明確になっていない会社も実は多いのではないでしょうか。そのような状況は成熟期の事業会社においては、往々にしてあるものですが、このような場合には、PE ファンド側から、さまざまな事業上の提案を受けた上で、企業側としても提案内容を精査した上で、一定の合理性があるのであれば、それ自体を 1 つの目標として取り組んでみる、という考え方もあるのではないかと思います。

　すなわち、もともと達成したい目標が明確にある場合、もしくは、PE ファンドからの提案を受けて目標を明確にできる場合には、期間限定の投資であることのプラス面に着目をして、PE ファンドの機能を最大限に活用し、次世代に繋げていくという取り組みができるのではないかと思います。

⑶ 「この人達と一緒にやってみよう」「この人達に託したい」と感じられるか

　そして、最も大事だと思われるのが、この点です。

　資本政策にかかる判断は、経営者側、株主側にとっても、非常に大事な意思決定になる訳なので、「この人達と一緒にやってみよう」、「この人達に託したい」、と感じられるかどうかというのが、最も重要な判断ポイントになるかと思います。

　特に、PE ファンドの仕事は、業界における知見、ビジネスにおける知見、法律や財務などに関する知見などを、総合的に組み合わせた上で、企業の価値

を作り上げていく仕事であり、いわばビジネスの総合格闘技です。

そして、それに対応できるようなチーム、組織を作り上げるには、もちろん、最低限のスキルや経験は必要になりますが、最終的には、そのチームメンバーの「人格」に依るところが大きいように思います。

従って、PEファンドの責任者や担当者と、肌感覚として、ケミストリー（相性）が合うかどうかというのは、実は最も大事な判断ポイントになるわけです。

ちなみに、メンバーの人格や、相性の良し悪しは、単に表面的なお付き合いをしてみても、なかなかわかるものではありません。企業側から一方通行的に情報開示をするだけでなく、PEファンド側にも、十分に情報開示をいただいた上で、相互に検討をし合うというのが、あるべき進め方のように思われます。

(4) 適切なアドバイザーを雇いフェアな取引ができるか

そして、これはM&Aの取引などにおいても、よくいわれていることですが、この種の資本取引に精通した専門家にも適時に適切なサポートをいただく必要があります。

特に、オーナー経営者など、自身の会社に対して、強いこだわりがあるからこそ、客観的な判断ができないということは、往々にして考えられるからです。

もちろん、最終的には、自分なりの判断でPEファンドと交渉をする必要はあるものの、交渉プロセスの管理、情報管理などは、信頼できるプロフェッショナルの助言を得ながら進めたほうが、プロジェクトの成功には結び付きやすいでしょう。

また、PEファンドとの取引の課程で、PEファンド側が雇った各種専門家（弁護士、会計士、税理士、ビジネスコンサルタント）などから、デューデリジェンス（詳細調査）を受けることになりますが、これはなかなか大変なものです。

特に非上場企業などは、外部のチェックを受け入れることは少なく、そもそ

も想定していないような課題や作業が発生する必要があるものです。ただ、こ
れも会社がいったん棚卸しをして、次のステージに進むための良い機会だと、
前向きな気持ちで取り組むことが肝要です。

特別付録

有力PEファンドインタビュー

　本章では、企業側の目線で、どのようにPEファンドと付き合っていくべきか、という点をご説明して参りました。

　ここでは、J-STAR株式会社、キャス・キャピタル株式会社の2社の国内独立系のPEファームの協力を得て、実際の投資方針や経営参画事例などのインタビューを行わせていただきましたので、特別付録として、その概要を掲載させていただきます。

J-STAR株式会社
代表取締役社長　原禄郎様

—— J-STARの設立経緯、概要について教えてください

　私がJAFCO勤務時代に同じチームのメンバーであった4名と共に、中小企業に対して事業価値向上を図るマネジメントバイアウト（MBO）投資事業を手掛けるプライベート・エクイティ投資会社としてJ-STARを設立しました。J-STARでは国内外からの金融機関、年金基金、ファンドオブファンズ、ファミリーオフィス等の機関投資家から資金調達を行い、1号ファンド（2006年）では120億円の運用に関与し、2号ファンド（2011年）では204億円、3号ファンド（2016年）では333億円の運用への関与実績があります。

　チームメンバーは、マネジメントメンバー3名、インベストメントチーム10名、オペレーティングチーム3名、アドミ／IRメンバー4名の合計20名（2018年7月現在）です。

—— J-STAR の投資方針、イグジット方針について教えてください

　投資対象企業については、優れた経営者や幹部社員の有無、ビジネスモデルの特異性／優位性などの事業のユニークさを重視しています。加えて、J-STAR が関与することで企業が抱える課題を解決し、付加価値が増大するかどうかを投資基準としています。少数株主が多数いる会社や、ステークホルダーへの説得が困難などの複雑な案件も、事業にユニークネスがあれば投資を検討します。対象となる案件規模は、エクイティ投資金額 10 億円〜 30 億円としていますが、実際には案件ごとにより大きな投資規模のものや、小さな投資規模のものも検討します。投資する事業セグメントは絞っていませんが、ニッチでのポジション・参入障壁の高い技術力を持つ製造業、強いブランド力を持つ消費／小売業態、ユニークなビジネスモデルを有するサービス業などを投資テーマとしています。また、業界再編／合従連衡による商圏等の横展開が可能な事業（サービス・ヘルスケア関連等）や、グローバル展開・海外での事業展開が可能な技術力を有する製造業なども投資テーマとしています。また、近年では業界構造の変化が進行しているメディア事業も手がけています。一方で、不動産や金融といった、事業拡大のために設備／資産投資を大きくしなければならない事業への投資は主要な投資テーマとしてはとらえていません。

　買収する際の企業価値算定の基本的な考え方として、会社が生み出すキャッシュフローに着目します。会社の純資産（会社保有の資産を時価換算した場合の純資産）を参考することもありますが、やはり会社の正常収益力を最も重視しています。また取引の形態は、エクスクルーシブ[1]による取引が多くなっています。

　投資期間（株式保有期間）は概ね、課題解決に必要な 3 年〜 7 年とし、保有した株式を売却（イグジット）する際は、投資先企業の経営陣の納得を得られ

1　エクスクルーシブとは、対象会社の株主との間で株式譲渡契約に関する交渉を一定期間独占して行う進め方で、入札方式とは異なり、経営者（オーナー株主）と密に話し合いながら、将来の事業計画などを一緒に検討し、企業価値を算定し交渉できるメリットがあります。

るよう、充分なコミュニケーションをとることを常に心掛けています。また、新株主に投資先の継続的な成長を支援しうるかどうかもイグジット先選定の判断の基準としています。投資先企業の経営陣や従業員の方々が自立した経営を行うことができ、より事業戦略にマッチした株主／親会社のもと、個々の企業が有する実力を十分に発揮できるよう、土台を整えることがJ-STARの役割と考えています。

—— PEファンドの役割について教えてください

　PEファンドとは会社経営者にとって「こういう会社になりたい」という理想を実現するための一つのツールだと考えています。したがって、いまの会社に課題があり、その解決方法がPEファンドの有する機能と符号するのであれば、PEファンドの活用を検討してほしいと思います。特に創業オーナーは、各種のしがらみが成長阻害要因と認識しつつも自ら改善できないことが多いため、ファンド株主を梃子に民主的な経営体制を構築して経営の安定性を高めることがPEファンドの大きな機能だと考えています。

　日本国内の構造に目を向ければ、少子化により人材採用はますます難しくなることから、業界再編が必要になります。PEファンドを通じて、業界再編（中小企業同士の合従連衡）が進めば、間接部門等の削減によって個々の企業コストが減り、販売などの競争力も上がるといえるでしょう。一方で、大企業に買収され、その傘下に入ることも中小企業の合従連衡の一種といえますが、社風といった個々の企業の独自性が失われることもあります。たとえば高い技術力を背景に国際競争力がある自動車部品メーカーなど会社の独自性がコアコンピタンスといえる場合、個々の会社の独立性を維持しながら成長を続ける手法として、PEファンドの活用は有用だと思っています。基本的には、PEファンドは既存の経営者や社風といった要素も含めて企業価値を算定しており、その独自性を損なうような手法（たとえばまったく既存の経営スタイルや独自性を否定するようなケース）をとることは全く合理的でなく、かえって非効率的な投資になってしまうと考えています。

―― 最後に、経営者の方へメッセージがあればお願いします

　PE ファンドには知恵とガッツのある優秀な人材が集まっているので、この人材を生かさない手はありません。日本には数多のユニークな会社があり、PE ファンドの力で大きく成長できる会社は多くあります。会社には創業リスクと成長リスクがあります。創業リスクを上手くコントロールしたオーナーが成長リスクにも上手く対応できるという保証はありません。時代の変化スピードが著しく速い昨今において、創業者・現経営者がさらに成長リスクまで負うモチベーションがあるのか、経営資源（人的資源、金銭的資源）に対して責任を負うことができるのか、人知れず経営者らが悩むところだと思います。個人で双方のリスクを取るよりも、創業リスクの果実を手にし、PE ファンドと協働して成長リスクを負うことで、創業者や現経営陣が築き上げてきた稀有な事業をさらに成長させ、企業価値の向上を図れると信じています。

投資先への取り組み事例

　J-STAR の取り組み方の特徴は、「課題解決型」という点にあります。投資を通じて投資先の課題を解決しバリューアップを達成した事例を 3 つ紹介します。

《事例 1》
東海トリム株式会社に対する MBO 案件

【ニーズ】
- 副業損失等による資本毀損、脆弱な財務体質の解消

【施　策】
- 資本導入による金融コストの削減、金融環境改善
- 債務超過解消による商談進行阻害要因の排除
- 海外を含む多拠点展開の最適化

J-STAR が 2013 年に投資実行した自動車向け内装部品製造を手掛ける東海トリム株式会社（投資実行時売上高 100 億円）は、従業員数 1,000 名（連結）を抱え、安定的な収益性を有していましたが、創業者時代の副業損失等に起因するバランスシート上の債務超過が成長戦略遂行上の障害となっていました。そこで、J-STAR はサプライチェーン・サポート・ファンド（日本政策投資銀行、日本自動車部品工業会等によるファンド）と連携し、資本導入による金融コスト削減等の金融環境改善ならびに債務超過解消による商談阻害要因の排除を行いました。さらに、管理部門を含む多岐にわたる体制整備や新興国を含む製造拠点における最適化を図り、企業価値向上に努めました。

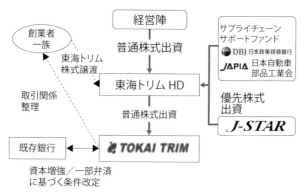

（出所）J-STAR 会社案内資料より抜粋。

《事例2》
株式会社十勝に対する MBI[2] 案件

【ニーズ】
- 創業者の高齢化による後継者問題の解消
- 縮小する小売店舗売上への対策

【施　策】
- 経験豊富な経営陣の外部招聘
- 和菓子ブランドの追加買収（ロールアップ戦略）
- 組織体制の整備

　J-STAR が 2007 年に投資実行した和菓子製造小売を手掛ける株式会社十勝（2011 年 11 月期売上高約 19 億円）の事案では、創業オーナーの加齢による体調面の不安があり後継者問題を抱えていたことから、新たな経営陣を外部招聘し、事業承継の基盤を作りました。また、2008 年には、外部の和菓子ブランドの株式会社たちばなの追加買収（ロールアップ戦略）により、埼玉県を中心に展開する十勝の店舗に加えて、都心部を中心に展開するたちばなの店舗網を生かして十勝の都心進出戦略を加速しました。また、十勝とたちばなの商品の相互乗入れによる、商品ラインナップのリニューアルも行いました。さらに和菓子の工場の製造を川口に集約し生産効率化を行うとともに、組織体制整備、工場管理強化（ISO 取得）を通じて、中堅小売業、生協等への卸売り展開により製造小売りからメーカーへの転換を図りました。

イグジット
　2013 年にマザーズ上場企業である株式会社メディアフラッグへの株式譲渡によるイグジットを行いました。

2　MBI とは、Management Buy-In　の略で、MBO は買収後も現経営陣が経営を行うのに対して、MBI は買収後に外部から経営の専門家を迎え入れる手法です。

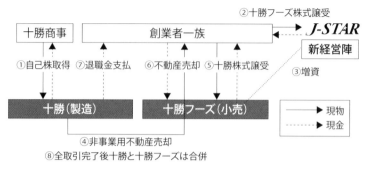

(出所) J-STAR 会社案内資料より抜粋。

《事例 3》
株式会社オリーブ・デ・オリーブに対するプレパッケージ型民事再生案件

【ニーズ】
・多角化失敗による過剰債務及び資金繰り悪化の解消
・民事再生による事業価値毀損の回避

【施　策】
・堅調であった本業のアパレル事業の事業譲渡によるカーブアウト
・アパレル経験の豊富なメンバーの外部招聘

　株式会社オリーブ・デ・オリーブは、株式会社もくもくからの事業譲受けを行った事案です。もくもく社は、ヤングカジュアルのSPA型アパレル事業者（自社のプライベートブランドを有し、製造・小売を行うアパレル事業）で、オリーブ・デ・オリーブブランドを主力に、ヤングカジュアルブランドを展開、日本国にも数十店舗を有し、中国にも数多くの店舗を有していました。しかし、事業多角化の失敗によって多額の債務を抱え、資金繰りも逼迫し、2009年に民事再生を申し立てました。主力ブランド自体は堅調であったことから、民事

再生による事業価値棄損を回避するため、早期に本業の譲渡を行う必要があり、J-STARは、大手アパレル出身社長の招聘、アパレル専門コンサルティングメンバー・システム整備等の事業支援チームを組成したうえで事業譲渡を実施しました。事業譲渡により旧会社と連続性を切断し、過去のしがらみから脱却し再スタートを切ることで、マネジメント体制の刷新、経理・コンプライアンス機能の強化、業務ルールの見直しなどを実行しました。

イグジット

2013年に繊維商社大手である瀧定大阪株式会社へ株式譲渡を行いました。

(出所) J-STAR会社案内資料より抜粋。

J-STAR株式会社
代表取締役社長、投資委員会議長　原　禄郎
慶応義塾大学法学部卒業。2006年にJ-STARを創業。ファンド運営にかかわる業務及びJ-STARの経営を統括。J-STARとJAFCOで、バイアウト投資のトラックレコードを持つ。その他、リーマンブラザーズでM&Aなどの投資銀行業務、日本長期信用銀行でLBOファイナンスなどの国際企業金融業務を手がけた。

> キャス・キャピタル株式会社
> 取締役パートナー　永見隆幸様

—— キャス・キャピタルの設立経緯、概要について教えてください

　弊社代表の川村治夫（現、代表取締役パートナー）は、東京銀行（現、三菱 UFJ 銀行）やゴールドマン・サックス証券等で、20 年以上に亘り、事業会社や金融機関に対して M&A アドバイザリー等の金融サービスを提供してきました。こうした経験を踏まえ、2003 年に、東京銀行時代の同僚である経営コンサルタントの小宮一慶（現株式会社小宮コンサルタンツ代表取締役会長）らと共に、日系・独立系のバイアウト・ファンド運営会社として、キャス・キャピタル株式会社を設立しました。

　弊社キャスの設立趣旨は、ただひとつ、「日本に強い会社をつくる」ということです。社名のキャス（CAS）は、司馬遼太郎作『坂の上の雲』（文藝春秋刊）の題名を自訳した「Cloud Above Slope」に由来します。

　2005 年に組成した 1 号ファンドから 4 号ファンドまでは、個別案件ごとに投資家を募ってファンドを組成、投資実績を積み上げて参りましたが、2008 年に組成した 5 号ファンド以降、投資枠（コミットメント）を得て投資実行する、いわゆるブラインド型のファンドを運営しております。現在は、国内の機関投資家を対象として、2015 年 2 月に募集設定した 6 号ファンド（総額約 135 億円）の運用中です。お陰様で、6 号ファンドからの投資実行、投資先の企業価値向上も順調に推移していることから、近々、7 号ファンドの設立を予定しております。

　コアのチームメンバーは、案件の発掘や資金調達等を手掛けるインベストメント・チーム 7 名の他、投資先の経営に注力するインテグレーション・チーム 3 名、オフィスマネージャー 1 名、監査役 1 名の合計 12 名（2018 年 6 月末現在）です。加えて、弊社は、積極的な経営参画型のバイアウト投資を特徴としており、幅広い業種や職種を対象に、投資先に派遣する経営陣候補 35 名を「マネジメント・プール」として蓄積しています。

―― キャス・キャピタルの投資方針、イグジット方針について
　教えてください

　弊社の投資対象は、高い成長ポテンシャルを有しながらも、経営課題を有する中堅中小企業です。ひとことでいうと、「もったいない会社」です。具体的には、事業承継の課題を抱える企業や、海外展開で成長する可能性が高い企業、大企業の非中核（ノンコア）事業部門や子会社などです。

　弊社は、過去より、弊社のインテグレーション・チームやマネジメント・プール（経営人材）を活用しながら、徹底したハンズ・オンでの支援を行い、特に「トップライン（売上）の成長」と「内部人材の登用・育成」に注力した投資を手掛けて参りました。これまで10件の投資実績がありますが、内、4社は関西の企業です。地域は問いません。

　弊社では、本業が黒字で成長性の高い日本企業、とりわけ、トップライン、売上に成長可能性を見込むことができる企業への投資を積極的に行っていますが、弊社が投資を検討する際、次の7つの投資クライテリア（判定基準）を設けています。

【7つの投資基準】

- 本業で利益を計上し、高い成長ポテンシャルを有しているか
- 経営権を取得できるか、取締役会の議決権の過半数を取得できるか
- 投資先に優れた経営者がいるか、又は有能な経営陣をキャスとして組成できるか
- 社会に必要とされている事業か
- 資金調達は無理がなく可能な範囲か
- 投資先の事業を本当に理解できるか、投資先に対して（お金以外に）キャスに付加価値があるか
- 投資の出口戦略を具体的にイメージできるか

弊社は 2003 年の設立来、この投資基準を変えておりません。この投資基準を厳密に守ることで堅実な投資実績を収めてきました。投資を検討する際、社内のインテグレーション・チームの他、（先述の）外部の経営者候補、マネジメント・プールの知見をフルに活用しています。なお、6 番目の投資基準（「お金以外に、キャスに付加価値があること」）には、特に重きを置いています。過去、投資先に最大 4 人の常勤役員を派遣して、価値向上に取り組んだ実績もあり、投資先の企業価値向上に資する積極的な経営参加、ハンズ・オンでの取り組みは、他の PE ファンドよりも注力していると自負しています。

弊社が投資対象とする案件規模は、企業価値で 10 億円〜 100 億円程度をひとつの目安としていますが、実際には案件ごとに投資規模は変わります。投資対象となる業種は特に絞っていませんが、代表的な投資領域は、製造業全般、小売・流通、食品・外食、物流、サービス業全般（教育・介護等）です。一方で、IT やバイオ、創薬など、我々の知見が及ばず、これらのわからない産業は投資対象外としています。なお、基本的に、積極的には入札案件に参加せず、売主や経営者様とじっくり話し合いさせて頂き、相対で案件を進める方針を取っています。

投資期間（株式保有期間）は概ね 3 年〜 5 年程度ですが、保有株式の譲渡（イグジット）方法にもこだわります。想定するイグジット方法は、第三者への売却か株式公開（IPO）ですが、第三者への売却の場合、「投資先企業をさらに成長させてくれる企業かどうか」を重要な選定要因としており、売却価格の多寡だけで決定しないことをポリシーとしています。イグジットにおいては、経営陣とも十分なコミュニケーションをとり、次の親会社（株式の譲渡先）との間でも、経営体制のスムーズな移行について真剣に議論します。

—— PE ファンドの役割について教えてください

私は、PE ファンドの重要な役割のひとつに、「流動性の提供」があると考えています。ここでいう「流動性」には、資金だけでなく、経営人材やネットワークなど、様々な経営資源を含みます。我々が接点を頂く会社は、業歴、規

模、業種、地域はもとより、経営理念や会社の雰囲気を含め、本当に様々です。こうした投資先のそれぞれの特性や状況に応じて、経営陣や従業員の皆様としっかりと話合いをしながら、カスタムメイドで最適の経営資源を提供することは、PEファンドの重要な役割と思います。単なる資金の提供、事業機会のマッチングではないということです。

　例えば、地方のオーナー企業の経営者様にお会いさせて頂くと、「後継者がいない」という話はよく伺います。我々にそういったご相談を頂く、そこに至る過程では当然のことながら、親族はもちろん、信頼できる経営幹部への承継も検討されたと思います。我々は、オーナー様、経営者様のこうした想いをまずはしっかりと理解し、その上で、その企業が本当に必要としている「経営資源」を提供することを心掛けています。

　弊社が継続してインテグレーション・チームやマネジメント・プールを強化している背景には、まだまだ「経営人材」が不足しているという実感があります。実際に、特に東京以外の地方において事業承継の案件が多く、また、国内市場の飽和を背景に海外展開のご相談を受けることも多い状況です。後継者の選定は、会社の将来を託する重要な意思決定です。簡単ではないと理解しています。そのための一つの方策として、投資期間を通じてPEファンドが経営を伴走させて頂き、次世代の経営者候補を選定するというやり方もあると考えています。

　これまで、キャス・キャピタルに関心を持って下さった売主や経営者の方々は、僭越な言い方ですが、精神的にも資本的にも余裕がある方々が多い印象を持っています。キャス・キャピタルの投資対象は「本業が黒字で成長性のある会社」であるため、外部から見ればPEファンドの力を借りなくてもそのままやっていける会社がほとんどのように思われるかもしれません。しかし、近年増えている新しい潮流として、比較的若い経営者（40代、50代）の方々は、「もう一度、新しいことにチャレンジしたい」という観点でPEファンドへの会社売却を検討していることも多く、そのようなニーズにもPEファンドは対応できます。

―― 最後に、経営者の方へメッセージがあればお願いします

　PE ファンドは、分かりやすい製品や商品を作っているわけではなく、あくまで「ヒト」が経営資源の事業です。そのため、PE ファンドのメンバーの「価値観」で、PE ファンドの社風や考え方もだいぶ異なります。そのため、少しでも PE ファンドの活動に興味、関心があれば、いろいろな PE ファンドにお会いして、中のメンバーと様々な話をしていただくことをお勧めします。

　一般的には、金融機関や事業会社の子会社としての PE ファンド（キャプティブ・ファンド）の場合は、PE ファンドの親会社との事業シナジーや親会社の信用力（ネーム）は、投資先企業の従業員や取引先に対して安心感を与えると思います。また、独立系の PE ファンドであれば、それぞれ独自の特徴、投資方針を打ち出しているファンドが多く、親会社とのしがらみを気にせず、投資先企業の自主独立を保てることを魅力的に思う方もいるでしょう。

　どの PE ファンドが最も適切か、これは、日本的に言えば、ひとえに「ご縁」や「相性」だと思っています。売主である既存株主や経営者の方が抱える課題やニーズに応じて、どの PE ファンドを使うべきか、自由に検討できる環境を構築できるようになることが、PE ファンド業界全体にとって望ましいことと考えています。

投資先への取り組み事例

　キャス・キャピタルの取り組み方の特徴は「積極的な経営参画」にあります。投資を通じて投資先の課題を解決しバリューアップを達成した事例を 2 つ紹介します。

《事例 1》
マークテック株式会社（上場会社）に対する MBO 案件

【ニーズ】
- グローバル展開の加速
- 後継者問題

【施　策】
- 海外経営体制の整備／海外人材の強化
- 後継経営陣の確立

マークテックは、キャス・キャピタルが2010年に投資を実行した、非破壊検査及び印字・マーキング装置等を扱う総合メーカーです。ニッチな市場ではあるものの、国内大手自動車、鉄鋼、プラントメーカーを主な顧客とし、マーキング事業の国内シェアは約60％、非破壊検査の同シェアは約40％に達し、JASDAQに上場（投資時）していた業界のリーディングカンパニーでした。マークテックのオーナー社長には「グローバルでダントツのNo.1になりたい」という夢があり、市場の加速的な成長が見込めるアジア、具体的には中国、韓国、タイへ進出、海外展開を行っていましたが、好調な国内事業に反して海外事業は伸び悩んでいました。加えて、社内に後継者が育っておらず、事業承継という課題も抱えていました。

これら2つの課題を同時に解決すべく、キャス・キャピタルは社長をはじめ関係者の同意のもと、株式公開買付け（TOB）を活用して、最終的にマークテックの株式を100％取得しました。その後、社長も売却資金を元手にマークテックへ再出資を行い、マークテックの株式をキャス・キャピタルが約85％、同氏が約15％を保有することになりました。

海外経営体制の整備／海外人材の強化

投資を行った当時、中国、タイ事業は営業赤字でしたが、キャス・キャピタルから、海外での事業経験豊富なインテグレーション・チームのメンバーを中国の総経理、タイ現地法人の社長として派遣しました。中国、タイに工場を新設し、投資前に比べてグループ全体の生産能力を約2.5倍に引き上げた他、現

地での幹部人材の採用を行い、組織体制を強化しました。また、グローバル担当の営業管掌役員も別途派遣し、トップ外交で、事業提携を含む海外案件を推進しました。イグジット時には、投資実行時に比べて売上高が約2倍になりましたが、その増加分の殆どが海外売上で、且つすべての海外現地法人で黒字化を達成しました。

後継体制の確立

後継体制確立にあたり、引継がしっかり行われるように、社長には投資実行後も4年間社長として、社長退任後も会長として1年間、マークテックに残って頂きました。その間、「誰が後継者にふさわしいか」、キャス・キャピタルから派遣された4人の常勤役員を見極めて頂きました。また、執行役員制度を導入し、年齢、性別、学歴、国籍関係なく、有能な人材を抜擢、登用することに注力しました。

イグジット

2016年1月に東証1部に上場しているアルコニックス株式会社（非鉄金属・レアメタル等の製品並びに原材料等の輸出、輸入、国内販売。以下、「アルコ

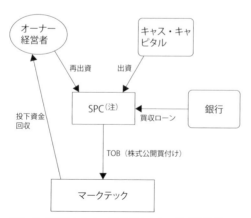

（注）株式取得のための特別目的会社。株式取得後に、
　　　マークテックと合併を行う。

ニックス」）に、株式を譲渡しました。株式再上場を含め、経営陣ともイグジット方法については議論を重ねましたが、アルコニックスが手掛ける事業がマークテックの事業と親和性が高いこと、また同社が北米をはじめ海外展開を積極的に進めていることから、自主独立で事業を展開するよりも、キャス・キャピタルからアルコニックスにバトンタッチし、アルコニックス・グループで海外展開を加速することがマークテックの一層の成長に資すると判断しました。

《事例2》
株式会社ケアプラス（非上場会社）に対する MBO 案件

【ニーズ】
- 投下資金を回収し、新規事業の立ち上げに注力したいというオーナーの意向
- 内部管理体制、コーポレート・ガバナンスの強化

【施　策】
- 既存経営陣との MBO
- 全拠点での PDCA 管理の徹底、外部専門家（法律事務所、監査法人）の積極活用等

　ケアプラスは、キャス・キャピタルが 2015 年に投資を実行した、訪問医療マッサージを提供する会社です。訪問医療マッサージとは、自宅療養が必要な方や介護が必要な方などを対象に、国家資格を持ったマッサージ師がご利用者のご自宅まで伺って施術するサービスで、医療保険の適用対象となります。

　オーナーは起業家精神に溢れる人物で、一定規模まで成長したケアプラスへの投資資金を回収、次の事業を立ち上げたいという思いがありました。一方で、不正請求等、コンプライアンス問題が横行しやすい業界であるため、事業規模

拡大には内部管理体制の一層の強化が必要になるなど、会社としても転換期に差し掛かっていました。こうした状況を背景に、キャス・キャピタルは既存経営陣とともにMBOを実行、経営陣も対象会社の株式を取得し、同じ「船」にのって投資がスタートしました。

ケアプラスの事業は、国家資格をもったマッサージ師（正社員約150人、外部の提携施術師が約300人）が利用者の自宅や介護施設などを訪問、1回30分程度、週に2回程度、マッサージを行う、典型的な労働集約型ビジネスです。そのため、経営トップが毎週全国22営業所の所長と個別会議を実施し、業務別のKPIを具体的に可視化、各拠点の強みと課題に基づくPDCA管理を徹底しました。この過程で、外部の法律事務所とも連携してコンプライアンス意識を高める仕組みを作り、不正請求を行おうとする誘因そのものを防ぐ風土づくりに努めました。

PDCA管理を強化する一連の施策は、採用計画にも繋がりました。具体的には、新人のトレーニング期間を見越した収益貢献カーブに基づき、中途採用と提携採用を上手くバランスさせて、投資リターンを最大化する採用計画を実行しました。また、投資前よりマッサージの品質は高く、「施術師がいかに効率よく利用者様を訪問できるか」が生産性に直結することから、訪問ルート最適化による生産性向上にも取り組みました。

イグジット

各種施策の実行により、収益性の向上と並行し、内部管理体制及びコーポレート・ガバナンスも改善したため、投資実行から3年弱を経過した時点で、総合警備保障株式会社（ALSOK）に株式を譲渡しました。ALSOKは、介護事業を含む高齢者向けサービスを重要領域と位置付けています。ALSOKが事業として営む介護施設の利用者獲得だけでなく、信頼性高い同社のブランドはケアプラスの施術師採用にも生きてくることから、ALSOKへのバトンタッチは、ケアプラスの一層の成長にも寄与するものと判断しました。

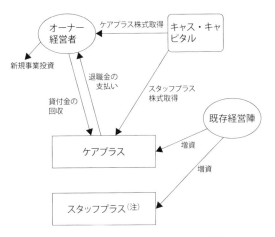

(注) スタッフプラスは、ケアプラスの100％子会社。
　　キャスの株式取得によって、両社は兄弟会社となった。

キャス・キャピタル株式会社
取締役パートナー　永見隆幸
大学卒業後、監査法人トーマツに入社。公認会計士として法定監査の他、M&Aにおける財務アドバイザリーやデューデリジェンス業務に携わる。その後、MKSパートナーズに参画。プライベート・エクイティ投資を通じて投資先の価値創造に取り組む。2009年1月にキャス・キャピタル参画、その後2013年1月に取締役パートナー就任。

おわりに

　国内にはじめて PE ファンドが設立されてから、20 年ほど経ちました。最近は、新聞紙上では毎日のように、「投資ファンド」「PE ファンド」と報道されるようになり、一定の市民権は得たようにも思われます。

　ただ、実際に PE ファンドのことを十分に理解されている方は少なく、まだまだ多くの誤解があるのが現状だと思います。それは、マスコミ報道などを見ると、PE ファンドが企業を買収したとか売却したなど、取り組みの表面的な事象にフォーカスが当たり、本質的に何を解決し、実現したかという議論がオープンになされていないことが原因ではないかと考えています。そこで、本書では、PE ファンドの本来の役割や活用法について、やや冗長ながらも一般論から教科書的に説明するようなアプローチを取らせていただきました。私どもの力量だと、なかなか具体的な経営現場や実務のイメージまでは描写できずに、実際に読んで役に立つのであろうかという不安はありますが、まずは、世に出してご意見を賜りたいと考えております。

　PE ファンド業界も、これから第二世代に入って、日本の金融インフラ、そして産業インフラとして、ますますその重要性が増している状況にあります。そして、PE ファンドが、国内における経営・金融サービスとして、「王道のサービス」として確立できるかどうかの局面に差し掛かっているようにも思われます。

　人間でも生みの親がいれば育ての親もいるように、企業にとっても、その時々で最適なパートナーや資本構成というのはあるはずです。PE ファンドとの取り組みは、環境変化に応じた最適なパートナーを模索し、会社の長期的な成長に資するような資本構成を考える上での、一つの有力なステップであることには間違いないと思います。これからは、PE ファンド業界や各 PE ファンドとしても情報開示を進めながら社会的要請に叶うだけの体制整備がさらに必要になってくるのではないでしょうか。

本書が、PE ファンドを活用した企業の経営課題の解決、そして、PE ファンドを取り巻くビジネスエコシステムの構築に向けた一つのきっかけになれば幸いです。

なお、本書を作成するにあたって、J-STAR 株式会社、キャス・キャピタル株式会社の方々にも多大なご協力をいただき、執筆作業を進めました。ただし、特別付録を除く、本文中の内容については、筆者らの個人的な所見であります。

2018 年 8 月

筆者を代表して　　**波光史成**

執筆者紹介

波光史成 Hako Fuminari （序章、1章、2章、5章、6章担当）
1969 年生まれ。慶應義塾大学経済学部卒業、センチュリー監査法人（現、EY 新日本有限責任監査法人）、株式会社小宮コンサルタンツを経て、現在、税理士法人レゾンパートナーズ（旧社名、税理士法人青山トラスト）、レゾンパートナーズ FAS 合同会社　代表パートナー。公認会計士・税理士。
企業の資本取引や、経営者の資産税にかかるアドバイザリー業務を専門としている。
著書に『図解　会計のしくみ（第3版）』（東洋経済新報社、2011 年）がある。

山田裕亮 Yamada Yusuke　（3章、6章担当）
1983 年生まれ。慶応義塾大学理工学部管理工学科卒業、中部電力株式会社、有限責任あずさ監査法人、国際会計事務所 SCS Global グループ（シンガポール及び香港）を経て、現在、税理士法人レゾンパートナーズ（旧社名、税理士法人青山トラスト）、レゾンパートナーズ FAS 合同会社　パートナー。公認会計士・税理士。
国内外の M&A、日系企業の海外進出サポート、外資系企業の国内インバウンド向けの会計・税務コンプライアンス業務を中心に会計・税務全般を取り扱う。
共同通信グループの『The Daily NNA』で、香港の会計・税務を中心に月次で連載中。

松下　憲 Matsushita Akira　（3章7節、4章担当）
1982 年生まれ。慶應義塾大学法学部法律学科卒業、コーネル大学ロースクール（LL.M.）卒業。森・濱田松本法律事務所　パートナー。弁護士・ニューヨーク州弁護士。
国内外の M&A、プライベートエクイティ、敵対的買収防衛、アクティビスト株主対応、コーポレートガバナンスを中心に会社法務全般を取り扱う。
著書に 『M&A 契約－モデル条項と解説』（商事法務、2018 年、共著）、『日本の公開買付け－制度と実証』（有斐閣、2016 年、共著）、『M&A 法大系』（有斐閣、2015 年、共著）、『株主提案と委任状勧誘（第2版）』（商事法務、2015 年、共著）など多数。

成長と承継のための
PEファンド活用の教科書

2018 年 9 月 20 日　第 1 刷発行
2023 年 6 月 30 日　第 5 刷発行

著　者——波光史成＋山田裕亮＋松下　憲
発行者——田北浩章
発行所——東洋経済新報社
　　　　　〒103-8345　東京都中央区日本橋本石町 1-2-1
　　　　　電話＝東洋経済コールセンター　03(6386)1040
　　　　　https://toyokeizai.net/

Ｄ Ｔ Ｐ………アイシーエム
装　丁………秦　浩司（hatagram）
印　刷………丸井工文社
編集担当……岡田光司
©2018 Hako Fuminari, Yamada Yusuke, Matsushita Akira　　ISBN 978-4-492-73350-9

　本書のコピー、スキャン、デジタル化等の無断複製は、著作権法上での例外である私的利用を除き
禁じられています。本書を代行業者等の第三者に依頼してコピー、スキャンやデジタル化することは、
たとえ個人や家庭内での利用であっても一切認められておりません。

　落丁・乱丁本はお取替えいたします。